生态脆弱区宏观土地利用功能变化的微观驱动机制研究

梁小英 陈 海 刘 康 著

国家自然科学基金项目（41671086）
西北大学学术著作出版基金

资助出版

科学出版社
北京

内 容 简 介

本书是在作者主持国家自然科学基金项目成果的基础上，综合最新的研究成果撰写而成。本书以典型生态脆弱区——陕西省米脂县为例，首先，通过构建土地利用功能指标体系，分析研究区土地利用功能的时空分异；其次，采用分类树法和差异权重法定量分析农户群体土地利用决策，构建农户有限理性 CA-BDI 模型；再次，探讨村庄土地利用决策到乡镇土地利用决策转化，构建 CA-BDI+CLUE-S 耦合模型；最后，探讨不同政策情景下农户土地利用行为变化对土地利用功能的影响。本书可引导和规范农户土地利用行为，有效调整区域土地利用功能，对实现生态脆弱区可持续发展具有重要的理论和现实意义。

本书内容翔实，案例丰富，可供地理学、生态学、资源环境、农学等领域的研究人员及高等院校相关专业师生参考。

图书在版编目(CIP)数据

生态脆弱区宏观土地利用功能变化的微观驱动机制研究 / 梁小英，陈海，刘康著. —北京：科学出版社，2019.8
ISBN 978-7-03-060031-8

Ⅰ. ①生… Ⅱ. ①梁… ②陈… ③刘… Ⅲ. ①土地利用-研究-陕西 Ⅳ. ①F321.1

中国版本图书馆 CIP 数据核字(2018)第 294379 号

责任编辑：祝 洁 / 责任校对：郭瑞芝
责任印制：张 伟 / 封面设计：陈 敬

科学出版社 出版
北京东黄城根北街 16 号
邮政编码：100717
http://www.sciencep.com

北京中石油彩色印刷有限责任公司 印刷
科学出版社发行 各地新华书店经销
*

2019 年 8 月第 一 版 开本：720×1000 B5
2019 年 8 月第一次印刷 印张：10 1/2
字数：212 000
定价：95.00 元
（如有印装质量问题，我社负责调换）

前 言

在全球土地计划的推动及土地利用功能优化调整下,农户行为受到很大影响,生态脆弱区的农户更是如此。能否合理引导和规范农户土地利用行为将关系到生态脆弱区域土地利用功能调整的成败和区域的长治久安。为防范土地利用功能调整对区域的不利影响,通过农户土地利用变化对土地利用功能影响进行研究,认识和理解生态脆弱区土地利用功能变化的微观驱动机制,分析政策实施对区域土地利用功能变化的影响,研究对引导农户土地利用行为和有效调整土地利用功能,对实现该区域可持续发展具有重要的理论和现实意义。

本书是在西北大学学术著作出版基金、国家自然科学基金项目"生态脆弱区土地利用功能变化及农户响应研究"(项目编号:41671086)等项目的资助下,以典型生态脆弱区——陕西省米脂县为例,探讨生态脆弱区宏观土地利用功能变化的微观驱动机制。

全书共 7 章。第 1 章主要介绍研究背景和研究进展,给出本书的研究内容和整体框架。第 2 章主要介绍研究区及数据处理流程。第 3 章在构建土地利用多功能评价指标体系的基础上,探讨研究区单项和综合土地利用功能的变化。第 4 章基于 ODD 框架构建 CA-BDI 农户有限理性决策模型,基于 NetLogo 模拟平台将影响展示在空间上。第 5 章通过探讨土地利用决策从村庄尺度向乡镇尺度的决策转化法,揭示土地利用决策的转化机制;借鉴土地利用变化研究中多模型耦合的方式与方法,探讨 CA-BDI 与 CLUE-S 模型的耦合机理,确定模型耦合的方法,对比分析典型村庄法、村庄类型法、CA-BDI + CLUE-S 耦合模型三种方法的模拟结果,揭示农户土地利用行为变化对乡镇土地利用变化的影响机制。第 6 章以陕西省米脂县高渠乡和杜家石沟镇为典型乡镇,基于优选模型,依据设置的不同政策情景探讨农户土地利用行为变化对典型乡镇土地利用功能的影响。第 7 章为研究结论与展望,在总结本书主要研究结论的基础上,对今后需要进一步完善的方面进行分析。

本书由梁小英制订编写大纲,撰写分工如下:前言由梁小英撰写;第 1 章由梁小英、刘康、陈海撰写;第 2~4 章由梁小英、陈海撰写;第 5 章由梁小英撰写;第 6 章由梁小英、陈海撰写;第 7 章由梁小英、刘康。

西北大学城市与环境学院王宁练研究员、李同昇教授、张世强教授、杨勤科教授、杨新军教授、白红英教授、赵良菊教授、曹明明教授、宋进喜教授、赵良菊教授、王旭红教授、权东计教授、李书恒教授等在本书的写作过程中给予大力的支持和协助，尤其是与白红英教授、张世强教授、杨新军教授、王俊教授的讨论与交流，使作者受益匪浅。在此，向他们表示衷心的感谢！感谢西北大学城市与环境学院遥感与地理信息科学系全体老师的支持与帮助！感谢博士研究生张行、史琴琴、耿甜伟，硕士研究生毛南赵、马胜、段宁等在本书文字整理、图表制作方面所做的工作！

  由于作者水平有限，书中难免存在不足之处，诚请各位同行和读者批评指正。

目 录

第 1 章　绪论 ··· 1
  1.1　研究背景 ·· 1
  1.2　国内外研究进展 ·· 2
    1.2.1　土地利用功能的概念、分类与表征 ······················· 2
    1.2.2　土地利用功能变化研究 ·· 4
    1.2.3　土地利用功能变化的微观驱动机制研究 ················ 5
    1.2.4　农户土地利用行为变化对土地利用的影响研究 ······ 7
    1.2.5　主体行为模拟平台的研究 ···································· 8
  1.3　研究取得的共识与存在的不足 ··································· 9
  1.4　概念分析框架 ··· 10
  1.5　整体框架与主要内容 ··· 11
    1.5.1　整体框架 ·· 11
    1.5.2　主要内容 ·· 13
  参考文献 ·· 14

第 2 章　研究区简介与数据处理流程 ································· 18
  2.1　研究区简介 ·· 19
    2.1.1　自然条件 ·· 19
    2.1.2　农业生产条件 ··· 21
    2.1.3　文化旅游资源 ··· 23
    2.1.4　农户行为的多样性 ·· 23
  2.2　数据来源与处理 ··· 24
    2.2.1　数据来源 ·· 24
    2.2.2　数据处理流程 ··· 26
  参考文献 ·· 27

第 3 章　研究区土地利用功能时空分异研究 ······················ 28
  3.1　研究方法 ·· 28
    3.1.1　土地利用功能评价指标体系的构建 ····················· 28
    3.1.2　土地利用功能评价指标权重的确定 ····················· 30

  3.1.3 单项土地利用功能和综合土地利用功能的确定 ················ 32
  3.1.4 典型乡镇的确定 ··· 32
  3.1.5 研究区土地利用功能权衡与协同分析 ························· 34
 3.2 结果分析 ·· 34
  3.2.1 研究区土地利用功能指标权重的确定 ························· 34
  3.2.2 研究区土地利用各单项功能的计算及其空间分异分析 ·· 35
  3.2.3 典型乡镇的确定 ··· 38
  3.2.4 研究区土地利用功能权衡与协同分析 ························· 43
 3.3 本章小结 ·· 44
 参考文献 ··· 45

第4章 农户有限理性决策 CA-BDI 模型的构建与模拟······················ 47
 4.1 模拟平台简介及其构建 ·· 48
 4.2 研究数据与典型村庄的确定 ·· 50
  4.2.1 研究数据 ··· 50
  4.2.2 典型村庄的确定及其简介 ··· 50
 4.3 研究方法 ·· 52
  4.3.1 CA-BDI 模型的 ODD 框架 ······································· 52
  4.3.2 子模块的构成与设计 ··· 55
  4.3.3 农户个体决策到农户群体决策的转化模块 ·················· 58
 4.4 结果分析 ·· 59
  4.4.1 典型村庄 CA-BDI 模型信念模块分析 ························· 59
  4.4.2 典型村庄 CA-BDI 模型愿望模块分析 ························· 65
  4.4.3 典型村庄 CA-BDI 模型意图模块分析 ························· 67
  4.4.4 典型村庄 CA-BDI 模型模拟结果分析 ························· 79
 4.5 本章小结 ·· 88
 参考文献 ··· 89

第5章 CA-BDI+CLUE-S 耦合模型的构建与模拟···························· 91
 5.1 村庄尺度向乡镇尺度的转化方法与数据准备 ··························· 91
  5.1.1 村庄类型划分法与决策转化方法 ······························· 91
  5.1.2 多模型耦合法 ·· 94
  5.1.3 数据准备 ··· 95
 5.2 村庄类型的划分及特征分析 ·· 96
  5.2.1 典型乡镇耕地自然条件分析 ····································· 96
  5.2.2 村庄类型的划分 ··· 98

		5.2.3 村庄类型的特征分析 ······ 99
5.3	村庄类型与乡镇土地利用转化规则的确定 ······ 100
	5.3.1 村庄类型土地利用转化规则的确定 ······ 100
	5.3.2 村庄类型到乡镇尺度土地利用转化规则的确定 ······ 102
5.4	CA-BDI+CLUE-S 耦合模型的构建 ······ 102
5.5	三种模拟方法的对比分析 ······ 108
	5.5.1 CA-BDI+CLUE-S 耦合模型的模拟及其检验 ······ 108
	5.5.2 典型村庄法的模拟及其检验 ······ 109
	5.5.3 村庄类型法的模拟及其检验 ······ 112
	5.5.4 三种模拟结果对比 ······ 114
5.6	本章小结 ······ 114
参考文献 ······ 115

第 6 章 农户土地利用行为变化对土地利用功能的影响 ······ 117

6.1	村庄及乡镇土地利用功能计算方法 ······ 118
	6.1.1 村庄尺度土地利用功能的计算方法 ······ 118
	6.1.2 乡镇尺度土地利用功能的计算方法 ······ 119
6.2	情景设置 ······ 120
	6.2.1 相关政策说明 ······ 120
	6.2.2 情景Ⅰ：不执行扶贫政策情景 ······ 121
	6.2.3 情景Ⅱ：执行扶贫政策的情景 ······ 122
6.3	情景Ⅰ下农户行为变化对土地利用功能的影响 ······ 123
	6.3.1 农户及其群体土地利用行为的变化 ······ 123
	6.3.2 不同村庄类型的土地利用变化 ······ 126
	6.3.3 高渠乡土地利用变化分析 ······ 129
	6.3.4 高渠乡土地利用功能变化分析 ······ 131
6.4	情景Ⅱ下农户行为变化对土地利用功能的影响 ······ 136
	6.4.1 农户群体土地利用行为的变化 ······ 136
	6.4.2 杜家石沟镇土地利用变化分析 ······ 136
	6.4.3 杜家石沟镇土地利用功能变化分析 ······ 138
	6.4.4 重点关注村庄的确定 ······ 139
6.5	本章小结 ······ 144
参考文献 ······ 144

第 7 章 结论与展望 ······ 146

7.1	结论 ······ 146

7.2 创新点 ………………………………………………………………… 148
7.3 展望 …………………………………………………………………… 148

附录 ……………………………………………………………………… 150
    附录Ⅰ 调查表 …………………………………………………………… 150
    附录Ⅱ 研究区土地利用功能指标体系相关性分析表 …………………… 152
    附录Ⅲ 官道山村基于 NetLogo 平台模拟的部分实现 …………………… 153

第1章 绪　　论

1.1 研究背景

在全球土地计划（Global Land Project，GLP）的推动下，土地系统的概念进一步深化，由于其固有的系统性、复杂性和耦合性特点，单纯依靠土地利用/土地覆盖变化（land use and cover change，LUCC）已不能完整理解土地系统的变化，而通过对土地利用功能（land use function，LUF）变化的研究加深对土地系统的认识已成为国内外学者的共识（唐华俊等，2015；Reenberg，2014；Verburg et al.，2009）。当前，通过调整土地利用功能来优化土地系统所提供的产品、服务和功能，已成为我国各级政府实现区域可持续发展的常用手段之一（《国务院关于印发全国主体功能区规划的通知》）。但土地利用功能变化不可避免对农户的土地利用行为产生较大影响，在生态脆弱区尤为显著（高永年等，2010；李芬等，2009）。农户作为重要参与者，能否合理引导和规范其土地利用行为将关系到该区域土地利用功能调整的成败和区域的长治久安（李芬等，2009；汪祖民，2005）。因此，为了防范土地利用功能调整对生态脆弱区的不利影响，通过农户土地利用行为变化及其对土地利用功能的影响研究，认识和理解该区域土地利用功能变化的微观驱动机制，模拟农户土地利用行为及其变化，进而规范农户土地利用行为，对实现该区域可持续发展无疑具有十分重要的理论和现实意义。

目前，土地系统科学研究中的土地利用功能研究正在逐渐加强，通过模拟模型揭示自然与人为活动之间的动态反馈机制，认识微观主体土地利用行为变化对宏观土地利用功能的影响，阐明行为人行为影响机制已经成为土地系统科学的重要研究方向（甄霖等，2010；Verburg et al.，2009；唐华俊等，2009）。但由于土地利用功能变化受不同时空尺度自然与人文因素的制约，其主体功能的形成和驱动机制十分复杂，为了更好地反映社会经济和自然因素之间的动态反馈关系，从不同视角和尺度分析土地利用功能变化的复杂性，已得到国内外学者的认可（Erb et al.，2012；李德一等，2011b；樊杰，2007）。因此，如何构建既能反映土地利用功能变化，又能揭示其微观主体土地利用行为驱动机理的模拟模型，成为当前土地利用功能变化研究急需解决的问题（Rounsevella et al.，2012；Verburg et al.，2009；Soliva et al.，2008）。

基于此，为了阐明农户土地利用行为变化对土地利用功能的影响机理，本章从土地利用功能的概念出发，系统梳理土地利用功能的不同表征方式，对比不同表达方式的优劣；通过农户土地利用行为变化对土地利用功能影响的相关研究进展进行阐述，进一步展望研究的发展趋势，以期深化土地利用功能类型的表达方法、土地利用功能变化微观驱动机制的模拟，以及微观主体行为变化对宏观土地利用功能定量影响等方面的研究。

1.2 国内外研究进展

1.2.1 土地利用功能的概念、分类与表征

1. 土地利用功能的概念与分类

土地利用功能也称土地功能或土地系统功能，为行文的方便和统一，本书统一用土地利用功能替代土地系统功能或土地功能（Verburg et al., 2009; GLP, 2005）。土地利用功能概念与农业多功能（agricultural multifunctionality）、生态系统服务、景观功能颇具渊源，关系密切。农业多功能的概念最早出现在《乌拉圭回合农业协定》(*Uruguay Round Agreement on Agriculture*)第二十条中，随后 1996 年在荷兰发起的可持续发展技术计划、1997 年欧盟的"欧洲农业模式"和 1998 年农业部长委员会宣言中对农业多功能概念进行了延伸和阐述，并于 2001 年由经济合作与发展组织首次定义了农业多功能性：农业除了基本的提供食物和纤维的功能外，还具有环境保护、景观保持、提供乡村就业和保证食物安全等功能（Barthélemy et al., 2007; Wiggering et al., 2006）。但具有多功能性的行业不止农业一个，且生态系统服务及景观功能更注重环境维度（Hediger, 2006）。因此，能综合考虑经济、社会和环境三个维度，体现可满足人类多种需求的程度和能力的土地利用功能概念应运而生，并逐渐成为可持续性研究的前沿（Paracchini et al., 2011; Pérez-Soba et al., 2008）。

我国系统开展土地利用功能研究较晚，王超（1984）探讨了土地利用结构与功能的区别与联系，认为土地利用功能是土地在内外联系及其与人类活动相互作用过程中表现出来的某些性状和能力；刘沛等（2010）、张洁瑕等（2008）认为土地利用功能是人类通过利用土地形成合理的利用结构，以获取经济、社会和生态环境等效益与价值；刘超等（2016）、陈睿山等（2011）对土地利用功能及其多功能概念的内涵进行了精辟的论述，认为土地利用功能是土地提供产品和服务的能力，土地利用多功能性产生的本质是从传统的土地功能性状解析转向人类社会福祉的增益，根本目的在于实现土地可持续利用。

在确定了土地利用功能概念的基础上，国内外学者进一步对土地利用功能类型进行划分，比较有代表性的研究见表 1.1。从表中可以看出，学者们由于自身研

究背景和研究目的的差异,加之各国的国情和价值取向不同,对土地利用功能的分类存在一定差异。学者们或侧重于社会、经济、生态等某一方面,或对同一土地利用功能采用不同的表达形式,又或在描述土地利用功能的具体性、深入性上有所不同;但采用生产功能、生态功能和社会功能的三类分法,并依据研究目的进一步对上述三大功能进行的细化研究,得到诸多国内外学者的认同(刘超等,2016;Pérez-Soba et al.,2008)。

表 1.1 代表性的土地利用功能类型划分表

划分方法	划分类型	代表性研究
三类	生产功能(或经济功能)、社会功能(或生活功能)、生态功能(或环境功能)	梁小英等(2014);易秋圆(2013);刘沛等(2010);甄霖等(2009);Helming 等(2008);Pérez-Soba 等(2008);陈婧等(2005)
四类	调节功能、栖息地功能、生产功能和信息功能;资源功能(或生产功能)、生态功能、经济功能、社会功能	张晓平等(2014);李德一等(2011a);Groot 等(2002)
≥五类	生态功能、经济功能、社会功能、生产功能、负向功能、社会稳定功能等	吕耀(2008);尹成杰(2007);周宝同(2004)

2. 土地利用功能类型的表征

土地利用功能类型表征是研究农户土地利用行为变化对土地利用功能影响的前提和基础。国外学者利用生态系统价值、农场系统、人为生物群落等替代指标间接表达不同类型的土地利用功能(Ellis et al.,2008;Staal,2005;Costanza et al.,1997)。Costanza 等(1997)以生态系统服务价值参数法对 16 种生态系统的 17 种生态服务进行定量评估,以此来表达土地利用功能的大小。但由于没有考虑景观类型的空间异质性及其相互作用,尤其是忽略了社会经济因素的综合影响,还不能有效地与人类活动相关联。Staal(2005)通过对农户资源利用、作物格局及其生计特征的调研,利用多元回归方法,分析 6 种不同农场类型在空间出现的可能性,以此在农场类型与土地利用功能间建立有机联系。但农场类型是个整体,由于缺少微观主体行为的分析,还不能对不同类型的土地利用功能进行表征,也不能有效探讨农场类型及其功能的演变。

我国学者主要采用两种方式直接表达不同土地利用功能类型:①通过分析土地利用类型与土地利用功能类型的对应关系来表达,比较有代表性的如李德一等(2011a)和刘沛等(2010)的研究,两位学者均以多种土地利用类型的组合表征不同的土地利用功能类型。例如,刘沛等(2010)的土地生产功能是多种不同土地利用类型的组合,包含有生产用地(耕地、林地、草地)、工矿仓储用地(工业用地、采矿用地、仓储用地)、商服用地(商场、市场及附属设施等商业服务业用地)。但由于土地利用多功能性的存在，在后续土地利用功能评价中可能存在扩大或减少特定土地利用功能的风险（梁小英等，2014）。②利用构建的指标体系反映不同类型土地利用功能（彭建等，2014；甄霖等，2010；易湘生等，2008）。通过构建指标体系表征土地利用功能及其变化已成为当前土地利用功能评价的主要方法，比较有代表性的如甄霖等（2010）的研究，该作者选择代表我国社会、经济、环境土地利用功能的28个指标构建评价指标体系，表征我国10种不同的土地利用功能。

综上所述，国内外学者对土地利用功能类型表征研究的差异主要表现在两个方面：①数据来源不同。国外学者主要利用实地调研数据进行土地利用功能类型的表征，而我国学者则主要采用土地利用数据及社会经济统计数据进行分析。相对于国外研究，我国研究所需的时间少、费用低，且易于表达土地利用功能宏观时空分异规律。②反映微观主体土地利用行为的难易程度不同。我国研究多集中在宏观层面，还鲜有探讨土地功能变化微观响应机制的研究（刘超等，2016；陈睿山等，2011）；与我国研究相比，国外学者的研究更易于通过微观主体土地利用行为变化来分析不同土地利用功能的变化。

如何充分利用已有的土地利用功能类型表达方式，使其在表达宏观土地利用功能分异的同时也能很好地表达微观主体土地利用行为的信息，成为今后土地利用功能研究的重要方向（刘沛等，2010；Verburg et al.，2009）。

1.2.2 土地利用功能变化研究

目前，国内外学者通过土地利用变化研究土地利用功能变化取得了较大进展，主要表现在三个方面。

1. 通过土地利用类型探索生态系统的生态服务功能

通过不同土地利用类型与生态系统类型的对应，探索不同时期生态系统的生态服务功能，并对生态功能价值进行评估研究（Willemen et al.，2012；彭建等，2004）。两位学者均将土地利用类型与生态功能相联系，如 Willemen 等（2012）将居住功能与建设用地对应，耕地生产功能与主要耕地类型对应，文化遗产服务与政府公布的有历史价值的区域相对应,通过不同年份土地利用类型的数量变化、空间变化探讨这些功能的变化。

2. 利用不同土地利用类型探讨土地利用功能的时空变化

有学者则在土地利用功能类型与不同土地利用类型组合间建立对应关系，探讨土地利用功能的时空变化（梁小英等,2014；李德一等，2011a）。梁小英等（2014）依据土地提供主要服务的差异在土地利用功能类型与土地利用类型间建立直接联系，探讨研究区不同年份土地利用功能的变化。

3. 通过构建土地利用功能指标体系表征土地利用功能及其变化

有诸多学者通过构建土地利用功能指标体系，利用综合功能指数表征土地利用的多功能及其变化（Paracchini et al., 2011；甄霖等，2010）。例如，甄霖等（2010）通过构建区域可持续发展的重要性矩阵和确定区域土地利用指标功能专用矩阵，综合评价土地利用的多功能性，探讨和分析我国土地利用总功能与多功能的空间异质及其时间变化。

相比较而言，前两种方法可较为直观地表达土地利用功能的空间分异规律，但由于土地利用类型与土地利用功能类型间并非简单的一一对应关系，而是一对多或多对多关系，简单对应无法满足土地利用的功能优化和可持续发展需要（刘超等，2016）；土地利用多功能综合指数虽能够在一定程度上反映其多功能性，但由于不同功能指标间高低值的相互补偿，加之指标权重的影响，评价结果往往会造成重要功能的信息损失（彭建等，2014）。

对土地利用功能变化的研究，内在机理探讨较少，土地利用功能空间定量分析及其多尺度推演依然是目前研究的短板，尤其是将微观主体信息与宏观土地利用功能关联的研究还不多见（刘超等，2016）。这主要是因为土地利用功能的大小及其变化不仅与土地利用类型相关，还与特定区域的社会经济条件、自然条件及土地利用主体——农户的管理方式相关（Willemen et al., 2012；Benjamin et al., 2007）。因此，综合考虑自然与社会经济因素以及主体管理方式来分析土地利用功能及其变化，成为有效揭示土地利用功能空间分异规律的前提。

1.2.3 土地利用功能变化的微观驱动机制研究

国内外学者在农户土地利用行为变化对土地利用功能的影响方面进行了积极探索，主要体现在以下两个方面。

1. 研究由单一功能向多功能转变

目前，研究多集中在单一功能的微观驱动方面。例如，张红姣（2010）从理论上定性地说明土地社会保障功能对农户土地流转行为的影响；张雪靓等（2013）通过对典型区域的调研，给出了土地保障功能的区域分异，间接地表明土地保障功能受农户行为变化的影响。农户对单一土地利用功能影响的研究加深了对农户部分土地利用行为变化的理解，但还缺乏对农户行为变化的完整理解，无法完全揭示其行为变化的机制。目前，已有学者关注到多种土地利用功能变化及其对区域社会经济的影响，如施圆圆等（2015）探讨了北京市耕地多功能空间分异特征及其与社会经济的空间相关性，给出其经济发展水平与耕地多功能组合模式类型的关联，但未涉及农户行为变化对土地利用的多功能的影响。有些学者已经认识到探讨和分析土地利用多功能性的微观主体影响的重要性，如 Hannes 等（2014）通过对比相关研究，认为只有在深入剖析土地利用功能类型及其变化的微观驱动机制的基础上，才能制定行之有效的区域可持续发展政策与措施。还有学者进行相应的案例研究，如李芬等（2009）通过对鄱阳湖农户的实际调研，以土地利用变化为中介，探讨该区多种土地利用功能变化与农户行为的关联性。虽然指出该区域土地功能变化与农户经济收入结构有关系，但没有进一步分析两者间的定量关系。

整体而言，土地利用多功能变化的微观驱动机制研究理论探讨多，实际案例少；定性分析多，定量评价少。因此，土地利用多功能变化在微观主体行为变化的影响机制方面还有待深入研究（刘超等，2016）。

2. 农户土地行为变化对土地利用功能影响的研究

探讨土地利用功能变化与农户间的有机联系成为揭示土地利用功能变化内在机制的前提，但目前进行该方面研究的学者较少。例如，Callo-Concha 等（2014）构建了一个农业多功能性的分析框架，该框架包括四个层次：目标层、准则层、次准则层、指标层，涉及生态、农业生产及其管理等三个方面，利用多准则和多元分析方法，整体评价巴西帕拉州热带农林复合生态系统的多功能性。Callo-Concha 等（2014）通过参与式调研，采用自上而下与自下而上相结合的方法，获取不同层级利益主体（政府、合作社、农户）的决策信息，确定不同层次所包含的具体内容。例如，Callo-Concha 等（2014）在探讨和分析不同利益主体对土地利用功能的影响时，选取农户食物生产的再投资水平、农户进入市场的程度及其售卖商品的多样性等指标表征土地利用的社会经济功能，以此来阐明研究区土地社会经济功能的变迁规律。苗建青等（2012）采用实地测量和问卷调查相结合的方法收集环境—农户组合式样本，获得农户家庭禀赋、农户经济行为和外部环境等微观层面的数据，基于 STIRPAT 模型构建一个农户-生态经济模型；通过该模型，定量探讨和分析重庆市南川区微观层面农户主体的特征和行为与土地利用功能变化程度的关联，揭示该区石漠化形成的微观机制；在探讨农户经济行为与土地利用功能变化之间的联系时，通过分析择业、土地利用、消费、流动和固定资产投资等行为与石漠化程度的定量关系，揭示研究区土地利用功能变化的微观驱动机制。上述研究均注重对微观层面数据的收集和定量分析，虽然涉及到对不同利益主体行为的研究，但没有深入对利益主体的决策及其变化机制进行研究，也没有将决策及其变化的结果通过空间直观地表达出来。

因此，强调多种土地利用功能的"回归"，利用行为科学理论，在土地利用功能类型完整表达的基础上，通过模型模拟的方式进行多种土地利用功能的变化对农户土地利用行为的综合分析，成为当前研究急需解决的问题（唐华俊等，2015；Rounsevella et al.，2012；刘勤，2010）。

1.2.4 农户土地利用行为变化对土地利用的影响研究

相对农户土地利用行为变化对土地利用功能影响的研究，土地利用变化方面的研究积累较为丰富，主要集中在农户土地利用决策和土地利用变化多模型整合等方面。

1. 农户土地利用决策研究

农户土地利用决策研究在智能体模型（agent based model，ABM）的构建、理性与有限理性决策分析、个体间相互作用定量表达等方面积累丰富（黎夏等，2007；Purnomo et al.，2005；Verburg et al.，1999；Costanza et al.，1998）。上述研究大多依据行为理论构建决策模型，对微观主体行为及其变化的内在机制进行了有效探讨。比较有代表性的如 Ligtenberg 等（2004）基于信念-愿望-意图（belief-desire-intention，BDI）行为理论，构建微观主体效益最大化决策框架，探讨和分析微观主体决策的形成机制。鉴于效益最大化模型对现实微观主体决策有限的解释力，目前已有研究展开基于 BDI 理论的有限理性决策研究。例如，王艳妮等（2016）通过增加能力与资源修正指数构建 CR-BDI 模型；宋世雄等（2016）在探讨不同类型农户间相互作用基础上构建 CBDI 模型，分别对原有效益最大化 BDI 模型进行修正，探讨微观主体的有限理性 BDI 决策及其变化。上述研究为探索土地利用功能的微观驱动机制奠定坚实的基础。

2. 多尺度、多模型整合研究

多尺度、多模型整合研究主要集中在不同尺度主体决策转化及多模型整合等方面，主要研究方法有两种：一是从转化机理上进行分析，二是采用单一模型或多模型耦合方法。前者比较典型的如陈海等（2010）利用镶嵌空间选择法，通过土地利用决策影响系数，以陕西省米脂县孟岔村为例，探讨农户个体、农户群体及农户整体等不同组织层面的决策转化机理的研究。

多尺度研究采用单一模型的研究，典型研究如余强毅（2013）基于构建的 CroPaDy 模型，模拟农作物空间格局及其动态变化过程。通过建构 Agent 决策模块和 Agent 分类模型对农户个体、农户群体的决策及其转化进行分析和探讨。多尺度研究采用多模型耦合方法可分为两类，一种是多种行为模型的耦合，如 Feola 等（2010a）耦合易于表达微观主体有限理性决策的人际关系行为理论及能够展现微观和宏观相互作用的结构行为理论，分析个体农药使用行为与区域整体农药使用方式间的关联，揭示不同尺度间决策的转化机理；另一种是决策模型与土地利用模型的耦合，主要探索宏观土地利用变化与微观主体行为间的相互作用机理（Washington-Ottombre et al.，2010；Castella et al.，2007；何春阳等，

2005)。目前，已发展有多种耦合模型，比较有代表性的如 Castella 等（2007）的 CLUE+SAMBA+LUPAS 模型及 Washington-Ottombre 等（2010）的 LTM +MCE +RPG 耦合模型。Castella 等（2007）通过 SAMBA 模型收集不同利益主体（农户个体、农户群体、政府官员）决策及多尺度转化的信息，利用土地利用规划分析系统（land use planning and analysis system，LUPAS）模型分析研究区资源管理主要的自然限制因子和不同方案的权衡曲线，再将上述信息与土地利用变化及效应模型（conversion of land use and its effect，CLUE）进行整合，通过空间显现直观表达主体决策与宏观土地利用变化之间的关系。Washington-Ottombre 等（2010）利用角色扮演游戏（role playing game，RPG）模型收集微观主体的决策信息，利用多指标评价（multi-criteria evaluation，MCE）模型将定性的决策信息转化为土地转化模型（land transformation model，LTM）可以识别的定量驱动力指标，以此将微观主体的决策与宏观土地利用变化结合起来，揭示两者间的互动机制。这些整合模型都充分利用单一模型的优势，通过多尺度转化认识微观主体行为与宏观土地利用变化间的动态反馈关系（Stephen et al.，2013）。

上述研究中微观主体决策及其变化信息的收集方式、不同尺度间土地利用决策转化机理、多模型整合的方式与方法，为探索宏观土地利用功能变化的微观驱动机制研究提供有益的借鉴。

1.2.5 主体行为模拟平台的研究

目前，微观主体行为的模拟平台主要有 Swarm、Repast、Cormas、NetLogo 和 Ascape 等软件，下面分别对各模拟平台的优缺点进行说明。

Swarm 是最早用于主体行为模拟的平台，它是美国圣塔菲研究所 1994 年开发的支持"自下而上"多智能体仿真软件工具（王雪霞，2001）。该平台在经济学、管理学、环境资源保护和生物生态地理学领域应用较广，但由于该平台对使用者的开发语言和编程技巧要求较高，在一定程度上降低了该平台的普及和使用（刘荣添等，2005）。Repast 是由芝加哥大学社会科学计算实验室开发研制的多智能体仿真软件工具，该平台仿真建模功能丰富，扩展性良好。Repast Simphony 在人机交互建模及动态可视化仿真能力方面有较大提高（张广骏等，2010），在社会科学领域应用较广，但还鲜有在地理学领域的模拟研究。Cormas 基于 Smalltalk 开发，可与 ArcGIS 对接，软件有大量例程，且有二次开发的接口，在经济学和生态模拟方面有较多应用，其对使用者的开发语言和编程技巧要求较高（田光进等，2008）。Ascape 是由华盛顿特区布鲁金研究所（Washington D. C. Brooking Institute）开发的相关多智能体软件，该平台交互界面使用方便，易于初学者使用，其 Ascape 中给出多主体交互作用和单个主体的行为规则的控制参数，且可以修改，并内置有多个例序。目前，Ascape 主要应用在社会学领域，但软件执行不是事件驱动的，且目前使用者较少，也没有与 ArcGIS 对接。NetLogo 由美国西北大学网络学习和计算机建模中心基于 Java 语言开发，其二次开发使用 Logo 语言，该语言语法简单、开发方便，编程要求低，且与 ArcGIS 无缝对接（储诚进，2008；Wilensky，1999）；同时，NetLogo 内置大量多学科类型，涉及地理、数学、化学和生物等领域，方便二次开发。

相对于其他软件，NetLogo 开放易学、用户群体庞大、专业类库丰富，尤其是其 ArcGIS 扩展模块的发展完善，为空间显现表达主体行为、土地利用变化过程提供极大便利，且已有学者基于该平台对农户的生存方式选择、农业生产与投入和资源利用进行模拟。比较典型的如 Le 等（2008）基于该平台构建了城市排水区域模拟（LUDAS）模型，模拟越南山区农户土地利用行为变化与景观系统时空动态；Miller 等（2011）基于 NetLogo 构建的 ILLUM 模型，揭示厄瓜多尔居民的生计与环境之间的动态变化机制。另外，尽管有些学者没有构建特殊模型，但基于 NetLogo 平台对主体行为及其变化进行模拟，如 Valbuena 等（2010）基于该平台探讨了农户土地利用行为和土地利用格局间的相互影响；Feitosa 等（2011）基于该平台耦合人口动态模型与景观动态模型，揭示城市隔离现象；Filatova 等（2011）基于该平台阐明城市土地利用格局及其对生态效应的影响机理；我国也有学者基于 NetLogo 平台，模拟主体行为及其变化，如韩丹（2014）基于 NetLogo 平台农户的土地利用行为变化对宏观土地利用的影响；郭锦（2009）探讨了不同智能体对植被空间格局的影响。上述学者在主体决策模型构建、决策尺度转化、模拟模型建构等方面为后续基于 NetLogo 平台的研究奠定坚实的理论和实践基础。

利用 ODD（overview，design concepts and details）框架进行 ABM 模型的构建已经得到国内外学者的认可（余强毅等，2011；Grimm et al.，2006）。采用 ODD 框架构建 ABM 模型，有利于不同研究的对比，方便学者的阅读和理解，易于看清文章的逻辑和框架（Grimm et al.，2010）。

1.3 研究取得的共识与存在的不足

综合上述研究可以看出：①土地利用功能概念已得到多数学者的认可，将其划分为三种类型，并依据研究目的进一步细化分类已成为诸多学者的共识；②基于行为理论揭示主体土地利用行为及其变化已成为国内外研究的趋势；③基于现有的模拟平台模拟主体行为，可节省研究者的时间，使其能更专注于专业领域的研究；④基于 ODD 框架进行 ABM 模型构建。

同时，土地利用功能变化的微观驱动机制研究方面还存在一些不足和挑战，主要表现在如下三个方面。

1. 土地利用功能类型的表征

目前，我国表征土地利用功能类型的研究主要集中在宏观层面，选择的指标大多以统计年鉴数据为主，数据获取虽较为方便，但减少了微观层面信息的考虑，尤其是对主体土地利用行为的相关信息考虑较少，不易将宏观土地利用功能变化与主体土地利用行为变化联系起来。国外土地利用功能的研究大多集中在微观层面，土地利用功能类型的表征大多选取与主体土地利用行为变化相关的信息，但不易反映宏观土地利用功能的变化。因此，如何综合考虑宏观社会经济指标与微观主体行为信息完善土地利用功能类型的表征，成为探讨主体行为变化对土地利用功能影响的基础。

2. 农户土地利用有限理性决策模型的构建

农户土地利用有限理性决策模型的构建是揭示土地利用功能变化的微观驱动机制的前提。目前，研究或集中在通过增加影响和调整因素提高模型对现实农户个体行为的解释力，或通过分析农户间相互作用表征农户个体决策的"有限性"，但综合上述两个方面的研究目前还不多见。因此，结合研究区实际情况，基于前期农户决策的研究，在增加影响因素的同时也探讨农户间相互作用，构建可有效表征农户土地利用有限理性决策框架，以此揭示农户土地利用行为的形成及其变化的内在机制。

3. 土地利用功能模拟模型的构建

研究在决策多尺度转化、决策模型与土地利用模型耦合方面有较大进展，但个体决策对群体决策的影响大多采用仅考虑农户人数的镶嵌空间选择法（nested spatial choice，NSC），对农户实际拥有的土地面积关注不足；同时，决策模型与土地利用模型的耦合仅关注决策对土地利用变化的影响，目前还没有从理论上探讨宏观土地利用功能变化与微观主体行为间的关联，也鲜有探讨两者关系的案例研究。因此，综合考虑农户数量和其拥有的土地类型面积，确定农户个体决策对群体决策的影响；借鉴土地利用变化研究中多模型耦合的方式与方法，发展土地利用功能模拟模型，成为揭示土地利用功能变化微观驱动机制的关键。

需要说明的是，本书的微观驱动是微观土地利用主体驱动的简称。

1.4 概念分析框架

复杂适应系统理论为揭示系统的微观驱动机制提供了理论基础，该理论认为系统演化的动力本质上来源于系统内部，微观主体的相互作用生成宏观的复杂性现象,其研究思路着眼于系统内在要素的相互作用,采取"自下而上"的研究路线;其研究深度不限于对客观事物的描述,而是更着重于揭示客观事物构成的原因及其演化的历程(李振龙,2003;陈禹,2003,2001;谭跃进等,2001;约翰·H·霍兰,2000)。

复杂适应系统理论为传统农业土地变化研究提供全新范式,前期研究发现,基于微观视角探讨农业土地利用变化,更易于揭示农业土地变化的微观驱动机制(陈海等,2010),还能有效避免社会经济数据空间化、空间尺度效应、统计方法应用不当等问题,为传统土地变化驱动机制分析提供有效的方法补充(余强毅,2013)。

因此,为了揭示农户土地利用行为变化对土地利用功能的影响机制,本书给出了宏观土地利用功能变化微观驱动机制的概念框架,见图1.1。从图中可以看出,以NetLogo模拟平台代表实际的农业土地系统;利用NetLogo模拟平台的多层次主体代表现实中的农户个体、农户群体、农户整体等不同层次土地利用主体;农业土地系统中不同尺度的空间,可简化为多层次主体决策所对应的空间。通过多层次主体间相互作用及其与周边环境的相互作用,涌现为宏观土地利用格局及三种土地利用功能的变化,在多层次主体土地利用行为与宏观土地利用格局及其土地利用功能变化间形成"反馈—作用"环。由此可以看出,主体决策的形成与转化及其空间显现是解决土地用功能变化微观驱动机制的核心和关键。

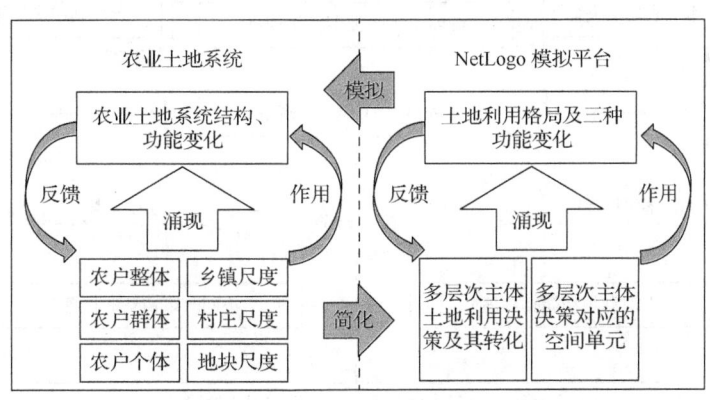

图 1.1 宏观土地利用功能变化微观驱动机制的概念框架

1.5 整体框架与主要内容

1.5.1 整体框架

本书的整体框架如图 1.2 所示,主要包括数据平台的构建、区域土地利用功能时空分异及样区选择、多尺度主体土地利用行为模型的构建与模拟、情景设置与模拟等内容。其中，多尺度主体土地利用行为模型的构建与模拟是揭示农户土地利用行为变化对乡镇土地利用功能影响机制的关键和核心，也是本书的重点和难点，它包括农户个体土地利用有限理性 CA-BDI（capability and ability BDI）模型的构建、CA-BDI+CLUE-S（CLUE-S 表示小尺度土地利用转化模型，conversion of land use and its effects at small region extent）多模型耦合及其模拟等两部分内容。

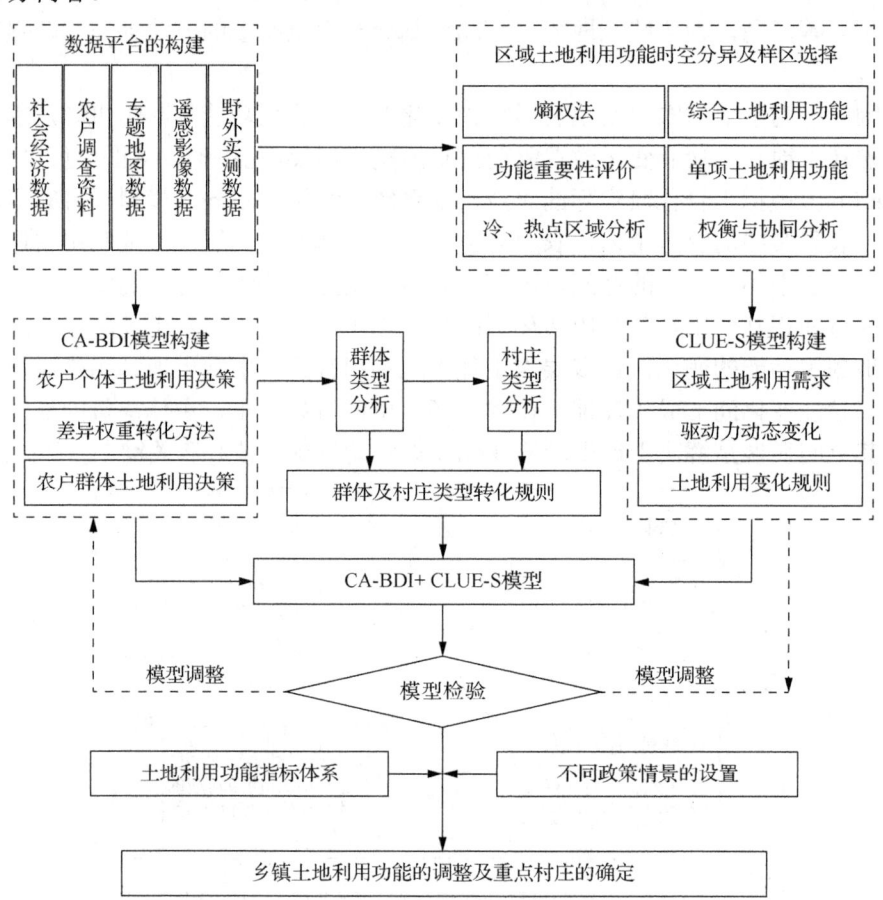

图 1.2　本书整体框架

下面分别对第 3 章至第 6 章的内容进行介绍。

第 3 章主要探讨研究区土地利用功能时空分异。研究以位于生态脆弱区的陕西省米脂县为例，从生产功能、生态功能及社会功能等三方面筛选相关指标，构建土地利用多功能评价指标体系，基于熵权法确定各指标权重；在此基础上，定量评价研究区 2011 年、2015 年米脂县综合土地利用功能及各单项土地利用功时空分异特征；基于土地利用功能冷、热点区域的分析、土地利用功能重要性变化的分析、权衡与协同的分析探讨多种土地利用功能间的相互作用和联系，确定用于探讨宏观土地利用功能变化及微观主体行为响应研究的典型乡镇。

第 4 章主要探讨农户有限理性决策 CA-BDI 模型的构建与模拟。在增加潜在能力指数（Capabilities）和能力指数（Abilities）及分析农户间相互作用的基础上，基于 ODD 框架构建农户有限理性决策 CA-BDI 模型。以典型乡镇的典型村庄为例，模拟农户土地利用行为及其变化；基于差异权重的多尺度转化方法，分析不同类型农户对群体决策的定量影响，在检验和验证 CA-BDI 模型的基础上，基于 NetLogo 模拟平台将影响展示在空间上。

第 5 章主要研究 CA-BDI+CLUE-S 耦合模型的构建与模拟。通过探讨土地利用决策从村庄尺度向乡镇尺度的决策转化法，揭示土地利用决策的转化机制；借鉴土地利用变化研究中多模型耦合的方式与方法，确定 CA-BDI 模型与 CLUE-S 模型的耦合方式。为验证其有效性，以典型乡镇为例，结合实际调研数据，对比分析典型村庄法、村庄类型法、CA-BDI+CLUE-S 耦合模型三种方法的模拟结果，分析农户土地利用行为变化对区域土地利用的定量影响，揭示农户土地利用行为变化对乡镇土地利用变化的影响机制。

在前 5 章研究的基础上，第 6 章探讨农户土地利用行为变化对土地利用功能的影响。以陕西省米脂县高渠乡和杜家石沟镇为例，基于优选模型，依据设置的不同政策情景探讨农户土地利用行为变化对典型乡镇土地利用功能的影响。通过对比分析执行政策与否，以及执行政策前后农户行为的差异，揭示土地利用功能变化的微观驱动机制。通过对杜家石沟镇所有村庄土地利用功能冷、热点和重要性变化的分析，确定政策实施后可能需要关注的村庄，为后续具体落实政策奠定坚实的理论基础。

1.5.2 主要内容

从图 1.2 中总结出本书的主要内容为以下五点。

1）整理和分析土地利用功能变化及其模拟的方法、理论与案例

参考国内外土地利用功能及其变化的模拟研究，从土地利用功能分类、指标选取、使用范围、模拟模型等方面，系统总结土地利用功能不同划分方式的优缺点，总结与土地利用功能变化模拟相关的经验统计模型、动态模拟模型及混合模型的优缺点。同时，从模型适宜尺度和空间显性表达两方面对 ABM 模型与 CLUE-S 模型进行分析和总结，为多模型整合研究奠定基础。

2）建立研究的基础数据平台

结合参与式乡村评估（participatory rural appraisal，PRA）与传统农户调研方法，获取研究区典型乡镇和村庄不同组织层次个体土地利用变化的规则及其驱动

因素随时间变化的信息；同时，以 2011～2017 年米脂县典型样区的同季相高质量遥感影像数据为主体，以手持 GPS 实测数据、研究区土地利用图、地块权属图为补充，收集、整理、购买所需遥感数据、野外测量数据，建立研究所需的基础数据平台。

3）研究区土地利用功能变化分析

利用前期收集的资料，借鉴国内外相关研究、并结合研究区实际情况构建土地利用功能评价指标体系，分析研究区 2011 年和 2015 年的土地利用功能的变化，探索其土地利用功能变化的规律。参考国内外的相关研究，分析研究区土地利用功能的时空分异，掌握研究区可能的土地利用功能变化趋势，确定典型乡镇，为探讨宏观土地利用功能变化的微观驱动机制奠定基础。

4）CA-BDI+CLUE-S 耦合模型的构建与模拟

在村庄尺度上，构建可有效反映微观主体土地利用行为决策的 CA-BDI 模型，通过差异权重法分析不同类型农户对群体决策的定量影响；在检验和验证 CA-BDI 模型的基础上，通过该模型模拟农户土地利用行为变化对村庄土地利用的影响；在乡镇层面上，探讨 CA-BDI 模型与 CLUE-S 模型的耦合方式与方法，并通过与典型村庄法、村庄类型法等对比分析，揭示农户土地利用行为变化对乡镇土地利用的影响。

5）不同政策情景下农户土地利用行为对土地利用功能的影响

在上述研究的基础上，以陕西省米脂县高渠乡和杜家石沟镇为例，基于土地利用功能模拟模型，探讨不同政策情景下农户土地利用行为变化对两个典型乡镇 2018～2020 年土地利用的影响，结合构建的土地利用指标体系，预测在此期间该乡镇土地利用功能的变化；并通过对该乡镇所有村庄土地利用功能冷、热点和重要性变化的对比分析，确定政策实施后可能需要关注的村庄，为后续具体落实政策奠定坚实的理论基础。

参 考 文 献

陈海, 杨维鸽, 梁小英, 等, 2010. 基于 Multi-Agent System 的多尺度土地利变化模型的构建及模拟[J]. 地理研究, 29(8): 1519-1527.

陈婧, 史培军, 2005. 土地利用功能分类探讨[J]. 北京师范大学学报(自然科学版), 41(5): 536-540.

陈睿山, 蔡运龙, 严祥, 等, 2011. 土地系统功能及其可持续性评价[J]. 中国土地科学, 25(1): 8-15.

陈禹, 2001. 复杂适应系统(CAS)理论及其应用——由来、内容与启示[J]. 系统辩证学学报, 9(4): 35-39.

陈禹, 2003. 复杂性研究的新动向——基于主体的建模方法及其启迪[J]. 系统辩证学学报, 11(1): 43-50.

储诚进, 2008. NetLogo 简介[J/OL]. [2017-10-11]. http://blog.sciencenet.cn/blog-4228-20948.html.

樊杰, 2007. 我国主体功能区划的科学基础[J]. 地理学报, 62(4): 339-350.

高永年, 高俊峰, 许妍, 2010. 太湖流域水生态功能区土地利用变化的景观生态风险效应[J]. 自然资源学报, 25(7): 1088-1096.

郭锦, 2009. 基于多智能体的植被空间格局动态模拟[D]. 北京: 北京林业大学.
韩丹, 2014. 基于智能体模型的广西生态移民区土地利用动态模拟研究[D]. 北京: 中国地质大学.
何春阳, 史培军, 陈晋, 等, 2005. 基于系统动力学模型和元胞自动机模型的土地利用情景模拟研究[J]. 中国科学(D辑), 35(5): 464-473.
黎夏, 叶嘉安, 刘小平, 等, 2007. 地理模拟系统:元胞自动机与多智能体[M]. 北京: 科学出版社.
李德一, 张树文, 吕学军, 等, 2011a. 基于栅格的土地利用功能变化监测方法[J]. 自然资源学报, 26(8): 1297-1305.
李德一, 张树文, 吕学军, 等, 2011b. 主体功能区情景下的土地系统变化模拟[J]. 地理与地理信息科学, 27(3): 50-53.
李芬, 甄霖, 黄河清, 等, 2009. 土地利用功能变化与利益相关者受偿意愿及经济补偿研究——以鄱阳湖生态脆弱区为例[J]. 资源科学, 31(4): 580-589.
李振龙, 2003. 复杂适应系统的博弈分析研究[J]. 计算机工程与应用, 39(13): 25-28.
梁小英, 顾铮鸣, 雷敏, 等, 2014. 土地利用功能与土地利用表征土地系统和景观格局的差异研究——以陕西省蓝田县为例[J]. 自然资源学报, 29(7): 1127-1135.
刘超, 许月卿, 孙丕苓, 等, 2016. 土地利用多功能性研究进展与展望[J]. 地理科学进展, 35(9): 1087-1099.
刘沛, 段建南, 王伟, 等, 2010. 土地利用系统功能分类与评价体系研究[J]. 湖南农业大学学报(自然科学版), 36(1): 113-118.
刘勤, 2010. 土地流转的社会风险: 皖中宋村调查[J]. 安徽农业科学, 38(29): 16557-16559.
刘荣添, 叶民强, 2005. 基于多智能体仿真平台Swarm的研究综述[J]. 21世纪数量经济学, 6: 58-66.
吕耀, 2008. 基于多维评价模型的农业多功能性价值评估[J]. 经济地理, 28(4): 650-655.
苗建青, 谢世友, 袁道先, 等, 2012. 基于农户—生态经济模型的耕地石漠化人文成因研究——以重庆市南川区为例[J]. 地理研究, 31(6): 967-979.
彭建, 刘志聪, 刘焱序, 2014. 农业多功能性评价研究进展[J]. 中国农业资源与区划, 35(6): 1-8.
彭建, 王仰麟, 张源, 2004. 滇西北生态脆弱区土地利用变化及其生态效应——以云南省永胜县为例[J]. 地理学报, 29(4): 629-638.
施园园, 赵华甫, 郧文聚, 等, 2015. 北京市耕地多功能空间分异及其社会经济协调模式解释[J]. 资源科学, 37(2): 247-257.
宋世雄, 梁小英, 梅亚军, 等, 2016. 基于CBDI的农户耕地撂荒行为模型构建及模拟研究——以陕西省米脂县冯阳岻村为例[J]. 自然资源学报, 31(11): 1926-1937.
谭跃进, 邓宏钟, 2001. 复杂适应系统理论及其应用研究[J]. 系统工程, 19(5): 1-6.
唐华俊, 吴文斌, 杨鹏, 等, 2009. 土地利用/土地覆被变化(LUCC)模型研究进展[J]. 地理学报, 64(4): 456-468.
唐华俊, 吴文斌, 余强毅, 等, 2015. 农业土地系统研究及其关键科学问题[J]. 中国农业科学, 48(5): 900-910.
田光进, 邬建国, 2008. 基于智能体模型的土地利用动态模拟研究进展[J]. 生态学报, 28(9): 4451-4459.
汪祖民, 2005. 我国土地利用与管理的有益借鉴——《美国的土地利用与管制》简介[J]. 地理与地理信息科学, 21(2): 1.
王超, 1984. 试论土地的结构与功能[J]. 地域研究与开发, 2: 12-21.
王雪霞, 2001. Swarm经济仿真: 基于代理人的模型和面向对象的程序设计[J]. 数量经济技术经济研究, 18(5): 63-64.
王艳妮, 陈海, 宋世雄, 等, 2016. 基于CR-BDI模型的农户作物种植行为模拟——以陕西省米脂县姜兴庄为例[J]. 地理科学进展, 35(10): 1258-1268.
易秋圆, 2013. 县域城市土地利用功能分类与评价[D]. 长沙: 湖南农业大学.
易湘生, 王静爱, 岳耀杰, 2008. 基于沙区土地利用功能分类的土地利用变化与模式研究——以陕北榆阳沙区为例[J]. 北京师范大学学报(自然科学版), 44(4): 439-443.
尹成杰, 2007. 农业多功能性与推进现代农业建设[J]. 中国农村经济, 7: 4-9.
余强毅, 2013. 基于农户决策的农业土地系统变化模型研究[D]. 北京: 中国农业科学院.
余强毅, 吴文斌, 唐华俊, 等, 2011. 复杂系统理论与Agent模型在土地变化科学中的研究进展[J]. 地理学报, 66(11): 1518-1530.
约翰·H·霍兰, 2011. 隐秩序: 适应性造就复杂性[M]. 周晓牧, 韩晖, 译. 上海: 上海世纪出版集团.
张广骏, 李耀东, 戴汝为, 2010. 应用Repast S的复杂系统建模仿真[J]. 计算机仿真, 27(12): 349-353.

张红姣, 2010. 土地流转和失地农民社会保障的相互关系研究[J]. 经济研究导刊, 31: 53-54.
张晓平, 朱道林, 许祖学, 2014. 西藏土地利用多功能性评价[J]. 农业工程学报, 30(6): 185-194.
张雪靓, 孔祥斌, 王洪雨, 等, 2013. 区域耕地社会保障功能替代程度及其差异研究——基于北京市海淀区、大兴区24村214户农户问卷的实证[J]. 资源科学, 35(8): 1555-1566.
甄霖, 曹淑艳, 魏云洁, 等, 2009. 土地空间多功能利用: 理论框架及实证研究[J]. 资源科学, 31(4): 544-551.
甄霖, 魏云洁, 谢高地, 等, 2010. 中国土地利用多功能性动态的区域分析[J]. 生态学报, 30(24): 6749-6761.
周宝同, 2004. 土地资源可持续利用基本理论探讨[J]. 西南师范大学学报(自然科学版), 29(2): 310-314.
张洁瑕, 陈佑启, 姚艳敏, 等. 2008. 基于土地利用功能的土地利用分区研究: 以吉林省为例[J]. 中国农业大学学报, 13(3): 29-35.
BARTHÉLEMY D, NIEDDU M, 2007. Non-trade concerns in agricultural and environmental economics: How J.R. Commons and Karl Polanyi can help us[J]. Journal of Economic Issues, 41(2): 519-527.
BENJAMIN K, BOUCHARD A, DOMON G, 2007. Abandoned farmlands as components of rural landscapes: An analysis of perceptions and representations[J]. Landscape and Urban Planning, 83(4): 228-244.
CALLO-CONCHA D, DENICH M, 2014. A participatory framework to assess multifunctional land-use systems with multicriteria and multivariate analyses: A case study on agrobiodiversity of agroforestry systems in Tomé Açú, Brazil[J]. Change and Adaptation in Socio-Ecological Systems, 1(1): 40-50.
CASTELLA J C, KAM S P, DANG D Q, et al., 2007. Combining top-down and bottom-up modelling approaches of land use/cover change to support public policies: Application to sustainable management of natural resources in northern Vietnam[J]. Land Use Policy, 24(3): 531-545.
COSTANZA R, ARGE R D, GROOT R D, et al., 1997. The value of the world's ecosystem services and natural capital[J]. Nature, 387(6630): 253-260.
COSTANZA R, RUTH M, 1998. Using dynamic modeling to scope environmental problems and build consensus[J]. Environmental Management, 22(2): 183-195.
ELLIS E C, RAMANKUTTY N, 2008. Putting people in the map: Anthropogenic biomes of the world[J]. Frontiers in Ecology and the Environment, 6(8): 439-447.
ERB K H, 2012. How a socio-ecological metabolism approach can help to advance our understanding of changes in land-use intensity[J]. Ecological Economics, 76(100): 8-14.
FEITOSA F, LE Q B, VLEK P L G, 2011. Multi-agent simulator for urban segregation (MASUS): A tool to explore alternatives for promoting inclusive cities[J]. Computers, Environment and Urban Systems, 35(2): 104-115.
FEOLA G, BINDER C R, 2010a. Towards an improved understanding of farmers' behavior: The integrative agent-centred(IAC) framework[J]. Ecological Economics, 69(12): 2323-2333.
FILATOVA T, VOINOV A, VEEN A V D, 2011. Land market mechanisms for preservation of space for coastal ecosystems: An agent-based analysis[J]. Environmental Modelling and Software, 26(2): 179-190.
GLOBAL LAND PROJECT(GLP). 2005. Global Land Project: Science Plan And Implementation Strategy[R]. Stockholm, Sweden: IGBP Secretariat.
GRIMM V, BERGER U, BASTIANSEN F, et al., 2006. A standard protocol For describing individual-based and agent-based models[J]. Ecological Modelling, 198(1): 115-126.
GRIMM V, BERGER U, DEANGELIS D L, et al., 2010. The ODD protocol: A review and first update[J]. Ecological Modelling, 221 (23): 2760-2768.
GROOT R S D, WILSON M A, BOUMANS R M J, 2002. A typology for the classification, description and valuation of ecosystem functions, goods and services[J]. Ecological Economics, 41(3): 393-408.
HANNES J K, ARANKA P, KATHARINA H, et al., 2014. Confronting international research topics with stakeholders on multifunctional land use: The case of Inner Mongolia, China[J]. iForest-Biogeosciences and Forestry, 7(1): 1-11.
HEDIGER W, 2006. Concepts and definitions of multifunctionality in Swiss agricultural policy and research[J]. European Series on Multifunctionality, 10: 149-174.

HELMING K, PEREZ-SOBA M, TABBUSH P, 2008. Sustainability Impact Assessment of Land Use Changes[M]. Berlin and Heidelberg: Springer.

LE Q B, PARK S J, VLEK P L G, et al., 2008. Land-use dynamic simulator (LUDAS): A multi-agent system model for simulating spatio-temporal dynamics of coupled human-landscape system. I. Structure and theoretical specification[J]. Ecological Informatics, 3(2): 135-153.

LIGTENBERG A, MONICA W, BREGT A K, et al., 2004. A design and application of a multi-agent system for simulation of multi-actor spatial planning[J]. Journal of Environmental Management, 72(1): 43-55.

MILLER B, WALSH S J, FRIZZELLE B G et al., 2011. Land use change on household farms in the Ecuadorian Amazon: Design and implementation of an agent-based model[J]. Applied Geography, 31(1): 210-222.

PARACCHINI M L, PACINI C, JONES M L M, et al., 2011. An aggregation framework to link indicators associated with multifunctional land use to the stakeholder evaluation of policy options[J]. Ecological Indicators, 11(1): 71-80.

PÉREZ-SOBA M, PETIT S, JONES L, et al., 2008. Land use functions: A multifunctionality approach to assess the impact of land use changes on land use sustainability[M]//HELMING K, PÉREZ-SOBA M, TABBUSH P. Sustainability Impact Assessment of Land Use Changes. Berlin & Heidelberg: Springer.

PURNOMO H, GUILLERMO G A, PRABHU R, et al., 2005. Developing multi-stakeholder forest management scenarios: A multi-agent system simulation approach applied in Indonesia[J]. Forest Policy and Economics, 7(4): 475-491.

REENBERG A, 2014. Global land science: From Land Use Analysis to Land System Analysis[C]. Berlin: 2nd GLP Open Science Meeting.

ROUNSEVELLA M D A, PEDROLI G B M, ERB K H, et al., 2012. Challenges for land System science[J]. Land Use Policy, 29(4): 899-910.

SOLIVA R, RONNINGEN K, BELLA I, et al., 2008. Envisioning Upland futures: Stakeholder responses to scenarios for Europe's mountain landscapes[J]. Journal of Rural Studies, 24(1): 56-71.

STAAL S J, 2005. Transregional analysis of crop-livestock systems: Understanding intensification and evolution across three continents, Ecoregional Fund[R]. The Netherlands Final program report.

STEPHEN J, WALSH S J, GEORGE P, et al., 2013. Design of an agent-based model to examine population-environment interactions in Nang Rong District, Thailand[J]. Applied Geography, 39(1): 183-198.

VALBUENA D, VERBURG P H, BREGT A, et al., 2010. An agent-based approach to model land-use change at a regional scale[J]. Landscape Ecology, 25(2): 185-199.

VERBURG P H, STEEG J, VELDKAMP A, et al., 2009. From land cover change to land function dynamics: A major challenge to improve land characterization[J]. Journal of Environmental Management, 90(3): 1327-1335.

VERBURG P H, VELDKAMP A, FRESCO L O, 1999. Simulation of changes in the spatial pattern of land use in China[J]. Applied Geography, 19(3): 211-233.

WASHINGTON-OTTOMBRE C, PIJANOWSKI B, CAMPBELL D, et al., 2010. Using a role-playing game to inform the development of land-use models for the study of a complex socio-ecological system[J]. Agricultural Systems, 103(3): 117-126.

WIGGERING H, DALCHOW C, GLEMNITZ M, et al., 2006. Indicators for multifunctional land use: Linking socio-economic requirements with landscape potentials[J]. Ecological Indicators, 6(1): 238-249.

WILENSKY U, RAND W, 2015. An Introduction: Agent-Based Modelling[M]. Cambridge: The MIT Press.

WILLEMEN L, VELDKAMP A, VERBURG P H, et al., 2012. A multi-scale modeling approach for analyzing landscape service dynamics[J]. Journal of Environmental Management, 100(10): 86-95.

第2章 研究区简介与数据处理流程

生态脆弱区指生态系统组成结构稳定性较差，抵抗外在干扰和维持自身稳定的能力较弱，易发生生态退化且难以自我修复的区域（刘军会等，2015a；牛文元，1989）。我国生态脆弱区类型多、范围广（田亚平等，2012；李鹤等，2008），已有研究主要以区域尺度为主，目前主要集中在我国西南喀斯特地区、北方农牧交错带、西北干旱地区、南方丘陵山区和青藏高寒区等典型区域开展研究（于伯华等，2011；兰安军等，2003；王让会等，2001；罗承平等，1995；苏维词等，1994）。为保障国家和区域生态安全，国家先后在全国尺度上开展重点生态功能区、全国主体功能区规划、全国生态脆弱区保护规划和国家级水土流失重点防治区划分等工作，尽管划分的区域和类型不尽相同，但部分区域却是上述工作共同关注的区域。例如，黄土丘陵沟壑区是国家重点生态功能区第一批公布的区域（黄土丘陵沟壑水土保持生态功能区），是全国生态脆弱区保护规划关注的区域之一（北方农牧交错生态脆弱区），也是全国主体功能区规划中的黄土丘陵沟壑区水土保持功能区，同时又是黄河中游河龙区间多沙粗沙治理区国家级水土流失重点防治区。因此，黄土丘陵沟壑区作为典型生态脆弱区已经得到学者和政府的一致认可。

作为黄土丘陵沟壑区的核心区域之一，陕北黄土丘陵沟壑区一直是学者们关注的热点区域。该区包括榆林市的米脂县、绥德县、吴堡县、清涧县、子洲县等的全部，佳县的大部，榆阳区、神木市、府谷县、定边县、靖边县、横山区等县（市、区）的一部分和延安市的延川县、延长县、子长县、宝塔区、安塞区、志丹县、吴起县、甘泉县、宜川县等县（区）的全部，共21个县（区），土地面积49140km^2，约占全省总面积的25%。其中，米脂县、绥德县、吴堡县、清涧县、子洲县、子长县、安塞区、佳县等县（区）既是黄土丘陵沟壑区水土保持功能区，也是国家级水土流失重点防治区（刘军会等，2015b；欧阳志云等，2000）。

本书选择地处生态脆弱区、数据积累丰富的陕西省米脂县作为研究区。随着2013年陕西省主体功能区规划的颁发，米脂县进行了新一轮土地利用功能的调整和优化，这为探索土地利用功能变化的微观驱动机制提供了极佳的社会背景。研究区自然环境的过渡性，加之多样的农业生产条件、社会经济条件和农户类型，均为分析微观主体土地利用决策的影响因素，揭示不同尺度间土地利用功能的变化规律，探讨农户土地利用行为变化对土地利用功能的影响提供了良好的研究平台（Chen et al.，2016；宋世雄等，2016）。

需要说明的是,研究区是以农业生产为主的县,且工业所占比重较小,加之本书主要对农户及其群体的土地利用行为进行分析。因此,研究关注的土地类型是农业用地。

2.1 研究区简介

米脂县地处黄土高原腹部,位于陕西省北部,北承榆林市,南接绥德县,东靠佳县,西邻横山区、子洲县。地理坐标东经 109°49′~110°29′,北纬 37°39′~38°05′,总土地面积 1212km^2,东西宽 59km,南北长 47km,210 国道与无定河平行南北穿境而过。该县辖 13 个乡镇,共 396 个行政村,银州镇为县镇府所在地,见图 2.1。

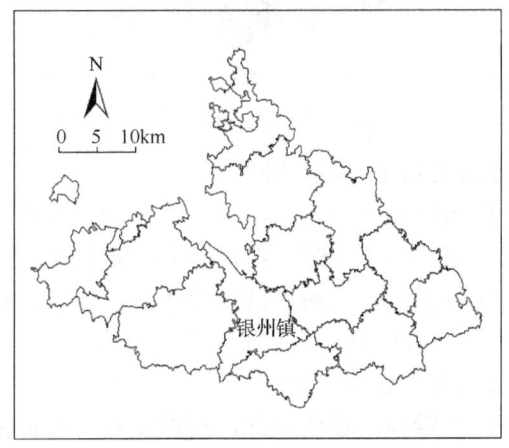

图 2.1 研究区行政区划图

2.1.1 自然条件

1. 地质

在大地构造上,米脂县位于鄂尔多斯台拗的中部。中生代这里为较稳定的沉降区,新生代又整体抬升;第四纪黄土覆盖在中生界三叠系以及新生界上新统之上,最厚处达 300m。在一些沟谷中有三叠系砂岩、泥岩和第三系上新统砂岩、砾岩和紫色泥岩等出露。县内地质构造比较简单,为向西微倾的单斜构造,无较大的褶皱和断裂,地质活动相对稳定。

2. 地貌

米脂县自然条件的过渡性在地貌上表现得最为明显。米脂县属于典型的黄土丘陵沟壑区，地势总体西北高东南低，主要地貌类型有峁、梁、沟和川等。依据米脂县地貌特点，可划分为三个区域，见图2.2。

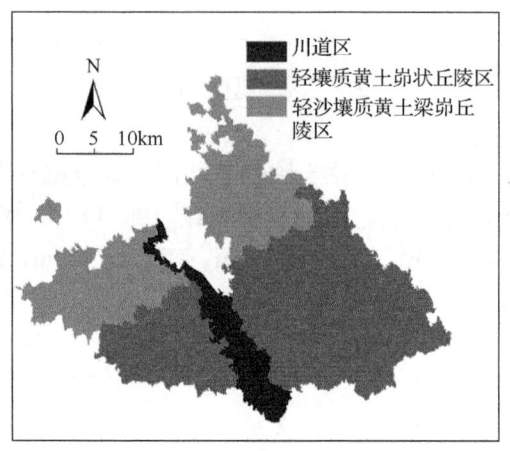

图 2.2　研究区地貌区划图

1）西北部为轻沙壤质黄土梁峁丘陵区

该区处于黄土丘陵沟壑区北部边缘，与榆林风沙区接壤，地面切割较浅，梁地较多，坡度较东南部缓，小于15°的坡地占区内总土地面积的30%左右，沟较浅而宽。除水蚀外，风蚀强烈，土壤风蚀沙化明显，伴有榆林沙丘南移侵入，植被缺乏，水土流失严重。该区占该县总面积的33.24%；

2）东南部为轻壤质黄土峁状丘陵区

该区丘陵起伏，峁多梁少，坡陡沟深，沟壑发育，植被稀少，侵蚀严重，沟壑密度大，每平方千米沟道总长度2.5～3km，沟壑面积占区内总土地面积的55%。该区占该县总面积的59.00%。

3）中部为川道区

该区沿无定河河岸分布1～2km宽的河谷地和阶地，海拔843.2～865.8m，地势平坦。川道坡度小于5°，水土流失轻微。该区占该县总面积的7.76%。

3. 气候

米脂县属中温带半干旱性气候区，虽日照充沛，但全年降水量不足，且主要集中在夏季，年平均降水量451.6mm，最大年降水量704.8mm，最小年降水量186.1mm。该区气候干燥，年平均气温8.3℃，1月平均气温-11.6℃，极端最低气温-31.8℃；7月平均气温24.1℃，极端最高气温38.2℃。无霜期165d。年平均日照时数2761h，总辐射量138kcal/cm^2（1cal=4.1858J）。

4. 水文

米脂县境内河流属黄河水系，除县东部少数溪流为佳县乌龙河支流上游，其他均为无定河支流。无定河从西北向东南贯穿中部，9 条支流从两翼汇入，流短水浅多泥沙，水量随季节变化，冬季冰封。米脂县地表水年径流量 6492 万 m^3，境内地下水蕴藏量为 1000 万 m^3，时空分布不均，主要集中在无定河两岸。

5. 植被与土壤

米脂县植被区系的地理组成主要有北温带成分、欧亚温带成分、东亚成分、温带亚洲成分、黄土高原成分、华北成分、蒙古草原成分等，总体呈温带草原景观，属欧亚草原一小部分；旱生化明显，隐域性景观比重较大；残留极少自然植被。常见植被类型有干草原、落叶阔叶灌丛、乔木林、草甸和水生植被。米脂县土壤包括黄绵土、红土、盐碱土、黑垆土、潮土和风沙土六类土壤，其中黄绵土类占土壤总面积的 96.59%，砂粒含量由北向东南递减，西北部为绵沙土，东南部为黄绵土。

6. 自然资源

地下矿藏资源主要有煤炭、天然气、陶瓷土、石灰石、岩盐等。其中，煤炭主要分布在县境内西北部，储量大于 1000 万 t，煤层厚度为 0.8m，虽属薄煤，但结构简单，埋藏浅，易开采。天然气除东部区域未探明外，广泛分布在县境西区地带。陶瓷土主要分布在李站乡、郭兴庄乡及杜家石沟镇等地。石灰石集中分布在沙家店镇和李站乡，储量较大。岩盐储量最大，现探明盐层蕴藏该县地下，盐层最大厚度为 129～148m，探明储量为 $1.6×10^{12}$～$1.8×10^{12}$ t。每开采 1km^2 可产纯盐 $2.2×10^9$ t，是食用盐和工业用盐的极佳原料。

7. 自然灾害

该县的自然灾害主要有干旱、冰雹、霜冻、洪涝、狂风、病虫害、山崩等，其中以干旱发生最为频繁、危害最为严重。据记载，1949 年以来有 45 年出现旱灾，其中 1997 年起连续 7 年遭受了不同程度的旱灾。除少数川道地区能够浇灌外，大部分山区还没有从根本上摆脱靠天吃饭的局面，"雨养农业"的特征十分明显。

2.1.2 农业生产条件

米脂县以农业为主，自然条件的过渡性造成该县宜农宜牧的生产特点。该县耕地面积 3.6 万 hm^2，农作物常年播种面积 2.3 万 hm^2，粮食产量常年稳定在 8 万 t 以上。2015 年该县林地面积达 3.7 万 hm^2，活立木总蓄积量达 12 万 m^3，森林覆盖率达到20%；畜牧业也有一定程度的发展，家畜存栏1.18万头，羊饲养量达到22.88万只，生猪饲养量达到5.1万头，鸡饲养量达到97.28万羽，肉、蛋、奶产量分别达到483t、3032t、2064t。

表2.1为米脂县2015年主要农业生产指标统计表。从表中看出米脂农业生产具有如下特点。

表2.1　米脂县各乡镇2015年主要农业生产统计指标

乡镇名称	农业总产值/万元	林业总产值/万元	牧业总产值/万元	化肥使用量/t	"三田合一"占土地总面积比例	劳动力数量/人
十里铺乡	5557	138	749	877	0.34	6515
桥河岔乡	3798	282	1205	948	0.29	8445
印斗镇	5533	169	3877	991	0.24	12813
杨家沟镇	5853	192	3069	2738	0.28	8583
李站乡	4167	0	1582	814	0.21	6341
高渠乡	7788	44	1154	1652	0.23	4813
沙家店镇	4728	100	2543	2764	0.22	10152
龙镇镇	5334	199	1366	2851	0.27	9254
桃镇镇	5956	131	3534	2438	0.29	6110
姬家岔乡	3736	27	1775	1340	0.27	4810
杜家石沟	8876	212	2045	309	0.21	9694
银州镇	8676	226	2847	3570	0.28	15721
郭兴庄乡	3579	140	1820	273	0.24	5146

1. 以农业为主，农牧结合

各乡镇的农业总产值占农林牧总产值的比例均值为71%，最大值为十里铺乡86%，最小值为印斗镇58%；各乡镇林业比重较小，均未超过6%，李站乡、高渠乡和姬家岔乡的比例低于1%，最高为桥河岔乡5%；牧业情况相对多样，各乡镇的牧业总产值占农林牧总产值的比例均值为27%，最大的印斗镇超过40%，最小的十里铺乡仅为12%。

2. 农业投入状况较为多样

整体而言，以农为主的乡镇，化肥使用量和劳动力数量较多；农牧结合的乡镇，化肥使用量和劳动力数量相对较少。例如，以农为主的龙镇镇和银州镇化肥和劳动力投入较大，而以农牧结合为主的郭兴庄乡化肥和劳动力投入则较小。部分乡镇投入情况较为复杂，以农为主的十里铺乡和杜家石沟镇化肥使用量和劳动力数量投入较少，而农牧结合的沙家店镇、杨家沟镇和桃镇镇的化肥使用量和劳动力数量投入较多。

3. 米脂县农业生产条件差异较大

"三田合一"是研究区特有的反映农业生产和水土保持能力的指标,即为梯田、坝地和水田的面积总和。其中,十里铺乡"三田合一"占土地总面积的比例最大(34%),李站乡和杜家石沟镇"三田合一"占土地总面积的比例最小(21%)。米脂县各乡镇"三田合一"占土地总面积的比例的均值为 26%,超过均值的乡镇有 7 个,低于均值的有 6 个。

通过上述分析可以看出:作为以农为主、农牧结合的米脂县,在农业投入、农业生产条件、农业产出方面均较为多样。加之政府的产业发展举措,客观上进一步加大了该县农业生产条件的多样性。例如,在龙镇、杨家沟、沙店、桥何岔、桃镇、印斗等 6 个乡镇建成谷子高产示范田 720hm^2;在高渠乡和印斗镇的 11 个村建成旱地小红葱高产示范田 670hm^2。

2.1.3 文化旅游资源

2015 年,米脂县被确定为全国电子商务进农村综合示范县,同时依托文化资源的旅游业取得重大进展。目前,该县旅游接待人数达到 27.18 万人次,门票收入首次突破 100 万元,实现旅游综合收入 5980 万元,文化产业增加值年均增长 25%;全社会消费品零售总额达到 101.2 亿元,年均下降 2.1%;三产占国内生产总值的比重达到 53%。米脂县乡村旅游主要集中在杨家沟、高西沟、柳家圪等 3 个乡村。杨家沟被列为红色旅游经典景区二批名录,高西沟、柳家圪、孟岔、马家铺、对岔、杨家沟、刘家峁、张家沟、桃镇等 9 个村被列为全国乡村旅游扶贫重点村;高西沟被评为全国农业旅游示范点、陕西省乡村旅游示范点、陕西休闲农业明星村;杨家沟、柳家洼被评为榆林市乡村旅游示范点。文化旅游资源的在特定区域的客观存在,增大了米脂县文化旅游资源时空分布的不均性。

2.1.4 农户行为的多样性

结合农户调研数据,研究团队先后对研究区 396 个村庄中的 96 个村庄进行实地调研,共计 1920 户调研农户,有效问卷 100%。表 2.2 为研究区调研农户的农户分类特征表。通过对调研数据的分析,依据作物重要性的分析结果,利用分类树法,将研究区农户划分为 4 类,分类结果见图 2.3。其中农户类型 I 为兼业户,类型 II 为打工户,类型 III 为种植户,类型 IV 为自给户。

表 2.2 农户类型特征表

农户类型	样本数目/户	户主平均年龄/岁	户主受教育程度	户均耕地面积/亩
兼业户	421	49	初中	17.7
种植户	595	57	初中	32.8
自给户	663	66	小学	5.7

注:1 亩=666.67m^2。

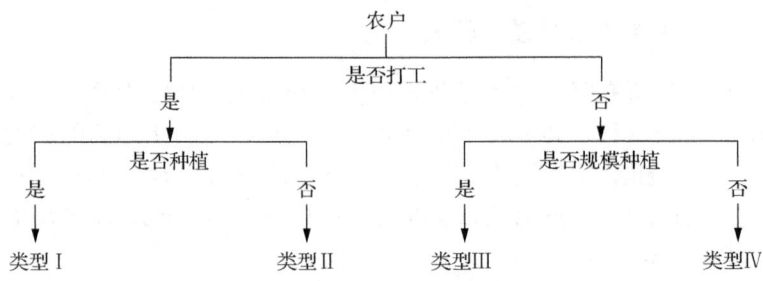

图 2.3　研究区农户类型划分图

从表 2.2 可以看出，研究区的农户类型在户主年龄和户均耕地面积上具有较为类似的特点：从兼业户、种植户到自给户，农户年龄依次增大，从自给户、兼业户到种植户，户均耕地面积依次增加。三种农户在教育程度方面较为接近。对于兼业户而言，由于收入主要来源于打工，因此其种植较为简单，主要种植玉米和豆类；自给户由于年龄较大，受体力限制，一般种植面积较小，且主要种植玉米和杂粮；种植户的种植情况较为多样，且不同乡镇的种植情况也有较大差异，如高渠乡种植户主要种植小红葱、土豆、杂粮和玉米，杜家石沟镇种植户主要种植土豆、玉米和苹果，且不同种植户主要种植作物的排序也有较大差异。米脂县虽然以小红葱+杂粮、土豆+杂粮、土豆+玉米、玉米+苹果等种植方式为主的农户比例较大，但依然存在其他多达 12 种的种植方式。受种植习惯、周边种植规范、市场和区域发展措施的影响，农户土地利用行为多样，其种植方式也多样。

2.2　数据来源与处理

2.2.1　数据来源

1. 土地利用数据

本书研究所用土地利用数据主要有三个来源：一是 2009 年米脂县第二次全国土地调查土地利用数据；二是由米脂县县政府提供的 2011 年米脂县土地利用数据；三是 2015 年资源三号卫星影像数据，通过监督分类和人工目视解译，解译精度为 96.28%。

2. DEM 数据

米脂县数字高程模型（digital elevation model，DEM）数据来自中国科学院计算机网络信息中心地理空间数据云，分辨率为 30m，主要用于获取研究区的高程、坡度和坡向数据（http://www.gscloud.cn/）。乡镇 DEM 数据为重采样数据，分辨率为 10m。

3. 县域社会经济数据

县域社会经济数据来自 2011~2015 年《米脂年鉴》、政府公告、文件，以及国家惠农政策，还包括米脂县出台的各种农业补助措施与标准。

4. 农户调研数据

农户调研数据包括研究区县域和乡镇两个层面。县域层面共调研 96 个典型村庄，调研村庄位置见图 2.4，乡镇层面共计两个典型乡镇 62 村，即高渠乡 20 个村和杜家石沟镇 42 个村。

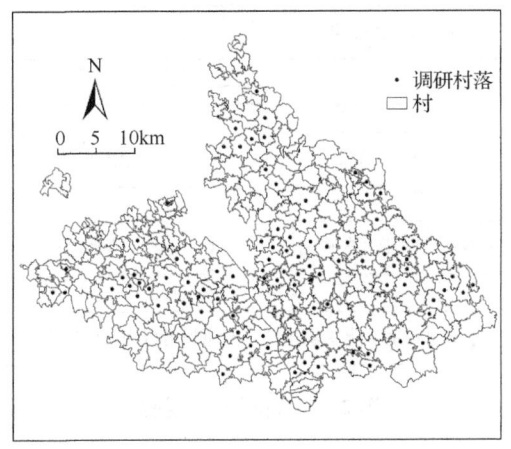

图 2.4　研究区调研村庄位置图

县域和典型乡镇农户调研主要对农户生产投入、产出状况，种植状况、个人家庭社会经济状况，以及村庄整体状况进行调研。其中典型乡镇农户调研还包括农户地块权属数据。县域层面的数据共包括 2013~2015 年 3 年的农户数据，高渠乡为 2011~2017 年连续 7 年的农户调研数据，杜家石沟为 2014~2017 年 4 年的农户调研数据。上述数据在保证了农户调研的数量同时，也保证了村庄代表性，为进行农户土地利用行为的多尺度模拟和验证，以及米脂县土地利用功能演变的分析奠定了坚实的数据基础。调研表的设计及调研的内容见附录Ⅰ。

需要说明的是，为了对农户的土地利用行为及其变化进行研究，在收集农户数据时，为保证农户行为分析的时间连续性，尽可能对同一农户进行调研；如果对于在调研期间外出的农户，通过与其通电话的方式来获取数据。

2.2.2 数据处理流程

数据处理主要包括社会经济数据、土地利用数据两个部分，数据处理流程如图 2.5 所示。在此基础上，利用社会经济数据进行农户土地利用行为模拟和乡镇土地利用功能演变研究，结合遥感影像数据进行县域尺度土地利用功能时空分异研究。

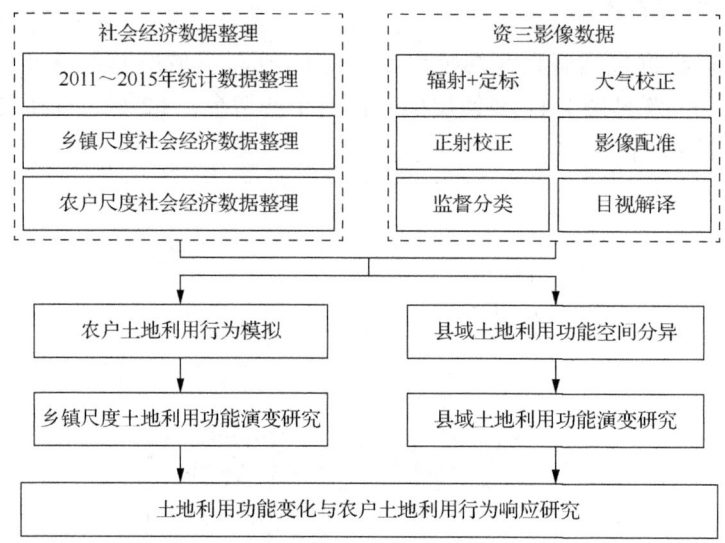

图 2.5　数据处理流程图

1. 社会经济数据的整理

社会经济数据包括两部分：一是用于计算县域土地利用功能及其转化的 2011～2015 年统计年鉴数据，并通过土地利用功能变化的冷、热点分析、土地利用功能重要性评价确定典型乡镇；二是农户调研数据，将两部分数据按年份进行整理汇总，形成.xls 和.dbf 文件；并依据 BDI 模型框架，构建微观主体-农户土地利用行为模型，以此模拟农户土地利用行为的决策及其变化。

2. 土地利用数据的整理

土地利用数据包括两个尺度：一是县域尺度，主要是研究区 2011 年和 2015 年土地利用数据，用于计算县域土地利用功能及其变化的空间分异研究；二是乡镇尺度，主要是实际调研的农户地块权属数据的汇总，用于农户土地利用行为变化的模拟及其空间显化，以及乡镇尺度土地利用功能时空演变研究。

综上所述，典型生态脆弱区米脂县的自然条件过渡性明显，农业生产条件多样，文化旅游资源时空分布不均，农户土地利用行为多样，加之在研究区有较多的数据积累,这为分析农户土地利用行为形成与变化规律,揭示土地利用功能变化的微观驱动机制提供了良好的研究平台。

参 考 文 献

兰安军, 张百平, 熊康宁, 等, 2003. 黔西南脆弱喀斯特生态环境空间格局分析[J]. 地理研究, 22(6): 733-741.
李鹤, 张平宇, 程叶青, 2008. 脆弱性的概念及其评价方法[J]. 地理科学进展, 27(2): 18-25.
刘军会, 高吉喜, 马苏, 等, 2015a. 中国生态环境敏感区评价[J]. 自然资源学报, 30(10): 1607-1616.
刘军会, 邹长新, 高吉喜, 等, 2015b. 中国生态环境脆弱区范围界定[J]. 生物多样性, 23(6): 725-732.
罗承平, 薛纪瑜, 1995. 中国北方农牧交错带生态环境脆弱性及其成因分析[J]. 干旱区资源与环境, 9(1): 1-7.
牛文元, 1989. 生态环境脆弱带 ECOTONE 的基础判定[J]. 生态学报, 9(2): 97-105.
欧阳志云, 王效科, 2000. 中国生态环境敏感性及其区域差异规律研究[J]. 生态学报, 20(1): 9-12.
宋世雄, 梁小英, 梅亚军, 等, 2016. 基于CBDI的农户耕地撂荒行为模型构建及模拟研究——以陕西省米脂县冯阳洼村为例[J]. 自然资源学报, 31(11): 1926-1937.
苏维词, 杨汉奎, 1994. 贵州岩溶区生态环境脆弱性类型的初步划分[J]. 环境科学研究, 7(6): 35-41.
田亚平, 常昊, 2012. 中国生态脆弱性研究进展的文献计量分析[J]. 地理学报, 67(11): 1515-1525.
王让会, 宋郁东, 樊自立, 等, 2001. 新疆塔里木河流域生态脆弱带的环境质量综合评价[J]. 环境科学, 22(2): 7-11.
于伯华, 吕昌河, 2011. 青藏高原高寒区生态脆弱性评价[J]. 地理研究, 30(12): 2289-2295.
CHEN H, LÓPEZ-CARR D, TAN Y, et al., 2016. China's Grain for Green policy and farm dynamics: Simulating household land-use responses[J]. Regional Environmental Change, 16(4): 1147-1159.

第 3 章 研究区土地利用功能时空分异研究

从土地利用功能概念提出到现在,关于土地利用功能的研究已由土地利用单一功能向多功能转化,从土地利用功能的综合评价向不同土地利用功能之间相互权衡与协同转化,从静态的土地利用功能研究向土地利用功能时空动态转化。本章研究目标:一是通过构建的县域土地利用功能评价指标体系,分别计算分析2011年和2015年米脂县土地利用的综合功能及各单项土地利用功能的时空动态变化,探究研究区土地利用功能的时空演变过程;二是基于各乡镇2011~2015年土地利用功能冷热点变化、土地利用功能重要性评价分析选择典型乡镇,为研究乡镇土地利用功能变化及微观驱动机制奠定基础。

3.1 研究方法

3.1.1 土地利用功能评价指标体系的构建

目前,将土地利用功能划分为生产功能、社会功能和生态功能三分类法已经成为大多学者的共识(梁小英等,2014;易秋圆,2013;刘沛等,2010;Helming et al.,2008;陈婧等,2005),通过构建多层次指标体系表征土地利用功能也得到诸多学者的认可(Callo-Concha et al.,2014;甄霖等,2009;Pérez-Soba et al.,2008)。因此,本书在土地利用功能三分类法的基础上,考虑研究区的地域特殊性、行政界限相对完整性,依循综合性、主导性、可操作性、易于反映农户土地利用行为等原则,构建如表3.1所示的土地利用功能评价指标体系。

表 3.1 研究区土地利用功能评价指标体系

目标层	准则层	要素层	指标内涵
土地利用综合功能	生产功能	粮食单产(x_1)	反映研究区粮食供给水平(+)
		蔬菜瓜果产量(x_2)	反映研究区蔬菜瓜果的供给情况(+)
		生态示范园和民俗旅游接待收入(x_3)	反映休闲游憩等增加农业收入情况(+)
		牧业比重(x_4)	反映研究区牧业供给水平(+)
	生态功能	林草地覆盖率(x_5)	反映研究区生态恢复能力(+)
		化肥使用量(x_6)	反映土地利用可能对自然带来的危害(−)
		农药使用量(x_7)	反映土地利用可能对自然带来的危害(−)
		"三田合一"占土地总面积比例(x_8)	反映研究区保护生态的能力(+)
		有效灌溉面积比例(x_9)	反映研究区保护生态的能力(+)

续表

目标层	准则层	要素层	指标内涵
土地利用综合功能	社会功能	第一产业劳动力就业比重（x_{10}）	反映农业劳动力安置情况（+）
		农村人口密度（x_{11}）	反映耕地承载农村人口的能力（+）
		生态示范园和民俗旅游接待人次（x_{12}）	反映地方休闲游憩功能（+）

注："+"表示正向作用的指标；"−"表示负向作用的指标。

从表 3.1 可以看出，县域土地利用功能评价指标体系由目标层、准则层和要素层三个层次构成，其中生产功能主要表征土地利用多样化过程中提供的农产品等原材料，其目标是发展生产、促进经济增长（彭建等，2016；鲁可荣等，2011）；结合我国相关研究和研究区的实际情况，选用粮食单产、蔬菜瓜果产量、牧业比重、生态示范园和民俗旅游接待收入四个指标表征研究区土地利用的生产功能；其中以粮食单产、蔬菜瓜果产量两个指标反映研究区的农业耕作产出水平，通过牧业比重反映该区牧业产出水平，以生态示范园和民俗旅游接待收入反映研究区休闲农业的经济效益。与我国其他土地生产功能的研究一样，本书选择粮食单产反映该区农业产出水平（彭建等，2016；胡忠秀，2013；何露等，2010；罗凤来，2009）。本书在表征生产功能的指标增加了具有区域特色的蔬菜瓜果产量、牧业比重和生态示范园和民俗旅游接待收入等指标，主要原因如下：①蔬菜瓜果是研究区未来重点发展的特色产业之一，尤其是山地苹果产业，利用该指标反映该产业在研究区不同区域的发展状况（贾慧等，2018）；②研究区是生态脆弱区，也是农牧交错区，在用粮食单产反映农业生产水平的同时，也需通过牧业比重反映牧业在该区域的产出水平（梅亚军等，2017）；③生态示范园和民俗旅游也是米脂县重要发展的产业之一。

研究区作为一个以农业为主导的县域，其土地社会功能主要是指农业的生活或社会文化功能，如增加就业、减轻社会就业压力以及文化传承等功能。研究区作为一个革命老区和千年历史名县，有较为充足的旅游资源，因此通过生态示范园和民俗旅游接待人次、第一产业劳动力就业比重、农村人口密度三个指标表征研究区的社会功能；其中，通过生态示范园和民俗旅游接待人次表征研究区所带来的社会收益，采用第一产业劳动力就业比重表征研究区农业劳动力的安置情况，采用农村人口密度指标表征农村耕地可承载的农村人口（彭建等，2016）。

研究区的生态功能主要通过林草地覆盖率、化肥使用量、农药使用量、"三田合一"占土地总面积比例、有效灌溉面积比例五个指标进行表征；其中用化肥使用量、农药使用量是负向作用的指标，反映农业土地利用对研究区生态环境可能的伤害；林草地覆盖率是国内外学者反映土地利用生态功能的常用指标（杜国明等，2016；刘彦随等，2011）。研究区坡耕地较多，水土流失现象较为严重，通过将坡耕地改造为梯田、坝地和水田，以减少农业生产造成的水土流失问题。因此，本书选取能够反映研究区水土保持能力的"三田合一"占土地总面积比例的指标，即梯田、坝地和水田总面积占土地总面积的比例来反映研究区对生态环境的保护状况。同时，由于研究区普遍存在农户施用化肥和农药不合理的现象（梁小英等，2016），选取化肥使用量、农药使用量等两个指标可以反映研究区整体化肥农药的使用情况，也可以反映农户在化肥和农药方面的投入对环境的可能影响。另外，化肥和农药的施用与农户行为密切相关，选择上述两个指标也为后续研究宏观土地利用功能变化对农户影响及其微观驱动机理奠定基础。研究区水资源较为匮乏，但目前缺少表征水资源状况的数据，为了反映水资源在研究区内部的分布和使用状况，本书选择有效灌溉面积比指标间接反映研究区水资源的时空分异。

由表 3.1 可以看出，生产功能中的粮食单产与蔬菜瓜果产量等指标与农户的土地利用行为关系密切，表示农户土地利用的产出；生态功能中的农药使用量、化肥使用量等指标与农户土地利用行为关系密切，表示农户对土地利用的投入；社会功能中的第一产业劳动力就业比重与农户群体土地利用行为关系密切，表示农户群体的劳动力投入情况。农户土地利用与上述指标的关联，为后续定量分析农户土地利用行为变化对土地利用功能的影响奠定坚实的基础。

为了避免选用多个关联性强指标所造成的信息重复问题，本书对米脂县 13 个乡镇各功能所涉及指标间的相关性进行分析。研究区生产功能、生态功能和生产功能各指标间的相关性分析结果见附录Ⅱ。从附录Ⅱ中可以看出，用于表征三种土地利用功能的各指标间相关性较低，且均未通过显著性检验；这表明表征研究区生产、生态和社会功能的 12 个指标间关联性较弱。因此，上述确定的指标体系可以用于对研究区土地利用功能及其变化进行分析。

3.1.2　土地利用功能评价指标权重的确定

目前，确定指标权重的方法大体可分为两种：一是主观赋权法，二是客观赋权法，前者受人为影响较大（彭建等，2012）。为了减少人为因素对指标权重的影响，本书采用熵权法对各个指标进行客观赋权。

"熵"最初由德国物理学家 Rudolf Clausius 提出，通过比较系统在不同状态下的熵值大小来判别系统热力学转化方向，后由 Shannon 引入信息论中（张妍等，2005），用来描述任何一种具有耗散结构特征的系统或物质运动的有序度，定量的判断物质或系统的演化方向，目前已经在工程技术、社会经济等领域得到了非常广泛的应用（李航等，2017；郭艳等，2015；贾艳红等，2007）。熵权法的基本思路是根据指标变异性的大小确定客观权重。一般而言，若某个指标的信息熵 E_j 越小，表明该指标变异程度越大，提供的信息量越多，在综合评价中所能起到的作用也越大，其对应权重也就越大；相反，某个指标的信息熵 E_j 越大，表明该指标变异程度越小，提供的信息量越少，在综合评价中所起到的作用也越小，其对应的权重也就越小。熵权赋值的计算步骤如下所示。

1. 数据标准化

将各个指标的数据进行标准化处理。正向指标采用式（3.1）对指标进行标准化处理，负向指标采用式（3.2）进行标准化处理。

$$Y_{ij} = \frac{X_{ij} - \min X_{ij}}{\max X_{ij} - \min X_{ij}} \tag{3.1}$$

$$Y_{ij} = 1 - \frac{X_{ij} - \min X_{ij}}{\max X_{ij} - \min X_{ij}} \tag{3.2}$$

式中，Y_{ij} 为研究单元第 i 项土地利用功能、第 j 项指标的标准化值；X_{ij} 为研究单元第 i 项土地利用功能、第 j 项指标的实际值；$\min X_{ij}$ 为研究单元第 i 项土地利用功能、第 j 项指标的最小值；$\max X_{ij}$ 为研究单元第 i 项土地利用功能、第 j 项指标的最大值。

2. 求各指标的信息熵

依据信息熵的定义，依据式（3.3）计算指标的信息熵 E_j 为

$$E_j = -(\ln m)^{-1} \sum_{j=1}^{n} p_{ij} \ln p_{ij} \tag{3.3}$$

式中，m 为评价指标；p_{ij} 为综合标准化值，其计算式为

$$p_{ij} = \frac{Y_{ij}}{\sum_{j=1}^{n} Y_{ij}} \tag{3.4}$$

如果 $p_{ij} = 0$，则认为 $p_{ij} \ln p_{ij} = 0$。

3. 确定各指标权重

根据信息熵的计算式（3.3），计算出各个指标的信息熵为 E_1，E_2，…，E_n。通过式（3.5）计算各指标的权重 w_j。

$$w_j = \frac{1 - E_j}{n - \sum_{j=1}^{n} E_j} \tag{3.5}$$

3.1.3 单项土地利用功能和综合土地利用功能的确定

利用式（3.6）和式（3.7）分别计算研究区各乡镇的三个单项土地利用功能（single land use function，SLUF）和综合土地利用功能（multiple land use function，MLUF）。

$$\mathrm{SLUF}_i = \sum_{j=1}^{n} w_j I_{ij} \tag{3.6}$$

$$\mathrm{MLUF} = \sum_{i=1}^{m} \alpha_i \mathrm{SLUF}_i \tag{3.7}$$

式中，SLUF_i 为研究单元第 i 项土地利用功能；I_{ij} 为研究单元第 i 项土地利用功能的第 j 个指标；MLUF 为研究单元的综合土地利用功能；α_i 为研究单元第 i 项土地利用功能的权重。

3.1.4 典型乡镇的确定

目前，探讨分析研究区内部土地利用功能变化典型性的研究大体可以分为两类：一是基于土地利用功能冷、热点的方法，分析研究区内部土地利用功能的冷、热点及其变化（彭建等，2016；Willemen et al.，2010）；二是构建土地利用功能评估参数，分析研究区不同单元土地利用功能变化的特点，确定不同单元的土地利用功能或主导功能的变化（罗雅丽等，2016；刘彦随等，2011）。本书结合上述两种方法，对研究区内部各乡镇单项土地利用功能和综合土地利用功能的重要性进行评价，以此确定研究区的典型乡镇，为后续揭示土地利用功能变化的微观驱动机理奠定坚实的基础。

1. 土地利用多功能冷、热点区域的确定

土地的多宜性造就了土地利用的多功能性，特定区域多种土地利用功能的共存产生了区域土地利用功能的冷、热点区域（Helming et al.，2008）。本书借鉴彭建等（2016）和 Willemen 等（2010）的空间叠置法确定研究区的冷、热点区域，即将 2011 年和 2015 年研究区各单项土地利用功能划分为高、中、低三种类型，然后分别对研究区 2011 年和 2015 年各单项土地利用的类型进行识别。将研究区同一区域的三种单项土地利用功能中均为低类型（或两低一中）的区域设为土地利用功能的冷点区域，将研究区三种土地利用功能中有两种及以上为高类型（或两中一高）的区域设为土地利用功能的热点区域，非上述情形的区域，为其他类型区域。由此得到研究区 2011 年和 2015 年土地利用功能的冷点区域与热点区域。

2. 研究区单项与综合土地利用功能重要性评价

借鉴国内外学者在土地功能多功能性评价的研究（罗雅丽等，2016；彭建等，2014；刘彦随等，2011；Renting et al.，2009；Sumelius et al.，2008），本书构建单项和综合土地利用功能重要性参数，对研究区内部土地利用功能变化特点进行分析。

1）单项土地利用功能重要性评价参数

单项土地利用功能在各个研究单元的重要性，不仅与特定时刻单项土地利用功能占研究单元综合土地利用功能的比重相关，还与该比重在研究时段内的变化有关。基于此，本书构建单项土地利用功能重要性参数为

$$\text{SLUF-Importance}_{ij(t,t+1)} = \frac{\text{SLUF}_{ij(t+1)}}{\sum_{i=1}^{n}\sum_{j=1}^{m}\alpha_j\text{SLUF}_{ij(t+1)}} - \frac{\text{SLUF}_{ijt}}{\sum_{i=1}^{n}\sum_{j=1}^{m}\alpha_j\text{SLUF}_{ijt}} \quad (3.8)$$

式中，$\text{SLUF-Importance}_{ij(t,t+1)}$ 为研究单元 i、单项土地利用功能 j 在 $(t,t+1)$ 时间段对研究区的重要性参数；SLUF_{ijt} 为研究单元 i、单项土地利用功能 j 在时间 t 的值；m 为生产、生态和社会三种土地利用功能类型；n 为研究区研究单元数量；$\text{SLUF}_{ij(t+1)}$ 为研究单元 i、单项土地利用功能 j 在时间 $t+1$ 的值；α_j 为研究单元 i 中单项土地利用功能 j 的权重。

由式（3.8）可以看出，当 $\text{SLUF-Importance}_{ij(t,t+1)} \geq 0$ 时，表明研究单元 i、单项土地利用功能 j 在其综合土地利用功能的重要性在增加，且值越大表明该单项土地利用功能的重要性越高。

2）综合土地利用功能重要性评价参数

研究单元综合土地利用功能在研究区的重要性，不仅与不同时段间各研究单元综合土地利用功能变化率相关，还与研究单元综合土地利用功能占研究区综合土地利用功能的比重相关。基于此，本书构建研究区综合土地利用功能重要性参数为

$$\text{MLUF-Importance}_{i(t,t+1)} = \frac{\text{MLUF}_{i(t+1)}}{\sum_{i=1}^{n}\text{MLUF}_{i(t+1)}} - \frac{\text{MLUF}_{it}}{\sum_{i=1}^{n}\text{MLUF}_{it}} \quad (3.9)$$

式中，$\text{MLUF-Importance}_{i(t,t+1)}$ 为研究单元 i 的综合土地利用功能在 $(t,t+1)$ 时间段对研究区的重要性参数；MLUF_{it} 为研究单元 i 的综合土地利用功能在时间 t 的值；n 为研究区研究单元的数量；$\text{MLUF}_{i(t+1)}$ 为研究单元 i 的综合土地利用功能在时间 $t+1$ 的值。

由式（3.9）可以看出，当 $\text{MLUF-Importance}_{i(t,t+1)} \geq 0$ 时，表明研究单元 i 的综合土地利用功能在研究区土地利用功能的重要性在增加，且值越大表明该研究单元综合土地利用功能的重要性越高。

3.1.5 研究区土地利用功能权衡与协同分析

目前,多种土地利用功能间的权衡与协同研究大多集中在理论探讨,实践与案例研究相对较少(李海燕等,2016;刘超等,2016;曾杰等,2012;陈睿山等,2011)。而与此相关的研究的主要集中在景观服务或生态系统服务的研究方面,大多采用雷达图和相关分析法(孙艺杰等,2017;李晶等,2016;戴尔阜等,2015;李双成等,2013)。比较有代表性的如 Cademus 等(2014)将美国东南部湿地的碳储存服务、木材生产服务及淡水供给服务三种服务划分为不同级别,通过空间叠置分析法来揭示多种服务之间的相互关系;Ungaro 等(2014)采用雷达图方法对德国东北部的梅尔科什瑞士的生境服务、粮食生产服务、景观美学服务、淡水供给服务、以及水源管理五种景观服务间的权衡关系进行分析;我国学者孙艺杰等(2017)、李晶等(2016)分别采用相关系数及空间制图的方法对研究区多种生态系统服务间的权衡与协同进行分析。本书利用雷达图法分析研究区多种土地利用功能间的权衡与协同关系。

3.2 结果分析

3.2.1 研究区土地利用功能指标权重的确定

首先依据式(3.1)和式(3.2)对数据进行标准化计算,然后根据式(3.3)～式(3.5)确定2011年研究区要素层和准则层各指标的权重,计算结果见表3.2。

表3.2 2011年研究区各指标权重

目标层	准则层	要素层	指标权重
土地利用综合功能	生产功能(权重0.24)	粮食单产(x_1)	0.21
		蔬菜瓜果产量(x_2)	0.25
		生态示范园和民俗旅游接待收入(x_3)	0.40
		牧业比重(x_4)	0.14
	生态功能(权重0.39)	林草地覆盖率(x_5)	0.16
		化肥使用量(x_6)	0.14
		农药使用量(x_7)	0.13
		"三田合一"占土地总面积比例(x_8)	0.18
		有效灌溉面积比例(x_9)	0.39
	社会功能(权重0.37)	第一产业劳动力就业比重(x_{10})	0.19
		农村人口密度(x_{11})	0.26
		生态示范园和民俗旅游接待人次(x_{12})	0.55

从表 3.2 可以看出，研究区土地利用生态功能的权重最大（0.39），社会功能的权重次之（0.37），生产功能的权重最小（0.24）。研究区为生态脆弱区，土地利用生态功能是研究区社会功能、生产功能存在和发展与否的前提和基础，同时研究区将提高土地社会功能作为提高农民福祉和减少人类活动对周边生态影响的重要举措。因此，通过熵权法确定的各单项土地利用功能的权重与研究区的实际情况较为吻合。

在生产功能中，指标生态示范园和民俗旅游接待收入权重最大，蔬菜瓜果产量和粮食单产次之，牧业比重的权重最小，这与研究区重点发展旅游产业和山地苹果种植业的实际状况较为吻合。生态功能中指标有效灌溉面积比例的权重最大，"三田合一"占土地总面积比例的权重次之，其他指标的权重则较为接近，这与研究区水资源短缺和水土保持较为重要的实际状况较为贴合。而社会功能中指标生态示范园和民俗旅游接待人次的权重最大，农村人口密度的权重次之，第一产业劳动力就业比重的权重最小。

3.2.2 研究区土地利用各单项功能的计算及其空间分异分析

基于表 3.2 中的指标权重和式（3.6）对研究区土地利用生产功能进行计算，得出 2011 年和 2015 年研究区各乡镇单项土地利用功能表，见表 3.3。并给出研究区各单项土地利用功能空间分异图，见图 3.1。

表 3.3 2011 年和 2015 年研究区各乡镇单项土地利用功能表

乡镇名称	2011 年			2015 年		
	生产功能	生态功能	社会功能	生产功能	生态功能	社会功能
龙镇镇	0.20	0.41	0.08	0.22	0.37	0.03
高渠乡	0.58	0.22	0.26	0.63	0.31	0.49
银州镇	0.51	0.56	0.66	0.69	0.57	0.86
郭兴庄乡	0.08	0.49	0.04	0.27	0.52	0.15
沙家店镇	0.16	0.25	0.12	0.26	0.27	0.11
桥河岔乡	0.24	0.32	0.20	0.23	0.43	0.13
桃镇镇	0.33	0.27	0.16	0.30	0.27	0.08
杨家沟镇	0.44	0.28	0.71	0.52	0.13	0.55
杜家石沟镇	0.46	0.56	0.12	0.33	0.36	0.02
李站乡	0.20	0.26	0.32	0.33	0.39	0.18
姬家岔乡	0.15	0.24	0.10	0.31	0.34	0.08
印斗镇	0.23	0.25	0.33	0.15	0.30	0.24
十里铺乡	0.49	0.68	0.28	0.50	0.64	0.15

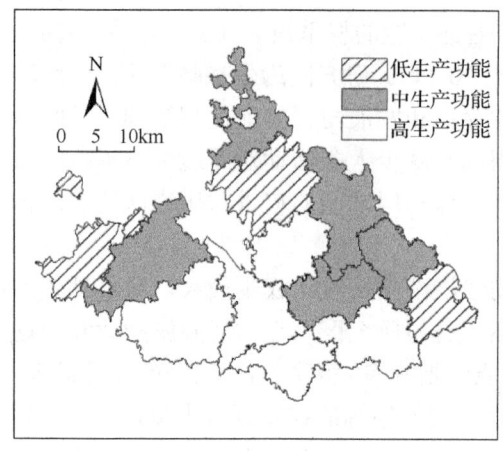
(a) 生产功能

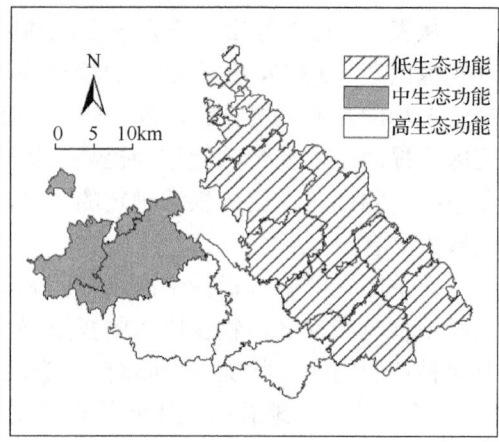
(b) 生态功能

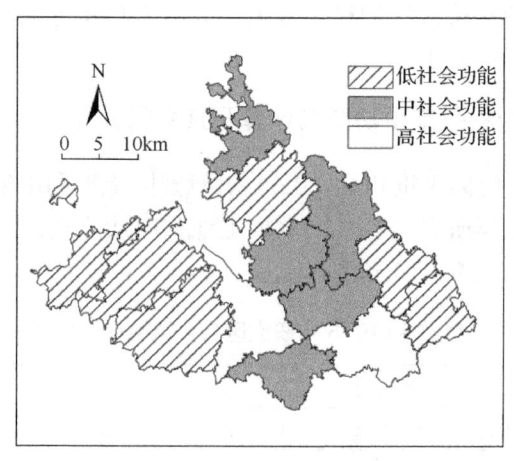
(c) 社会功能

图 3.1 2011 年研究区各单项土地利用功能空间分异图

由表 3.3 看出，2011 年生产功能最大的乡镇为高渠乡，这与该乡重点发展生态示范园和民俗旅游关系密切；生态功能最大的为十里铺乡，这与该乡"三田合一"占土地总面积比例最大，且有效灌溉面积比例大相关；社会功能最大为杨家沟镇，主要与该镇有杨家沟著名革命旧址相关。2015 年，除生态功能最大的乡镇没有改变外，银州镇的生产功能和社会功能均处于米脂县首位。从 2011~2015 年，银州镇重点对李自成行宫、凤凰山等景区改造，以及周边生态示范园区的建设，使得旅游的人次和收入有较大提高，明显增加其生产功能和社会功能。

采用自然断点法对 2011 年和 2015 年研究区各单项土地利用功能进行分类。利用基于统计学的 Jenk 最优化法得出各级分界点，使得各级的内部方差之和最小（肖荣波等，2005）。图 3.1 为 2011 年研究区各单项土地利用功能的分类结果。

从图 3.1 可以看出，2011 年研究区高生产功能类型主要分布在研究区西南部，中生产功能类型主要集中在研究区的东北部，低生产功能则分布相对较为零散。结合研究区实际情况可知，无定河两岸乡镇的生产功能较高。这与无定河两岸地势较为低平，粮食单产高，且生态示范园区和民俗旅游建设水平较高相吻合。高生态功能类型主要分布在无定河以西，低生态功能类型全部分布在无定河以东，中生态功能类型分布在研究区西北部。相对于生产和生态功能，社会功能的分布状况较为复杂，其中银州镇和杨家沟镇为高社会功能类型，中社会功能类型主要分布在无定河以东，低社会类型主要分布在无定河以西。

图 3.2 为 2015 年研究区各单项土地利用功能的空间分异图。从图中可以看出，2015 年研究区高生产功能类型主要分布在研究区的中部，中生产功能类型主要分布在研究区的西部、北部和东部区域，低生产功能有三处，主要分布在研究区的

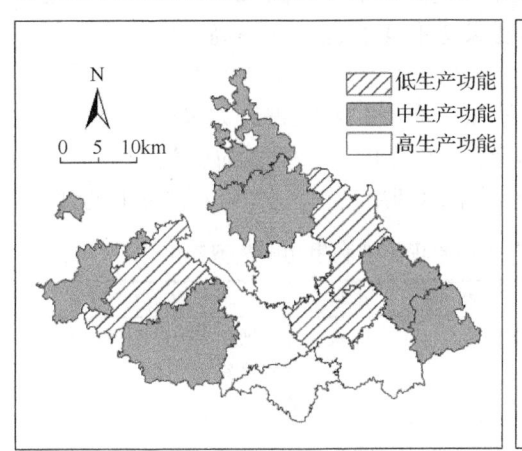

（a）生产功能

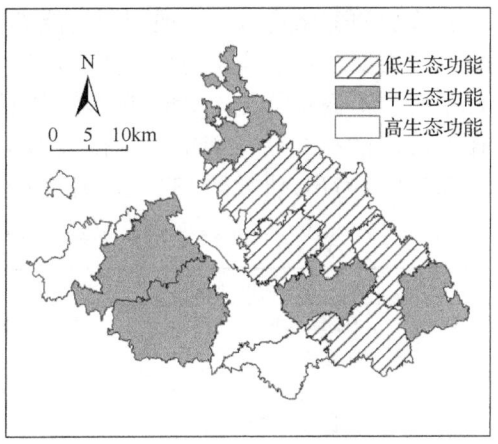

（b）生态功能

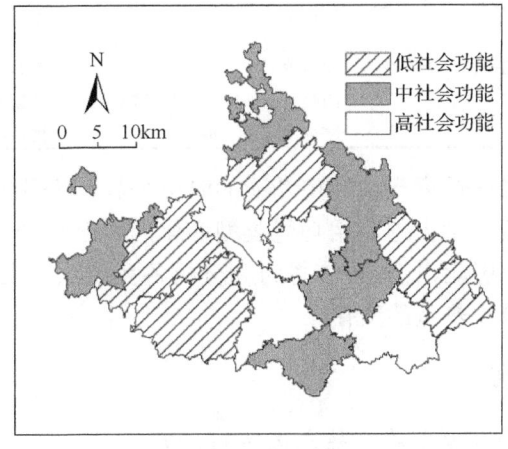

（c）社会功能

图 3.2　2015 年研究区各单项土地利用功能空间分异图

中东部；与2011年相比，高生产功能类型的乡镇数量有所减少，中生产功能类型有所增加，低生产功能保持不变。2015年低生态功能类型全部分布在无定河以东，中生态功能类型分布较为零散，在研究区的西部、东部和北部均有分布。相对于生产和生态功能，社会功能的分布状况较为复杂，银州镇、高渠乡和杨家沟镇为高社会功能类型，中社会功能类型分布在无定河以东，低社会类型分布较广，在研究区各处均有分布。

结合图3.1和图3.2可以看出，2011~2015年研究区部分乡镇单项土地利用功能类型发生变化，具体变化如表3.4所示。由表可以看出，研究区各单项土地利用功能变化共有七种类型，其中土地利用功能减少的类型有高→中和中→低两种类型，涉及4个乡镇的部分单项土地利用功能有减少的变化趋势；土地利用功能增加的类型有中→高和低→中两种类型，涉及7个乡镇的部分单项土地利用功能有增加的变化趋势；土地利用功能类型保持不变的包括高→高、中→中和低→低三种类型，其中涉及的乡镇较多，说明大部分乡镇的单项土地利用功能基本保持不变。就整体而言，土地利用功能类型保持不变的乡镇占较大多数，这种现象在生态功能和社会功能中表现得较为明显，尤以低→低类型的变化为主。结合表3.3可以看出，研究区13个乡镇的各单项土地利用功能均发生了数量上的变化。

表3.4 2011~2015年研究区各乡镇单项土地利用功能类型变化

类型变化	生产功能	生态功能	社会功能
高→中	杜家石沟镇	杜家石沟镇	十里铺乡
中→低	印斗镇	—	桥河岔乡
中→高	—	郭兴庄乡	高渠乡
低→中	龙镇镇、郭兴庄乡、沙家店镇、姬家岔乡	桥河岔乡、李站乡、姬家岔乡	—
高→高	高渠乡、银州镇、杨家沟镇、十里铺乡	银州镇、十里铺乡	银州镇、杨家沟镇
中→中	桥河岔乡、桃镇镇、李站乡	龙镇镇	李站乡、印斗镇
低→低	—	高渠乡、沙家店、桃镇镇、杨家沟镇、印斗镇	龙镇镇、郭兴庄乡、沙家店镇、桃镇镇、杜家石沟镇、姬家岔乡

上述内容对研究区单项土地利用功能的时空分异和变化类型进行了分析，但仍不能回答不同乡镇三种土地利用功能类型变化的综合影响。为了探讨单项土地利用功能变化的综合影响，需进一步探讨和分析各乡镇综合土地利用功能的变化，以及研究区各乡镇冷、热点的变化。

3.2.3 典型乡镇的确定

1. 研究区土地利用功能冷、热点区域的分析

根据3.1.4小节中研究区乡镇土地利用功能冷、热点区域的确定规则，分别得

出 2011 年和 2015 年研究区的冷、热点乡镇，见表 3.5，研究区冷、热点的空间分异见图 3.3。

表 3.5　2011 年和 2015 年研究区的冷、热点乡镇

年份	热点乡镇	冷点乡镇	其他区域
2011	银州镇、杨家沟镇、杜家石沟镇、十里铺乡	龙镇镇、郭兴庄乡、沙家店镇、桃镇镇、姬家岔乡	高渠乡、桥河岔乡、李站乡、印斗镇
2015	高渠乡、银州镇、杨家沟镇、十里铺乡	沙家店镇、印斗镇、桃镇镇	龙镇镇、郭兴庄乡、杜家石沟镇、李站乡、姬家岔乡、桥河岔乡

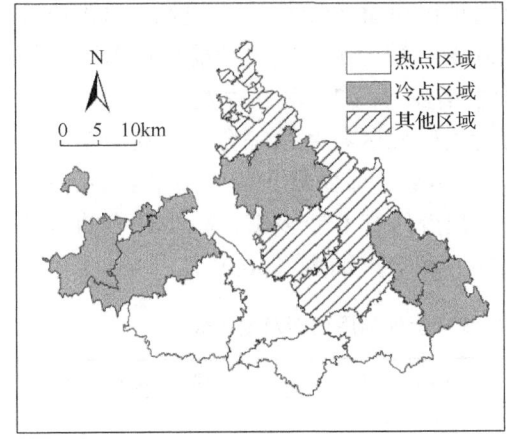
（a）2011 年

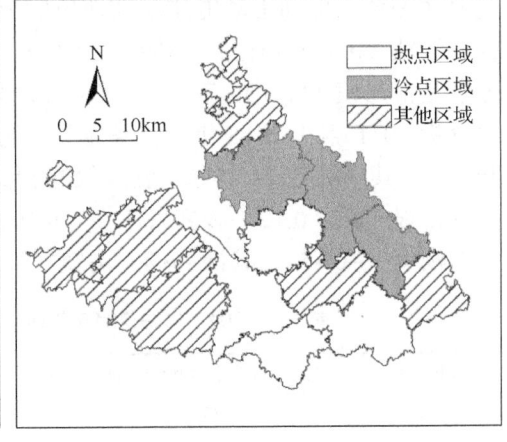
（b）2015 年

图 3.3　2011 年和 2015 年研究区冷、热点区域空间分异图

从表 3.5 和图 3.3 中可以看出，2011 年研究区热点区域有 4 个乡镇，分别为银州镇、杨家沟镇、杜家石沟镇和十里铺乡，主要集中在研究区的西南部；而冷点区域较多，包括龙镇镇、郭兴庄乡、沙家店镇、桃镇镇、姬家岔乡 5 个乡镇，分布较广，主要集中在研究区的东北部和西北部；其他区域有 4 个乡镇，主要集中分布在研究区的中部。与 2011 年相比，2015 年研究区的热点区域数量虽然没有减少，但热点乡镇发生了变化。整体而言，2015 年比 2011 年的其他区域有所扩大，冷点区域有所减少，且其他区域主要集中在研究区的东北部，热点区域主要集中在研究区的中南部。

通过上述分析发现，2011~2015 年高渠乡和杜家石沟镇土地利用功能的变化较为典型。尽管两个乡镇紧邻米脂县的核心区域——银州镇,但杜家石沟镇由 2011 年的热点区域转化为 2015 年的其他区域,高渠乡由 2011 年的其他区域转化为 2015 年的热点区域。两个乡镇土地利用功能的冷、热点类型"一升一降"，为后续研究米脂县土地利用功能的宏观变化，以及微观驱动机理提供良好的研究平台。

2. 研究区单项与综合土地利用重要性评价

基于式（3.7）计算和分析研究区综合土地利用功能及其变化，利用式（3.8）计算研究区单项土地利用功能的重要性，再基于式（3.9）计算和分析研究区综合土地利用功能的重要性。在上述分析的基础上，确定研究揭示宏观土地利用功能变化微观驱动机制的典型乡镇。

3. 研究区综合土地利用功能及其变化分析

基于式（3.7）计算得到研究区综合土地利用功能表 3.6。由表看出，2011 年研究区综合土地利用功能排在前四位的分别是银州镇（0.59）、十里铺乡（0.49）、杨家沟镇（0.48）和杜家石沟镇（0.37）；2015 年综合土地利用功能排在前四位的分别是银州镇（0.71）、高渠乡（0.45）、十里铺乡（0.43）和杨家沟镇（0.38）。对比分析 2011 年和 2015 年的计算结果，可看出研究区各乡镇综合土地利用功能有升有降。其中综合土地利用功能增加的有 7 个乡镇，增加最多的为高渠乡（0.13），其次是银州镇（0.12）和郭兴庄乡（0.10）；减少的有 6 个乡镇，减少最多的是杜家石沟镇（−0.15），其次为杨家沟镇（−0.10）和十里铺乡（−0.06）。

表 3.6　2011 年与 2015 年研究区综合土地利用功能及变化表

乡镇名称	2011 年综合土地利用功能	2015 年综合土地利用功能	综合土地利用功能的变化
龙镇镇	0.24	0.21	−0.03
高渠乡	0.32	0.45	0.13
银州镇	0.59	0.71	0.12
郭兴庄乡	0.23	0.32	0.10
沙家店镇	0.18	0.21	0.03
桥河岔乡	0.26	0.27	0.01
桃镇镇	0.24	0.21	−0.04
杨家沟镇	0.48	0.38	−0.10
杜家石沟镇	0.37	0.23	−0.15
李站乡	0.27	0.30	0.03
姬家岔乡	0.17	0.24	0.07
印斗镇	0.27	0.24	−0.03
十里铺乡	0.49	0.43	−0.06

为了更加实际地反映研究区综合土地利用功能变化的空间分异情况，本书将综合土地利用功能变化量的绝对值小于等于 0.03 视为该乡镇土地利用功能未发生变化，得到研究区综合土地利用功能变化空间分异图，见图 3.4。从图中可以看出，研究区综合土地利用功能增加的区域主要集中在研究区中部，减少的区域主要分布在研究区的南部，大致保持不变的区域主要集中在研究区的东北部。

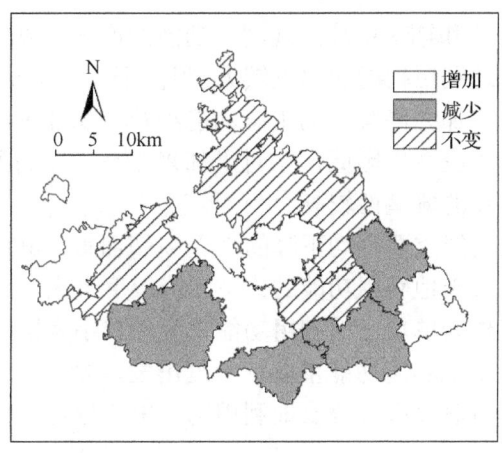

图 3.4 研究区综合土地利用功能变化图

4. 研究区单项土地利用功能重要性分析

基于式（3.8）对研究区单项土地利用功能重要性进行计算，结果见表 3.7。根据三种单项土地利用功能重要性的计算结果可知，其中生产功能重要性较大的乡镇数量最多，共有 8 个；社会功能重要性较小的乡镇数量最多，共有 10 个。三种单项土地利用功能重要性均较大的乡镇有高渠乡和郭兴庄乡；两种功能重要性较大的乡镇有 4 个，即银州镇、沙家店镇、李站乡、姬家岔乡；三种单项功能重要性均较小的乡镇有 3 个，即桃镇镇、杜家石沟镇和十里铺乡。

表 3.7 研究区单项土地利用功能重要性表

乡镇名称	生产功能			生态功能			社会功能		
	期初	期末	重要性	期初	期末	重要性	期初	期末	重要性
龙镇镇	4.88	5.26	0.38	10.01	8.84	−1.17	1.95	0.72	−1.23
高渠乡	14.16	15.06	0.90	5.37	7.41	2.04	6.35	11.71	5.36
银州镇	12.45	16.49	4.04	13.67	13.62	−0.05	16.12	20.55	4.43
郭兴庄乡	1.95	6.45	4.50	11.96	12.43	0.47	0.98	3.58	2.60
沙家店镇	3.91	6.21	2.30	6.10	6.45	0.35	2.93	2.63	−0.30
桥河岔乡	5.86	5.5	−0.36	7.81	10.28	2.47	4.88	3.11	−1.77
桃镇镇	8.06	7.17	−0.89	6.59	6.45	−0.14	3.91	1.91	−2.00
杨家沟镇	10.74	12.43	1.69	6.84	3.11	−3.73	17.34	13.14	−4.20
杜家石沟镇	11.23	7.89	−3.34	13.67	8.60	−5.07	2.93	0.48	−2.45
李站乡	4.88	7.89	3.01	6.35	9.32	2.97	7.81	4.30	−3.51
姬家岔乡	3.66	7.41	3.75	5.86	8.13	2.27	2.44	1.91	−0.53
印斗镇	5.62	3.58	−2.04	6.10	7.17	1.07	8.06	5.74	−2.32
十里铺乡	11.96	11.95	−0.01	16.60	15.29	−1.31	6.84	3.58	−3.26

注：期初和期末分别代表在 2011 年和 2015 年各单项土地利用功能占综合土地利用功能的比重。

结合表 3.7 中期初和期末单项土地利用功能的比重可以看出，郭兴庄乡生态功能占研究区综合土地利用功能的比重较大，但高渠乡生态功能比重有较大提高，生态功能重要性较大，加之高渠乡的生态功能和社会功能占综合土地利用功能比重和重要性均大于郭兴庄乡。因此，相对于郭兴庄乡，以高渠乡作为单项土地利用功能重要性增加乡镇的典型性较高。

对单项土地利用功能重要性均下降的 3 个乡镇而言，其中杜家石沟镇的生产功能与生态功能占综合土地利用功能的比重下降幅度最大，且功能重要性值最小。因此，以杜家石沟镇作为单项土地利用功能重要性较小乡镇的典型性较高。

上述分析从单项土地利用功能重要性角度出发，为了探讨三种土地利用功能的综合影响，还需要对研究区综合土地利用功能重要性进行分析。

5. 研究区综合土地利用功能重要性分析

依据式（3.9）对研究区综合土地利用功能重要性进行计算，如表 3.8 所示。由表可看出，综合土地利用功能功能重要性较大的乡镇有 7 个，排在前 3 位的乡镇分别是高渠乡、银州镇和郭兴庄乡；综合土地利用功能重要性较小的乡镇有 6 个，其中最小的乡镇是杜家石沟镇，其次是杨家沟镇和十里铺乡等。

表 3.8 研究区综合土地利用功能重要性表

乡镇名称	期初土地利用功能比重	期末土地利用功能比重	综合土地利用功能重要性
龙镇镇	5.80	4.98	−0.82
高渠乡	7.84	10.84	3.00
银州镇	14.28	16.87	2.59
郭兴庄乡	5.50	7.72	2.22
沙家店镇	4.40	4.98	0.58
桥河岔乡	6.26	6.48	0.22
桃镇镇	5.95	4.94	−1.01
杨家沟镇	11.66	9.06	−2.60
杜家石沟镇	9.11	5.42	−3.69
李站乡	6.54	7.12	0.58
姬家岔乡	4.07	5.65	1.58
印斗镇	6.71	5.78	−0.93
十里铺乡	11.88	10.16	−1.72

注：期初和期末是指 2011 年和 2015 年各乡镇土地利用功能占研究区土地利用功能的比重。

从表 3.8 看出，对比综合土地利用功能重要性较大的乡镇发现，郭兴庄乡、沙家店镇、桥河岔乡、李站乡和姬家岔乡等乡镇的综合土地利用功能重要性值相对较小,且上述乡镇占期初和期末综合土地利用功能的比重较小(均未超过 10%);而高渠乡和银州镇的综合土地利用功能重要性相对较大,且占期初和期末综合土地利用功能的比重较大(超过 10%)。结合表 3.7 可知,高渠乡三种单项土地利用功能重要性均增加。因此,以高渠乡作为综合土地利用功能重要性增加乡镇的典型性较高。

同时看出,综合土地利用功能重要性较小 6 个乡镇为龙镇镇、印斗镇、桃镇镇、杜家石沟镇、杨家沟镇和十里铺乡。其中,杜家石沟镇综合土地利用功能重要性最小。结合表 3.7 看出,杜家石沟镇综合土地利用功能减少最大,三种单项土地利用功能重要性下降明显,且生产功能和生态功能重要性下降幅度最大。因此,以杜家石沟镇作为综合土地利用功能重要性减少乡镇的典型性较高。

3.2.4 研究区土地利用功能权衡与协同分析

通过研究区土地利用功能冷、热点变化及土地利用功能重要性评价分析,以高渠乡和杜家石沟镇的变化较为典型。为进一步分析三种单项土地利用功能间的权衡与协同关系,本小节以杜家石沟镇、高渠乡作为典型乡镇,基于雷达图对其由三种单项土地利用功能所组成的三角形进行分析,结果见图 3.5。

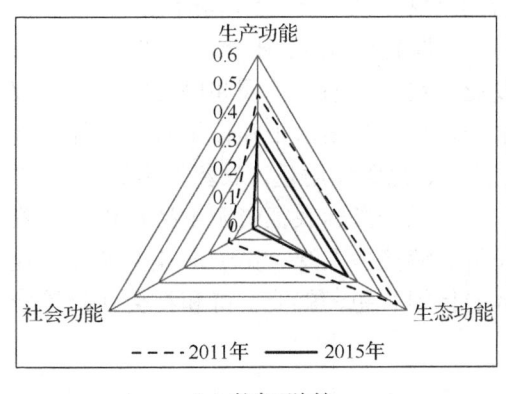
(a) 杜家石沟镇

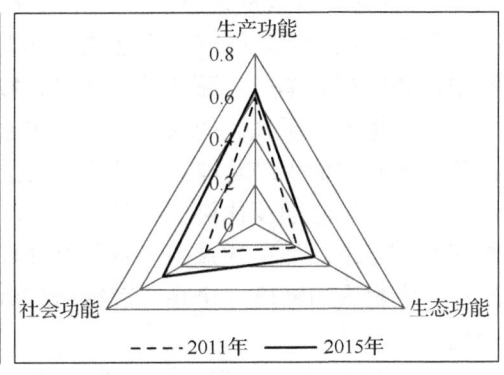
(b) 高渠乡

图 3.5 2011 年和 2015 年研究区典型乡镇土地利用功能权衡与协同关系图

从图 3.5 可以看出,相较于 2011 年,杜家石沟镇 2015 年三种土地利用功能均有减少,2015 年各单项土地利用功能组成的实线三角形面积明显小于 2011 年土地利用功能组成的虚线三角形面积,表明杜家石沟镇各单项土地利用功能间存在权衡机制;其中杜家石沟镇生产功能和生态功能有明显下降,社会功能下降最小。与杜家石沟镇相反,2015 年高渠乡三种单项土地利用功能均有增加,由实线组成的 2015 年土地利用功能三角形面积明显大于由虚线组成的 2011 年土地利用功能三角形的面积,清晰地表达了高渠乡三种单项土地利用功能间的协同关系;

其中高渠乡社会功能增幅最大,生态功能次之,生产功能增幅最小。

需要注意的是,上述两个乡镇的区位较为类似,各单项土地利用功能间的关系却有较大差异。仅从各单项土地利用功能组成的三角形来分析,还无法揭示两个典型乡镇土地利用功能的变化机制,也无法对其演变规律给出合理的解释。只有从微观视角出发,通过探讨宏观土地利用功能变化及微观农户土地利用行为的响应,才能真正揭示宏观土地利用功能变化的微观机制,阐明其各种土地利用功能权衡和协同的变化机理。

3.3 本章小结

本章以位于陕北黄土丘陵沟壑区的米脂县为例,通过构建县域土地利用功能评价指标体系,分别计算2011年、2015年米脂县单项及综合土地利用功能,并分析土地利用功能的时空动态变化。同时,在探讨研究区土地利用功能演变过程的基础上,综合土地利用功能变化的冷、热点分析,以及土地利用功能的重要性评价,为后续分析宏观土地利用功能变化的微观主体响应机制确定典型乡镇。现从研究方法和结果分析两方面对本章总结如下。

1)构建可有效反映研究区实际情况的土地利用功能评价指标体系

采用土地利用功能三分类法建立准则层,即生产功能、社会功能和生态功能。其中,利用粮食单产、蔬菜瓜果产量、牧业比重、生态示范园和民俗旅游接待收入四个指标表征研究区的农业耕作产出水平、牧业产出水平和休闲农业的经济效益等土地利用的生产功能;利用林草地覆盖率、化肥使用量、农药使用量、"三田合一"占土地总面积比例、有效灌溉面积比例五个指标表征资源维持与供给、景观保育等生态功能;通过生态示范园和民俗旅游接待人次、第一产业劳动力就业比重、农村人口密度三个指标表征研究区的休闲游憩、就业支持和社会保障等社会功能。

2)基于熵权法对指标进行客观赋权

基于熵权法确定2011年研究区土地利用生产功能的权重为0.24、生态功能权重为0.39、社会功能权重为0.37,各单项土地利用功能的权重与处于黄土丘陵沟壑区的研究区实际较为吻合。在表征生产功能的指标中,指标生态示范园和民俗旅游接待收入的权重最大,蔬菜瓜果产量和粮食单产次之,牧业比重的权重最小,这与研究区将旅游产业和山地苹果种植业为研究区重点发展的产业,以及研究区牧业发展相对较弱的实际情况一致;表征生态功能的指标中有效灌溉面积比例的权重最大,指标"三田合一"占土地总面积比例的权重次之,其他指标的权重较为接近,这与研究区水资源短缺和水土保持较为重要的实际状况较为贴合;社会功能中生态示范园和民俗旅游接待人次的权重为0.55,农村人口密度的权重为

0.26，第一产业劳动力就业比重的权重为 0.19。

3）基于土地利用功能冷、热点分析及土地利用功能重要性评价确定典型乡镇

通过对研究区土地利用功能冷、热点区域的分析发现，2015 年比 2011 年的其他区域有所扩大，冷点区域有所减少，且其他区域主要集中在研究区的东北部，热点区域主要集中在研究区的中南部。其中，高渠乡和杜家石沟镇土地利用功能的冷、热点类型"一升一降"较为典型：杜家石沟镇由 2011 年的热点区域转化为 2015 年的其他区域，高渠乡由 2011 年的其他区域转化为 2015 年的热点区域。通过单项土地利用功能和综合土地利用功能重要性评价发现，高渠乡三种单项土地利用功能均有增加，且综合土地利用功能重要性也有增加；杜家石沟镇综合土地利用功能减少最大，三种单项土地利用功能重要性下降明显，且生产功能和生态功能重要性下降幅度较大。因此，结合土地利用功能冷、热点和土地利用功能重要性评价的结果，确定研究区土地利用功能变化的典型乡镇为高渠乡和杜家石沟镇。

参 考 文 献

陈婧, 史培军, 2005. 土地利用功能分类探讨[J]. 北京师范大学学报(自然科学版), 41(5): 536-540.

陈睿山, 蔡运龙, 严祥, 等, 2011. 土地系统功能及其可持续性评价[J]. 中国土地科学, 25(1): 8-15.

戴尔阜, 王晓莉, 朱建佳, 等, 2015. 生态系统服务权衡/协同研究进展与趋势展望[J]. 地球科学进展, 30(11): 1250-1259.

杜国明, 孙晓兵, 王介勇, 2016. 东北地区土地利用多功能性演化的时空格局[J]. 地理科学进展, 35(2): 232-244.

郭艳, 张成才, 康鸯鸯, 等, 2015. 河南省经济发展的国土空间评价分区研究[J]. 地理研究, 34(12): 2320-2328.

何露, 闵庆文, 张丹, 2010. 农业多功能性多维评价模型及其应用研究——以浙江省青田县为例[J]. 资源科学, 32(6): 1057-1064.

胡忠秀, 2013. 西安都市圈都市农业功能空间格局研究[D]. 西安:陕西师范大学.

贾慧, 陈海, 毛南赵, 等, 2018. 高度敏感生态脆弱区景观可持续性评价[J]. 资源科学, 40(6): 1277-1286.

贾艳红, 赵军, 南忠仁, 等, 2007. 熵权法在草原生态安全评价研究中的应用——以甘肃牧区为例[J]. 干旱区资源与环境, 21(1): 17-21.

李海燕, 蔡银莺, 王亚运, 等, 2016. 农户家庭耕地利用的功能异质性及个体差异评价——以湖北典型地区为例[J]. 自然资源学报, 31(2): 228-240.

李航, 李雪铭, 田深圳, 等, 2017. 城市人居环境的时空分异特征及其机制研究——以辽宁省为例[J]. 地理研究, 36(7): 1323-1338.

李晶, 李红艳, 张良, 2016. 关中-天水经济区生态系统服务权衡与协同关系[J]. 生态学报, 36(10): 3053-3062.

李双成, 张才玉, 刘金龙, 等, 2013. 生态系统服务权衡与协同研究进展及地理学研究议题[J]. 地理研究, 32(8): 1379-1390.

梁小英, 顾铮鸣, 雷敏, 等, 2014. 土地利用功能与土地利用表征土地系统和景观格局的差异研究——以陕西省蓝田县为例[J]. 自然资源学报, 29(7): 1127-1135.

梁小英, 温馨, 刘康, 2016. 生态脆弱区农户农药防护行为影响因素研究——以陕西省米脂县为例[J]. 西北大学学报(自然科学版), 46(4): 585-590.

刘超, 许月卿, 孙丕苓, 等, 2016. 土地利用多功能性研究进展与展望[J]. 地理科学进展, 35(9): 1087-1099.

刘沛, 段建南, 王伟, 等, 2010. 土地利用系统功能分类与评价体系研究[J]. 湖南农业大学学报(自然科学版), 36(1): 113-118.

刘彦随, 刘玉, 陈玉福, 等, 2011. 中国地域多功能性评价及其决策机制[J]. 地理学报, 66(10): 1379-1389.

鲁可荣, 朱启臻, 2011. 对农业性质和功能的重新认识[J]. 华南农业大学学报(社会科学版), 10 (1): 19-24.

罗凤来, 2009. 福建现代农业主体功能区划研究[J]. 中国农业资源与区划, 30 (2): 71-75.

罗雅丽, 李同昇, 张常新, 等, 2016. 乡镇地域多功能性评价与主导功能定位——以金湖县为例[J]. 人文地理, 31(3): 94-101.

梅亚军, 陈海, 宋世雄, 等, 2017. 生态脆弱区景观服务及其空间分异——以米脂县为例[J]. 西北大学学报(自然科学版), 47(4): 613-621.

彭建, 刘志聪, 刘焱序, 2014. 农业多功能性评价研究进展[J]. 中国农业资源与区划, 35(6): 1-8.

彭建, 刘志聪, 刘焱序, 等, 2016. 京津冀地区县域耕地景观多功能性评价[J]. 生态学报, 36(8): 2274-2285.

彭建, 吴健生, 潘雅婧, 等, 2012. 基于PSR模型的区域生态持续性评价概念框架[J]. 地理科学进展, 31(7): 933-940.

孙艺杰, 任志远, 赵胜男, 等, 2017. 陕西河谷盆地生态系统服务协同与权衡时空差异分析[J]. 地理学报, 72(3): 521-532.

肖荣波, 欧阳志云, 王效科, 等, 2005. 中国西南地区石漠化敏感性评价及其空间分析[J]. 生态学杂志, 1(5): 551-554.

易秋圆, 2013. 县域城市土地利用功能分类与评价[D]. 长沙: 湖南农业大学.

曾杰, 李江风, 姚蕊, 等, 2012. 武汉城市圈生态系统服务价值时空变化特征[J]. 应用生态学报, 25(3): 883-891.

张妍, 杨志峰, 何孟常, 等, 2005. 基于信息熵的城市生态系统演化分析[J]. 环境科学学报, 25(8): 1127-1134.

甄霖, 曹淑艳, 魏云洁, 等, 2009. 土地空间多功能利用: 理论框架及实证研究[J]. 资源科学, 31(4): 544-551.

CADEMUS R, ESCOBEDO F J, MCLAUGHLIN D, et al., 2014. Analyzing trade-offs, synergies, and drivers among timber production, carbon sequestration, and water yield in Pinus elliotii forests in Southeastern USA[J]. Forests, 5(6): 1409-1431.

CALLO-CONCHA D, DENICH M, 2014. A participatory framework to assess multifunctional land-use systems with multicriteria and multivariate analyses: A case study on agrobiodiversity of agroforestry systems in Tomé Açú, Brazil[J]. Change and Adaptation in Socio-Ecological Systems, 1(1): 40-50.

HELMING K, PEREZ-SOBA M, TABBUSH P, 2008. Sustainability Impact Assessment of Land Use Changes[M]. Berlin and Heidelberg: Springer.

PÉREZ-SOBA M, PETIT S, JONES L, et al., 2008. Land use functions: A multifunctionality approach to assess the impact of land use changes on land use sustainability[M]//HELMING K, PÉREZ-SOBA M, TABBUSH P. Sustainability Impact Assessment of Land Use Changes. Berlin and Heidelberg: Springer.

RENTING H, ROSSING W A H, GROOT J C J, et al., 2009. Exploring multifunctional agriculture. A review of conceptual approaches and prospects for an integrative transitional framework[J]. Journal of Environmental Management, 90: s112-s123.

SUMELIUS J, BACKMAN S, 2008. Review of studies on the establishment and management of policies for multifunctionality[J]. International Journal of Agricultural Resources, Governance and Ecology, 7(4): 386-398.

UNGARO F, ZASADA I, PIORR A, 2014. Mapping landscape services, spatial synergies and trade-offs: A case study using variogram models and geostatistical simulations in an agrarian landscape in North-East Germany[J]. Ecological Indicators, 46(6): 367-378.

WILLEMEN L, HEIN L, MENSVOORT M E F V, et al., 2010. Space for people, plants, and livestock? Quantifying interactions among multiple landscape functions in a Dutch rural region[J]. Ecological Indicators, 10(1): 62-73.

第 4 章 农户有限理性决策 CA-BDI 模型的构建与模拟

1979 年农村经济体制改革以来，作为我国农村社会基本细胞的农户，逐渐成为农村社会经济活动的主体（陈海等，2009；张小林等，2002）。随着改革的深入，农户土地利用行为与农村资源的利用与开发、农业土地利用功能演变、农村可持续发展等方面的联系日益紧密（翟瑞雪等，2017；宋世雄等，2016；王艳妮等，2016；钟太洋等，2007）。通过微观视角探讨农户土地利用行为，通过宏观尺度分析农业土地利用功能的研究已经成为学者们关注的热点（刘超等，2016；彭建等，2014；梁小英等，2014）。社会学和经济学对农户行为的研究多集中在微观尺度，对其有翔实的调查和富于逻辑性的说明，但由于缺乏空间的视角，其研究结果难以应用到区域发展中；地理学和景观生态学的分析虽然注重对空间的研究，但由于研究主要集中在宏观尺度，难以对微观个体行为给出合理的解释（柴彦威，2017，2005；陈海等，2014；Verburg et al.，2008；钟太洋等，2007）。因此，探讨宏观土地利用功能及其微观驱动机制，对于了解农户行为的变迁，认识和理解农业土地利用功能的演变特征和过程，进而引导农户土地利用行为和优化农业土地利用功能，具有重要的理论与现实意义（柴彦威等，2017；Verburg et al.，2008；陈海等，2010）。

从微观视角入手，通过对不同层次土地利用主体行为的分析和探讨，揭示多种主体行为变化对不同尺度土地利用的影响已成为国内外诸多学者的共识（Reenberg，2014；唐华俊等，2009）。因此，构建微观主体土地利用决策模型，模拟不同层次主体的土地利用行为及其变化，已经成为揭示宏观土地利用功能变化的微观驱动机制的前提和基础。

目前，基于行为理论探讨农户土地利用行为已得到诸多学者的认可（Liang et al.，2016；陈海等，2014；Li，2012），但研究大多以效益最大化理论为基础，还不能有效解释农户实际的土地利用行为。目前，虽有基于 BDI 模型对有限理性决策进行研究（王艳妮等，2016；宋世雄等，2016），但同时考虑农户个体有限理性和农户间相互作用的研究还不多见（毛南赵等，2018）。对于如何实现农户个体决策到群体决策转化的研究主要集中在社会科学领域，尽管转化机理明晰，但无法实现群体决策的空间化表达，因此本章主要解决如下两个问题。

（1）能否构建可以真实展现农户土地利用行为及其变化的微观主体决策模型，通过对农户个体有限理性及农户间相互作用的分析，实现对农户个体土地利用行为及其变化的模拟，反映农户实际的土地利用决策。

（2）能否实现从农户个体到村庄整体的多尺度变化，通过多尺度转化和农户群体决策的空间化，揭示村庄土地利用变化的微观驱动机制。

为了解决上述问题，本章利用多种调研手段获取农户土地利用行为信息，在BDI行为科学理论指导下，基于NetLogo模拟平台，构建CA-BDI农户个体土地利用有限理性决策模型，通过模型的检验与验证，分析农户个体土地利用行为及其变化，并空间化其土地利用行为；采用分类树法将农户划分为不同的农户群体类型，并运用差异权重法定量构建农户群体土地利用决策模型，分析农户群体土地利用行为时空变化特征，并结合实际调研数据，检验与验证模型的有效性。

4.1 模拟平台简介及其构建

目前，针对ABM进行模拟的平台主要有Swarm、Repast、NetLogo、Cormas、Ascape等（余强毅等，2011；曹毅等，2008；陈海等，2010；田光进等，2008；郝成民等，2007；黎夏等，2007）。其中NetLogo模拟平台编程要求低、安装容易，且有强大的ArcGIS扩展模块（王艳妮等，2016；宋世雄等，2016；Wilensky et al.，2015）。因此，本书采用NetLogo模拟平台对农户个体及其群体的土地利用行为进行模拟，并将其土地利用行为空间化和可视化。

如图4.1所示，NetLogo软件界面有界面页、说明页和程序页三个标签页面。在界面页可增加模型必要的命令和参数，实现模型的特殊功能；说明页主要是对模型进行必要的说明，方便其他用户使用；程序页是NetLogo的关键部分，模型所有的功能需在这里编码实现。NetLogo主要通过三类主体实现对主体行为的模拟。

（1）海龟（turtles）是NetLogo软件中最为关键的主体，通过对其属性（如位置、方向等）和行为规则的确定，实现对主体行为的模拟。

（2）瓦片（patchs）是NetLogo通过二维格网构建的虚拟世界，是其他主体面对的外部环境。

（3）链（links）是连接两个或多个主体的"枢纽"，也是实现多个主体交互作用的关键。

利用NetLogo模拟平台实现对不同主体行为的模拟，主要包括环境、智能体和行为规则三个关键构成要素。环境是在NetLogo中主体行为活动及其成果展示的区域，是实现模型空间化和可视化的地方；智能体是研究中不同尺度的土地利用决策者，即农户个体和农户群体；行为规则是实现对主体行为模拟的方法及程序,也是模型得以实现的核心。

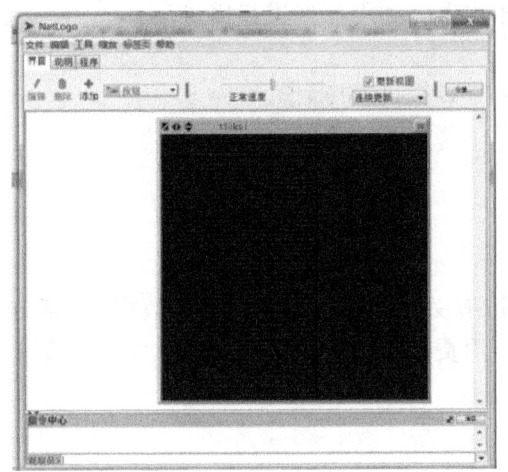

(a) 界面页

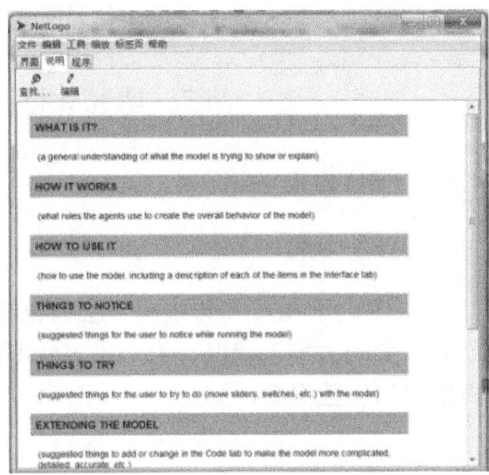

(b) 说明页

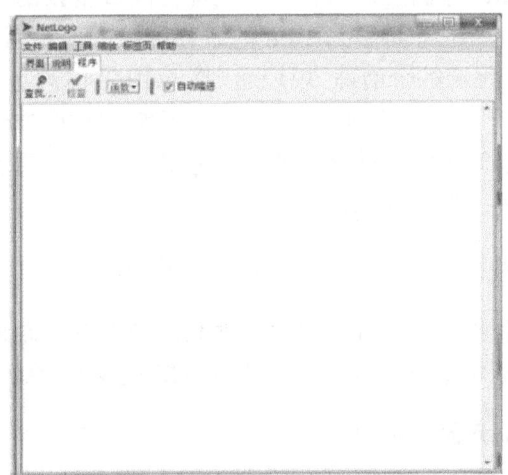

(c) 程序页

图 4.1 NetLogo 软件界面

本书利用 Java Logo 语言进行二次开发,构建基于 CA-BDI 有限理性决策模型,流程如下所示。

(1) 准备必要的基础数据。利用 ArcGIS 处理得到研究区的坡度、坡向、地块权属等数据,并将其转为 ASCII 格式。

(2) NetLogo 的 GIS Extension 模块调用,构建农户土地利用有限理性 CA-BDI 决策模型。

(3)模型的检验与验证。利用实际调研数据对 CA-BDI 模型的模拟精度进行检验和验证,并对未来农户个体及其群体的土地利用行为进行模拟。

4.2 研究数据与典型村庄的确定

4.2.1 研究数据

1. 农户数据

本书采用 PRA 和传统问卷法调查获取有关农户家庭的社会经济数据,包括劳动力、劳动力投入状况、生产投入状况、消费情况、种植情况、收入状况以及农户地籍权属数据等。

2. DEM 数据

利用中国科学院计算机网络信息中心地理空间数据云的 DEM 数据,分辨率为 30m。通过重采样生成分辨率为 10m 的研究区数据,利用 ArcGIS 提取坡度和坡面,并依据《水土保持综合治理 规划通则》(GB/T 15772—2008),将坡度划分为小于 5°的微坡,5°~8°的较缓坡,8°~15°的缓坡,15°~25°的较陡坡,25°~35°的陡坡和大于 35°的急陡坡;对坡向进行重分类为平面、阴坡、阳坡三类。将上述数据转为 ASCII 码文件(.asc)。

3. 典型乡镇及典型村庄整体土地利用图及地籍图

将典型乡镇高渠乡、杜家石沟镇的土地利用类型图及距道路距离图像全部转化为分辨率 10m 的栅格数据,并将其转为 ASCII 码文件(.asc)。

4.2.2 典型村庄的确定及其简介

高渠乡是米脂县"一村一品,一乡一业"的典型乡镇,小红葱是该乡镇的主导产业,目前有以刘渠、姜兴庄、马蹄圪等为代表的 13 个小红葱产业村,以高西沟等为代表的生态旅游产业村。杜家石沟镇以山地苹果为主导产业,目前有以党塔、官道山、马家沟、崔圪崂、刘家沟、阳畔、庞富等 23 个山地苹果示范村,以柳家坬、善家沟、党坪村、杜家石沟等为代表的生态旅游度假村。

在实际调研的基础上,依据相关研究成果,并根据村庄现有发展的典型性和代表性,以及数据的完备程度,选择高渠乡的高西沟村、刘渠村为该乡的典型村庄(Chen et al., 2016; 陈海等, 2014); 选择杜家石沟镇的官道山村、柳家坬村为该镇的典型村庄。研究区典型村庄土地利用现状见图 4.2。

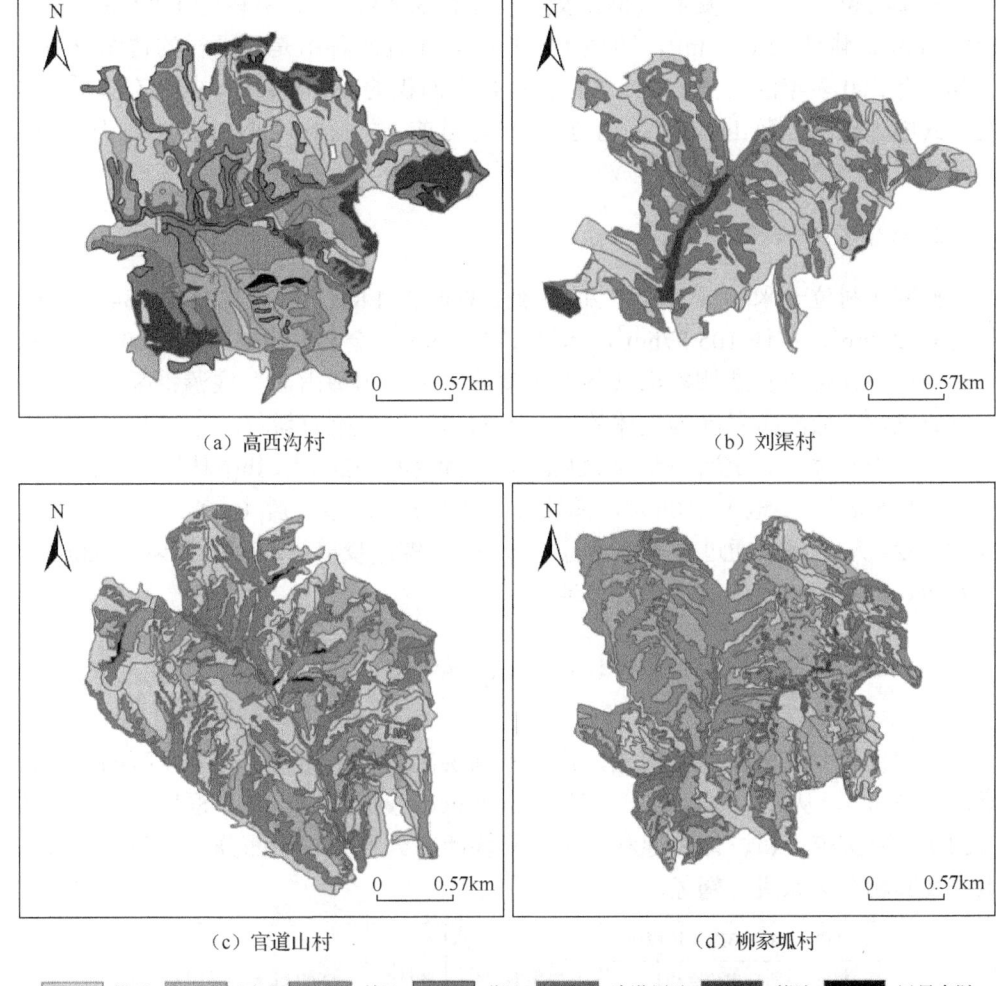

图 4.2 研究区典型村庄土地利用现状

1. 高渠乡典型村庄简介

高西沟村位于米脂县城东北 20km 处，总面积 4.0km²，其中林地 47.64hm²，草地 112.57hm²，耕地 125.72hm²，园地 98.79hm²，风景名胜 1.82hm²。由 40 架山 21 条沟组成，属典型黄土丘陵沟壑区。全村现有 126 户 522 人。高西沟村是陕北黄土丘陵沟壑区生态环境治理的一面旗帜，同时也是全国农业旅游示范点。全村目前发展休闲农家乐 48 户，休闲农业从业人数 100 余人，仅 2013 年休闲农业年总收入达 100 多万元，人均增收 2000 元，休闲农业已成为高西沟村农民增收的重要产业。

刘渠村位于米脂县城东北5km处，总面积3.39km²，其中林地4.29hm²，草地126.21hm²，耕地181.02hm²，园地13.33hm²。小红葱种植是刘渠村的传统农业，至今已有200多年的历史，小红葱种植占耕地面积的62.48%。全村共有89户351人。其中种植小红葱10亩以上的有48户。目前，刘渠村的小红葱产业已辐射带动周边村庄种植135.0hm²，形成一个以刘渠村为中心的小红葱种植基地。

2. 杜家石沟镇典型村庄简介

柳家圪村位于米脂县城西北20km处，总面积4.89km²，其中林地134.55hm²，草地66.31hm²，耕地105.37hm²，园地173.21hm²。全村共有236户1206人。依托资源优势，现正打造柳家圪峡谷旅游度假区和"貂蝉山庄"旅游景区，现已初步形成以峡谷旅游风景区为主体的"一区六园"生态旅游新村。

官道山村位于无定河西北部20km处，总面积4.22km²，其中林地116.33hm²，草地58.08hm²，耕地91.10hm²，园地149.75hm²，风景名胜0.19hm²。全村共有113户521人。目前，通过对土地进行整合，先后累计栽植山地有机苹果134.0hm²，成为榆林市唯一的"国家级果蔬基地"。

4.3 研究方法

为解决本章提出的两个问题，构建不同层次主体土地利用行为模型的整体框架，见图4.3。从图中可以看出，基于NetLogo模拟平台，整体框架由农户个体CA-BDI决策模块、群体土地利用决策模块两部分组成。下面分别对两个模块的组成及其相互关系进行阐述。

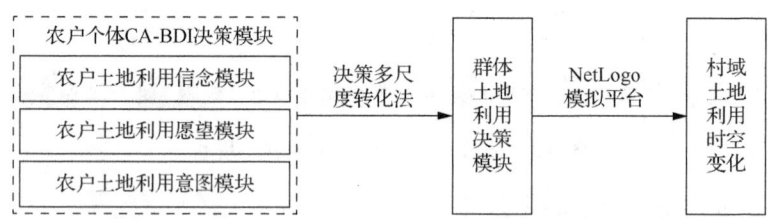

图4.3 不同层次主体土地利用行为模型的整体框架

4.3.1 CA-BDI模型的ODD框架

为了与不同研究做对比，方便其他学者阅读和理解，同时看清本书程序的逻辑和框架，本书借鉴Grimm等（2006）和余强毅等（2011）在ABM模型构建采用的ODD框架，构建农户土地利用有限理性决策CA-BDI模型，框架包含模型梗概（overviews）、概念设计（design concepts）和模型细节设计（details）等部分。

1. CA-BDI 模型梗概

1）构建模型的目的

构建 CA-BDI 模型的目的是探讨农户土地利用行为对土地利用功能变化的影响，以此揭示宏观土地利用功能变化的微观驱动机制，为规范农户土地利用行为和优化土地利用功能提供理论基础。

2）模型的变量、研究尺度及构成

该部分主要回答模型的构成、模型模拟的最小实体以及如何描述该实体、实体间层次或尺度嵌套关系和模型研究的时空分辨率问题。CA-BDI 模型主要包括信念（B）、愿望（D）和意图（I）3 个部分，模型模拟的最小实体是农户和地块，实体间存在层次嵌套关系，如从农户到农户群体，从地块到村庄整体土地利用。通过 NetLogo 设置研究区的大小，格网大小根据研究区典型村庄的边界进行设置。

3）模型过程概述及运行步长

ODD 框架中的模型运行过程，是对模型中各个模块的运行次序进行确定。CA-BDI 模型首先导入 2014 年研究区土地利用图，其次依次对模型的 B、D、I 及其相关参数进行计算，最后进行模型检验和验证。本书模型的运行步长为 1 年。

2. CA-BDI 模型的概念设计

1）概念设计的主要目的

概念设计是为 ABM 模型提供一个设计和程序通信的框架，从而将 ABM 设计的专用概念与复杂适应系统所确定的一般概念联系起来，增加程序的可读性和可比性（Railsback，2001；Grimm et al.，2005）。这些概念包括涌现、个体相互作用的类型和方式。图 4.4 为 CA-BDI 模型的主要概念设计框架。

2）模拟结果的"涌现"

宏观土地利用格局来自于微观土地利用主体（农户）决策及其转化，通过意图模块来实现。

3）环境的感知

各类土地利用主体都有交流能力，能够感知和改变周边的环境。如图 4.4 所示，农户可以感知不同规范、市场以及其他农户的影响；通过对主体行为的"感知"、影响相关参数，以此来影响土地利用的状态类型。

4）目标适宜度

CA-BDI 模型可直观再现主体的土地利用行为及其变化过程。在这个过程中，每个主体将会根据其自身特有情况配置其土地资源，最后得到让其"满意"的土地利用变化的结果，主要通过愿望模块的潜在能力指数（Capabilities）和能力指数（Abilities）实现。

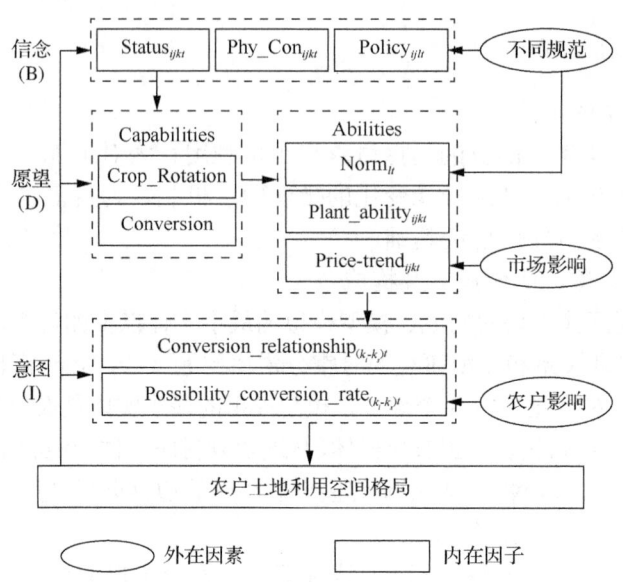

图 4.4　CA-BDI 模型的主要概念设计框架

5）主体间的相互作用

在构建的 CA-BDI 模型中，利用不同作物之间的转化率参数（Possibility_conversion_rate）和作物间转化关系的参数（Conversion_relationship）表征农户间的相互作用。

与其他 BDI 模型相比，本书构建的 BDI 模型增加了潜在能力指数（Capabilities）、能力指数（Abilities）、不同作物之间的转化率参数和作物间转化关系的参数四个参数，见图 4.4。其中，前两个指数表征农户个体的有限理性，后两个参数表征农户间的相互作用。

3. CA-BDI 模型细节设计

模型细节设计主要包括模型的初始化、数据输入和子程序三个部分。

1）模型的初始化

模型初始化主要包括导入 2014 年典型村庄土地利用数据、距乡村主要道路距离数据及地形起伏度等地图数据。

2）数据输入

数据输入主要包括农户家庭属性数据、地块属性数据等，并实现地块数据与农户属性数据的匹配。

3）子程序

子程序主要是指 CA-BDI 模型的子模块，包括信念模块、愿望模块和意图模块等，以及各模块中重要参数的计算。子模块的构成及其主要参数的设计详见 4.3.2 小节。

4.3.2 子模块的构成与设计

1. 信念模块

信念模块主要包括 $Policy_{ijlt}$、Phy_Con_{ijkt}、$Status_{ijkt}$ 三个参数。其中 $Policy_{ijlt}$ 表明在研究时间 t、农户群体 j 中农户 i 对区域政策和规范（l）的了解；Phy_Con_{ijkt} 表示在研究时间 t、农户群体 j 中农户 i 对第 k 种作物种植自然条件的认知；$Status_{ijkt}$ 表示在研究时间 t、农户群体 j 中农户 i 对农户自身种植状况的了解，即农户种植作物排序的参数。

结合实际调研，参数 $Policy_{ijlt}$ 主要包括当地的政策和农业措施，以及农户周边的社会环境。例如，农户施用化肥和农药的行为受当地农户习惯的影响（梁小英等，2016；Feola et al.，2010）。本书主要通过农药、化肥施用量表示周边社会环境对农户行为的影响；在区域政策和农业措施方面，对农户影响较大的包括退耕还林政策和其他经济作物的补助措施，以及相关技术培训等。退耕还林政策主要针对退耕地，农户只要不对已退耕地还耕，该政策就不会对农户的土地利用方式产生影响。对农户土地利用行为影响较大的主要是经济作物种植的技术培训，以及对不同作物种植的补助措施，这些措施的驱动效应较为明显。

研究区为黄土丘陵沟壑区，影响作物种植的主要自然因素为地形起伏度和距村庄主要道路的距离；为了综合考虑地形起伏度和距村庄主要道路的距离，同时简化分析，在 ArcGIS 中依据自然断点法（肖荣波等，2005）将两个自然因素各分为三类，综合分类的计算式为

$$Topography\_Dis_{ijkt} = Dis_{ijkt} \times 10 + Topog_{ijkt} \quad (4.1)$$

式中，$Topography\_Dis_{ijkt}$ 为研究时间 t、农户群体 j 中农户 i 种植作物 k 的自然因素的综合影响类型；Dis_{ijkt} 为研究时间 t、农户群体 j 中农户 i 种植作物 k 的地块距村中主要道路距离的类型；$Topog_{ijkt}$ 为研究时间 t、农户群体 j 中农户 i 种植作物 k 的地形起伏度类型。

本书拟通过任一条件下某种作物的面积与该条件作物面积的比值，表示农户对该种植条件下作物种植的认知，即 Phy_Con_{ijkt} 的计算式为

$$Phy\_Con_{ijkt} = \frac{Area_{Topography\_Dis_{ijkt}}}{\sum_{k=1}^{n} Area_{Topography\_Dis_{ijkt}}} \quad (4.2)$$

式中，$Area_{Topography\_Dis_{ijkt}}$ 为研究时间 t、农户群体 j 中农户 i 种植作物 k 在综合影响类型条件 $Topography\_Dis_{ijkt}$ 的面积。

种植作物排序参数 $Status_{ijkt}$ 表示农户对其种植作物重要性的判断，种植作物 k 越大，表明农户未来种植该种作物的可能性就越大。其计算式为

$$Status_{ijkt} = \frac{Area_{ijkt} \times Income_{ijkt}}{\sum_{k=1}^{n}(Area_{ijkt} \times Income_{ijkt})} \quad (4.3)$$

式中，$Area_{ijkt}$ 为研究时间 t、农户群体 j 中农户 i 种植作物 k 的面积；$Income_{ijkt}$ 为研究时间 t、农户群体 j 中农户 i 种植作物 k 的收益。

2. 愿望模块

与其他 BDI 模型相比，CA-BDI 模型增加了农户的潜在能力指数（Capabilities）和能力指数（Abilities）。对农户而言，潜在能力指数是其未来可能的土地利用计划，如果要使潜在的土地利用计划得以实施，还需对农户的实际能力进行判定。本书通过能力指数对潜在土地利用方案进行"过滤"，得到潜在土地利用计划中有最大实施可能的计划，由此实现农户的愿望。愿望的计算表达式为

$$Desires_{ijkt} = (Capabilities_{ijkt}, Abilities_{ijkt}) \quad (4.4)$$

式中，$Desires_{ijkt}$ 为研究时间 t、农户群体 j 中农户 i 种植作物 k 的愿望；$Capabilities_{ijkt}$ 为研究时间 t、农户群体 j 中农户 i 种植作物 k 的潜在能力；$Abilities_{ijkt}$ 为研究时间 t、农户群体 j 中农户 i 种植作物 k 的实际能力。

潜在能力指数主要是对农户潜在的土地利用方案进行分析，包括两个方面：一是农户的土地利用轮作计划，二是农户的土地利用转化计划。

对于农户的土地利用轮作计划，本书采用轮作参数 Crop_Rotation 来表征。通过实际调研，发现当地农户主要采用土豆→杂粮→土豆的轮作方式。因此，本书的轮作参数采用该种土地利用的轮作方式。

对于农户的土地利用转化计划，本书采用参数 Conversion 表征。研究区主要有四种经济作物，小红葱、苹果、土豆和玉米。其中，玉米主要作为牛的饲料；苹果是当地特色产业之一，但由于苹果收获时期较长，前期投入较大，当地自然灾害较为严重，农户对于苹果的种植较为保守，尤其是在当地缺少相应的补助措施时，农户种植苹果的可能性较小，这也是高渠乡苹果种植量较少的主要原因。依据实际的调研情况，土豆的收益约为 1.80 万元/hm²，小红葱的收益约为 6.75 万元/hm²，小红葱的成熟需要 3 年，但与土豆相比，即使在成熟期间小红葱收入依然比土豆多收入 1.35 万元/hm²。因此，高渠乡作物的转化主要集中在土豆和小红葱上。2015 年后，研究区政府大力推动苹果种植，通过技术辅助，尤其是苹果种植的补助大幅提高，调动了农户种植苹果的积极性，这在杜家石沟镇的表现最为突出。

上述分析仅对农户土地利用各种潜在计划进行说明，但农户是否转化，以及转化多少，需要通过农户的能力指数（Abilities）来实现。由图4.4可以看出，农户潜在土地利用方案转化为现实受农户周边生产规范、农户自身种植能力和作物市场价格趋势等因素的影响。因此，构建农户的能力指数（Abilities）模型为

$$Ability_{ijkt} = Norm_{lt} \times Plant\_ability_{ijlkt} \times Price\_trend_{ijkt} \quad (4.5)$$

式中，$Ability_{ijkt}$为研究时间t、农户群体j中农户i将潜在种植作物k的计划转化为现实土地利用计划的能力，如果转化计划得以实施，则参数$Ability_{ijkt}$的值为1，否则为0；$Norm_{lt}$为研究时间t、不同社会规范l对农户的影响；$Plant\_ability_{ijlkt}$为研究时间t、农户群体j中农户i在不同社会规范或政策l下种植作物k的能力；$Price\_trend_{ijkt}$为研究时间t、农户群体j中农户i对种植作物k价格趋势的认知。

3. 意图模块

由于农户土地利用行为不仅与其自身相关，还受其他农户土地利用行为的影响（图4.4）。因此，在农户的意图模块中设计两个参数表达农户最终形成的土地利用实施方案，即不同作物之间的转化率参数（Possibility_conversion_rate）和作物间转化关系的参数（Conversion_relationship）。参数 Possibility_conversion_rate 间接表达不同农户间相互作用的参数；在实际调研中发现，农户之间通过学习大户的种植结构来改变其自身的种植结构。因此，农户在作物转化时大多采用大户的种植结构，计算式为

$$Possibility\_conversion\_rate_{(k_i,k_s)t} = \frac{1}{n} \times \frac{\sum_{i=1}^{n} Area_{ijk_st}}{\sum_{i=1}^{n}\sum_{j=1}^{m} Area_{ijkt}} \quad (4.6)$$

式中，$Possibility\_conversion\_rate_{(k_i,k_s)t}$为研究时间$t$、经济作物从$k_i$到$k_s$的可能转化率；$Area_{ijk_st}$为研究时间$t$转化农户群体$j$中农户$i$种植被转化为作物$k_s$的面积；$Area_{ijkt}$为研究时间$t$转化农户群体$j$中农户$i$种植作物$k$的面积；$n$为农户的个数；$m$为转化农户群体种植作物的种类。

Conversion_relationship 参数用于表达作物之间的转化关系。在所有作物间的转化中，其他作物向小红葱转化的关系较为复杂。通过实际调研发现，农户在将其他经济作物转化为小红葱时，转化的数量一般为现有种植经济作物面积的1/7，主要是与小红葱的种植特征有关。小红葱种植从育苗到收获需要3年时间，其中育苗1年，分苗2年，在现有的技术水平下，育苗与栽种面积的比值为1∶3。因此，为了达到合理的配置结果，农户需要将未来种植大葱的地块大体分为7份，选择其中一块地作为育苗地，1年后将育成的葱苗再移栽到另外土地上。为了保持生产的连续性，需要年年育苗，因此育苗地必须保留。移栽葱苗1年后，还需

分苗，大体比例1：1，即至少需要3份土地来生长成苗，直到收获（陈海等，2014）。因此，由其他经济作物向小红葱转化时，Conversion_relationship 参数设置为7。

4.3.3 农户个体决策到农户群体决策的转化模块

尺度问题一直是土地利用变化研究的热点问题之一。目前，尺度转化法主要有两种：机理转化方法和精度变化方法。

机理转化方法主要是探讨个体决策到群体决策的变化规则（陈海等，2010；Huigen，2004），目前大多采用等权重方式解决不同尺度间决策的转化（陈海等，2009；Ligtenberg et al.，2001）。这种方法虽然转化机理明确，但没有办法解决决策在空间上显性表达问题。而精度变化方法主要是通过改变数据的精度来探讨和实现尺度变化。该方法虽然解决了空间显性表达问题，但无法表明决策者行为与土地利用变化之间的关系。

因此，为了定量表达不同个体对群体决策的影响和空间显现表达个体的决策，研究借助于 NetLogo 模拟平台，采用差异权重法表达农户个体决策到农户群体决策的转化过程，设计的从农户个体到农户整体的转化机理如图4.5所示。

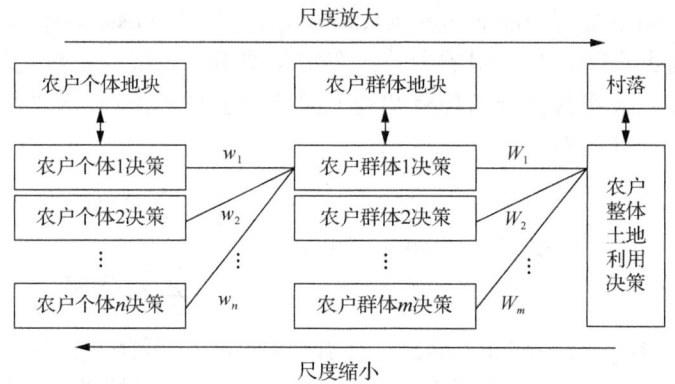

图4.5　土地利用决策多尺度转化机理

由图4.5可知，农户个体决策对群体决策的影响通过其决策影响系数 w_i 表示（$i=1,\cdots,n$，n 为农户个体数量）；而群体决策在农户整体决策中的影响通过其决策影响系数 W_j 表示（$j=1,\cdots,m$，m 为农户群体类型数量）。群体和个体的决策影响系数作为农户群体间和农户个体间相互作用的系数。由此实现从农户个体土地利用决策到农户整体决策的转化，同时将不同尺度的主体与不同尺度的土地利用空间相联系。因此，基于调研获取的农户权属数据和 NetLogo 模拟平台，实现定量且空间显现表征从农户个体到农户群体再到农户整体的决策转化。

采用差异权重法实现不同尺度决策的转化。差异权重的设置主要来自于以往实际调研所获取的经验，同类农户对土地的利用大多跟从于村中农业大户，大户的土地利用行为往往成为其他农户模仿的对象。通过同类农户在土地面积、种植结构状况等方面的差异，表达农户对该类群体决策的影响，往往比简单平均分配权重更接近实际状况。因此，本书采用如下方法表达不同农户个体对农户群体土地利用决策的影响。

$$w_{ijkt} = \frac{\text{Area}_{\text{Intention}_{ijkt(t,t+1)}}}{\sum_{j=1}^{m}\sum_{i=1}^{n}\text{Area}_{\text{Intention}_{ijkt(t,t+1)}}} \quad (4.7)$$

式中，w_{ijkt} 为农户群体类型 j 中农户 i、时刻 t 第 k 种土地利用方式的决策对群体决策的影响权重；$\text{Area}_{\text{Intention}_{ijkt(t,t+1)}}$ 为农户群体类型 j 中农户 i 从时刻 t 到时刻 $t+1$ 转化第 k 种作物的面积；n、m 分别为农户个体、农户群体的数量。

4.4 结果分析

图 4.6 为基于 NetLogo 平台的 CA-BDI 模型的界面。图中左侧为各个子模块及其相关参数的功能界面，主要包括初始化模块、信念模块、愿望模块、意图模块、模拟结果和土地利用功能模块。其中信念模块、愿望模块和意图模块三个部分组成 CA-BDI 决策模型，为能够反映不同层次主体对土地利用变化的影响，增加了尺度变化模块。图 4.6 右侧为初始化调入的高西沟村 2014 年土地利用图，即为结果显示区域。本节通过高渠乡和杜家石沟镇 4 个典型村庄的模拟检验和验证 CA-BDI 模型的模拟能力。

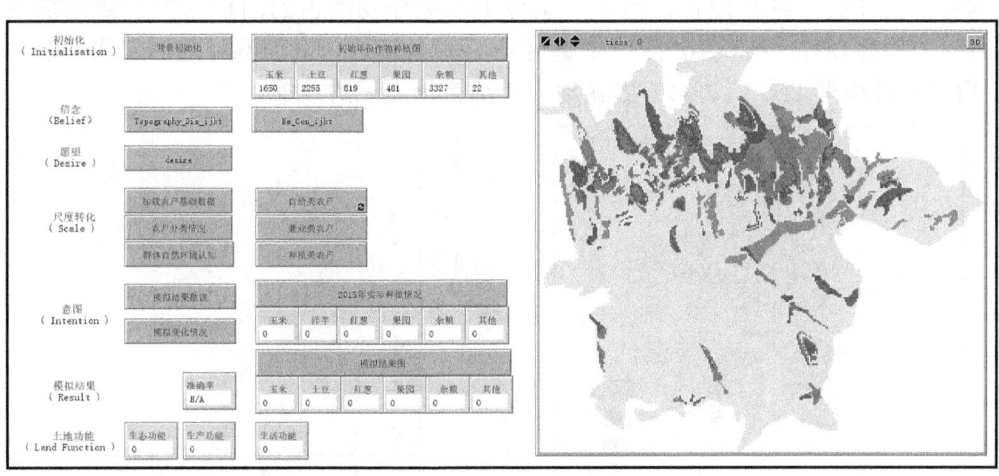

图 4.6 基于 NetLogo 构建的 CA-BDI 模型界面

4.4.1 典型村庄 CA-BDI 模型信念模块分析

研究基于实际调研数据，通过定量分析研究区自然条件分类及其空间分异、不同农户对作物种植的认知及典型农户对作物种植重要性判断，分析农户种植行为的信念。

利用 ArcGIS 计算 DEM 的最大高程和最小高程，并对最大高程、最小高程进行差值运算，由此得到典型乡镇的地形起伏度，并依据自然断点法将地形起伏度分为地形起伏度小、起伏度中、起伏度大三类，分别用 1、2、3 表示（肖荣波等，2005）；再利用 ArcGIS 对典型乡镇耕地地块到乡村主要道路距离进行聚类分析，将距离分为距离近、距离中、距离远三类，分别用 1、2、3 表示；最后依据式（4.1），得到 2014 年高渠乡和杜家石沟镇典型村庄自然因素的综合影响类型图，如图 4.7～图 4.10 所示。其中，11 表示距离近起伏度小，12 表示距离近起伏度中，13 表示距离近起伏度大；21 表示距离中起伏度小，22 表示距离中起伏度中，23 表示距离中起伏度大；31 表示距离远起伏度小，32 表示距离远起伏度中，33 表示距离远起伏度大。

1. 研究区自然条件分类及作物空间分布

图 4.7 为高渠乡典型村庄高西沟村自然条件空间分布及其面积占比。从图中可以看出，典型村庄高西沟村耕地主要分布在距离近且起伏度小（自然条件类型 11）的区域，该类耕地面积占全部耕地面积的 51%，结合各类作物的种植面积，得出该条件下各类作物所占的面积比例主要为杂粮 41%、玉米 24%、土豆 20%、小红葱 7%；距离近起伏度中（自然条件类型 12）的耕地占全部耕地面积的 19%，结合各类作物的种植面积，得出该条件下各类作物所占的面积比例主要为杂粮 37%、玉米 18%、土豆 26%、小红葱 13%。总体而言，高西沟村地形起伏度较小（自然条件类型 11、21、31）的耕地占全部耕地面积的 69%。

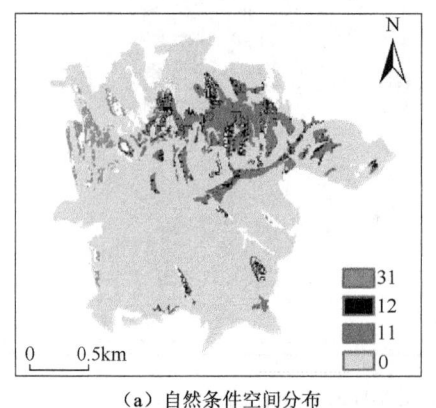

（a）自然条件空间分布

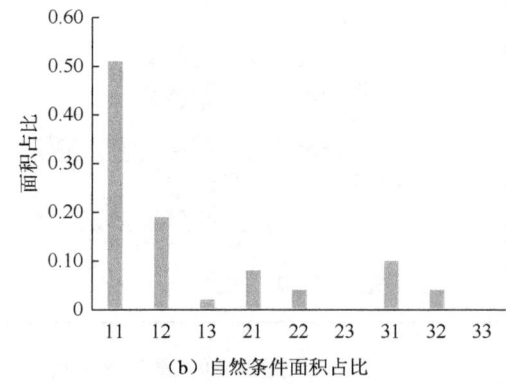

（b）自然条件面积占比

图 4.7 高渠乡典型村庄高西沟村自然条件空间分布及其面积占比

从作物种植角度分析,高西沟村主要作物种植面积占耕地面积的比例分别为:玉米 19%、土豆 26%、小红葱 10%、果树 6%、杂粮 39%。其中玉米主要种植在距离近起伏度小（66%）和距离近起伏度中（18%）耕地上；土豆主要种植在距离近起伏度小（40%）、距离近起伏度中（19%）和距离远起伏度小（14%）的耕地上；小红葱主要种植在距离近起伏度小（41%）、距离近起伏度中（26%）和距离远起伏度小（10%）的耕地上；果树主要种植在距离近起伏度小（57%）和距离近起伏度中（21%）耕地上；杂粮主要种植在距离近起伏度小（54%）、距离近起伏度中（18%）和距离远起伏度小（11%）的耕地上。

图 4.8 为高渠乡典型村庄刘渠村自然条件空间分布及其面积占比。从图中可以看出，典型村庄刘渠村耕地主要分布在地形起伏度小的区域，即耕地自然条件类型为 11、21 和 31，这三种类型所占全部耕地面积比例为 68%；距离远起伏度小（自然条件类型 31）的耕地所占面积为 31%，结合各类作物的种植面积，得出该条件下各类作物所占全部耕地面积比例主要为杂粮 15%、小红葱 71%；距离近起伏度小（自然条件类型 11）的耕地所占面积为 26%，该条件下各类作物种植面积所占的面积比例为杂粮 15%、土豆 8%、小红葱 76%；距离远起伏度中（自然条件类型 32）的耕地所占面积为 14%，该条件下各类作物所占的面积比例为杂粮 21%、小红葱 69%。

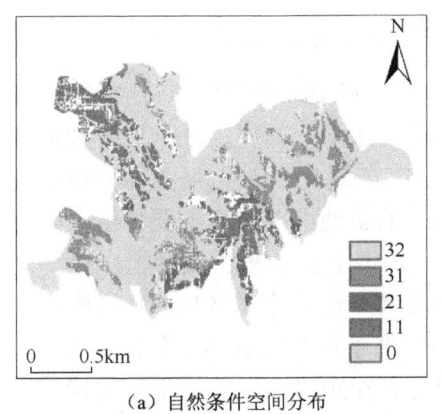 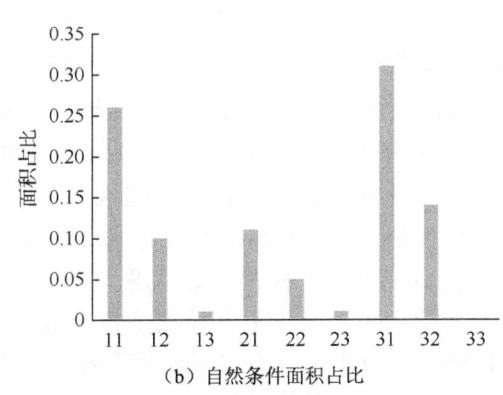

(a) 自然条件空间分布　　　　　　　(b) 自然条件面积占比

图 4.8　高渠乡典型村庄刘渠村自然条件空间分布及其面积占比

从作物种植角度分析，刘渠村主要作物种植面积占耕地面积的比例分别为：玉米 2%、土豆 8%、小红葱 74%、果树 1%和杂粮 15%；其中，小红葱主要种植在距离近起伏度小（27%）、距离远起伏度小（29%）、距离近起伏度大（11%）、距离远起伏度大（13%）的耕地上；杂粮主要种植在距离远起伏度小（30%）、距离近起伏度小（26%）和距离远起伏度中（18%）的耕地上。

图 4.9 为杜家石沟镇典型村庄官道山村自然条件空间分布及其面积占比。从

图中可以看出，典型村庄官道山村耕地主要分布在距离近起伏度小和伏度中的区域，即自然条件类型为11、12，这两类耕地所占面积为全部耕地面积的48%。结合各类作物的种植面积，得出该条件下各类作物所占的面积比例主要为杂粮43%、果树31%、土豆15%、玉米10%；距离中起伏度小和伏度中的耕地所占面积为31%，结合各类作物的种植面积，得出这两类条件下各类作物所占的面积比例，主要为杂粮40%、果树36%、土豆13%、玉米12%。总体而言，官道山村地形起伏度较小（自然条件类型为11、21、31）的耕地所占面积为48%。

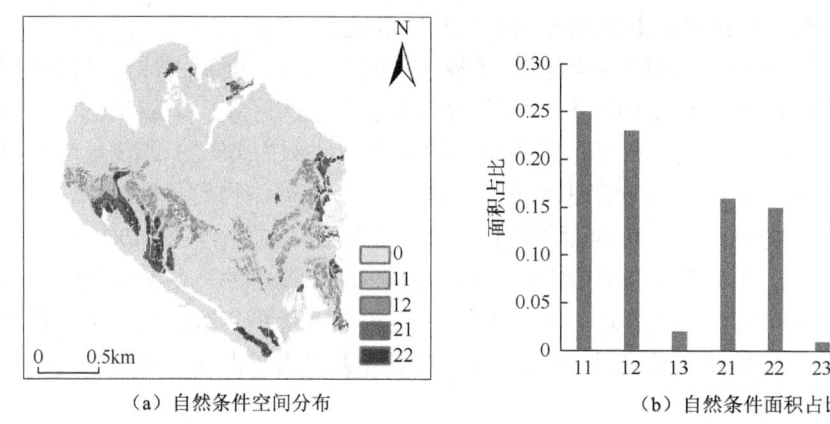

（a）自然条件空间分布　　　　　　（b）自然条件面积占比

图4.9　杜家石沟典型村庄官道山村自然条件空间分布及其面积占比

从作物种植角度分析，官道山村主要作物占耕地面积的比例分别为：玉米14%、土豆13%、小红葱1%、果树23%、杂粮48%；其中，玉米主要种植在距离近起伏度小（34%）和距离中起伏度中（35%）耕地上；土豆主要种植在距离近起伏度小（54%）、距离中起伏度中（20%）的耕地上；果树主要种植在距离近起伏度小（32%）和距离近起伏度中（31%）耕地上；杂粮主要种植在距离近起伏度小（22%）、距离中起伏度小（17%）和距离中起伏度中（16%）的耕地上。

图4.10为杜家石沟镇典型村庄柳家圪村自然条件空间分布及其面积占比。从图中可以看出，典型村庄柳家圪村耕地主要分布在距离中起伏度小和起伏度中的区域，即自然条件类型为21、22，这两类耕地所占面积为全部耕地面积的47%，结合各类作物的种植面积，得出该条件下各类作物所占的面积比例主要为土豆34%、杂粮21%、玉米20%、果树16%；距离近起伏度小和起伏度中的耕地所占面积为33%，结合各类作物的种植面积，得出这两类条件下各类作物所占的面积比例主要为土豆24%、玉米23%、果树21%、杂粮11%。总体而言，柳家圪村地形起伏度小的耕地所占面积为48%。

第4章 农户有限理性决策 CA-BDI 模型的构建与模拟

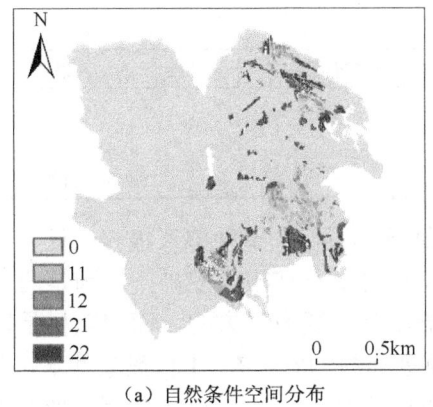
（a）自然条件空间分布

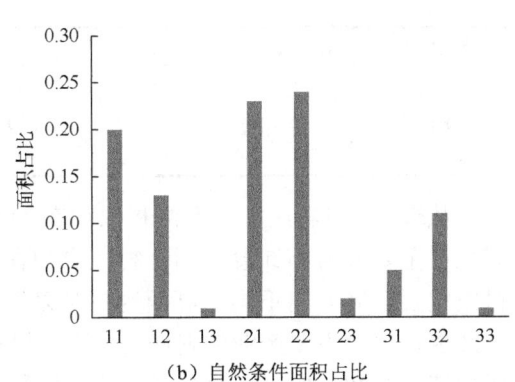
（b）自然条件面积占比

图 4.10 杜家石沟典型村庄柳家圪村自然条件空间分布及其面积占比

从作物种植角度分析，柳家圪村主要作物种植面积占耕地面积的比例分别为：玉米 24%、土豆 24%、果树 17% 和杂粮 18%；其中玉米主要种植在距离近起伏度小（19%）和距离中起伏度小（19%）耕地上；土豆主要种植在距离中起伏度中（31%）、距离中起伏度小（30%）的耕地上；果树主要种植在距离中起伏度中（27%）和距离近起伏度小（22%）耕地上；杂粮主要种植在距离中起伏度小（29%）、距离中起伏度中（20%）的耕地上。

2. 不同农户对作物种植的认知

为了对比高渠乡、杜家石沟镇的 4 个典型村庄在不同自然条件下农户对作物种植的认知，从 4 个村庄中分别选择 3 个种植大户（耕地总面积大于 10 亩），依据式（4.2）得出典型村庄农户对作物种植的认知表。研究涉及的自然条件类型有 9 种，以自然条件类型为 11（即距离近起伏度小）的耕地为例进行计算，结果如表 4.1 所示。

表 4.1 典型村庄农户对自然条件为 11 的耕地种植作物的认知表

典型村庄	典型农户	玉米	土豆	小红葱/蔬菜	杂粮	果树
高西沟村	1	0.28	0.25	0.10	0.37	—
	2	0.01	0.09	—	0.89	0.01
	3	0.08	0.89	—	0.03	—
刘渠村	1	—	0.37	0.63	—	—
	2	—	0.08	0.92	—	—
	3	—	0.01	0.93	0.06	—
官道山村	1	—	1.00	—	—	—
	2	—	—	—	—	1.00
	3	—	1.00	—	—	—

续表

典型村庄	典型农户	玉米	土豆	小红葱/蔬菜	杂粮	果树
柳家圪村	1	—	0.51	0.49	—	—
	2	—	1.00	—	—	—
	3	—	—	—	—	1.00

从表 4.1 可看出，高西沟村农户在 11 自然条件下，主要种植杂粮和土豆，而刘渠村主要种植小红葱。两个村庄农户在种植选择上存在较大差异，原因是两个村庄主要发展方向不同，高西沟村是以生态旅游为主要发展方向，而刘渠村是以小红葱种植为主要产业的村庄。官道山村和柳家圪村的农户在 11 自然条件下，主要种植土豆和果树，这两个村庄的苹果种植面积较大，尤其是 2015 年后，受米脂县果业扶持政策的影响，苹果种植面积有较大增长。

在其他自然条件下也可得出类似的结论。农户对自然条件认知的不同，造成在实际种植过程中不同作物对农户的重要性程度有所不同。因此，需要进一步探讨不同作物对于农户重要性的差异。

3. 农户作物种植重要性判断

作物排序参数是农户的不同作物面积和价格的函数，是农户对所有种植作物重要性的评判。相对于作物自然条件的认知而言，作物排序更能看出哪种作物对农户的重要性，也反映出农户对不同作物的重视程度。依据式（4.3）计算不同村庄典型农户的作物排序参数（$Status_{ijkt}$），结果见表 4.2。

表 4.2　不同村庄典型农户作物的重要性表

典型村庄	典型农户	玉米	土豆	小红葱/蔬菜	杂粮	果树
高西沟村	1	0.17	0.34	0.20	0.29	
	2	0.16	0.07		0.63	0.11
	3	0.09	0.72		0.19	
刘渠村	1	—	0.03	0.76	0.21	
	2		0.17	0.83	—	
	3	0.02	0.01	0.94	0.05	
官道山村	1		1.00			
	2		0.10		0.61	0.29
	3		0.14		0.30	0.56
柳家圪村	1		0.49	0.51		
	2		0.05			0.95
	3	0.49	0.20			0.31

从表 4.2 可以看出，土豆和杂粮对高西沟村农户重要性较高，小红葱对刘渠

村农户的重要性较高。官道山村和柳家圪村的苹果、蔬菜对农户的重要性较高。依据作物重要性的分析结果,利用分类树法,将研究区农户类型划分为 4 类(图 2.3)。表 4.3 为高渠乡、杜家石沟镇 4 个典型村庄的农户分类特征表。

表4.3 农户类型特征表

典型村庄	农户类型	样本数目/户	户主平均年龄/岁	户主受教育程度	户均耕地面积/亩
高西沟村	打工户	40	45	初中	0.0
	兼业户	10	50	初中	16.6
	种植户	17	59	初中	29.2
	自给户	51	65	小学	4.5
刘渠村	打工户	30	48	初中	0.0
	兼业户	3	55	初中	18.6
	种植户	44	58	高中	32.5
	自给户	30	61	初中	5.9
官道山村	打工户	40	46	高中	0.0
	兼业户	9	56	高中	10.6
	种植户	29	54	初中	38.7
	自给户	32	61	初中	3.9
柳家圪村	打工户	15	45	高中	0.0
	兼业户	13	55	初中	9.8
	种植户	24	57	初中	28.1
	自给户	22	58	初中	4.4

从表 4.3 可以看出,4 个典型村庄的农户在户主的教育程度方面较为相似,在户均耕地面积方面,均表现出打工户、自给户、兼业户和种植户逐渐升高的趋势。同时,4 个村庄的自给户年龄偏大,种植面积小,青壮年劳力均外出打工,种植户年龄也普遍较高。不同点在于刘渠村和官道山村种植户数量较多、兼业户较少,而高西沟村和柳家圪村的种植户相对较少、兼业户相对较多。产生差异的主要原因在于刘渠村和官道山村是种植专业村,而高西沟村和柳家圪村的生态旅游较为发达,且后者还有历史遗迹,为乡村发展方向转型奠定了坚实基础。

4.4.2 典型村庄 CA-BDI 模型愿望模块分析

依据式(4.3)计算典型村庄不同类型农户群体种植作物的重要性,并以此对作物进行重要性排序,结果见表 4.4。由表可知,典型村庄的农户对作物种植自然条件的认知以及作物种植重要性判断存在较大差异,依据 4.3.2 小节 2.中愿望模块的实现方法,分别对 4 个典型村庄农户及不同群体的种植愿望进行分析。

表 4.4 典型村庄不同类型农户群体作物的重要性及其排序

典型村庄	农户类型	作物排序（由大到小）
高西沟村	种植户	土豆、杂粮、玉米、果树、小红葱
	兼业户	杂粮、土豆、玉米
	自给户	杂粮、玉米
刘渠村	种植户	小红葱、杂粮、玉米
	兼业户	杂粮、小红葱、玉米
	自给户	杂粮、小红葱
官道山村	种植户	苹果、杂粮、土豆
	兼业户	杂粮、土豆
	自给户	杂粮
柳家圪村	种植户	蔬菜、苹果、土豆
	兼业户	土豆、杂粮
	自给户	杂粮、土豆

1. 高渠乡高西沟村农户及不同群体的种植愿望

作为以生态旅游为主要发展方向的高西沟村，以杂粮和土豆为主要原料的各种特色小吃深受游客喜爱，因此农家乐的发展对杂粮和土豆的需求较大，也在客观上提升了农户种植土豆和杂粮的愿望。由式（4.4）可知，高西沟村农户潜在的种植计划主要是轮作计划。对于该村的农户而言，从目前农业生产的氛围、农户种植杂粮和土豆的能力、农户对作物价格趋势的调研结果来看，都允许农户进行杂粮和土豆的种植，即农户种植土豆和杂粮的能力指数均为1。

高西沟村的兼业户、自给户都有种植杂粮和土豆的能力，也对作物的价格趋势较为了解，但受精力和劳动能力的限制，种植经济作物的愿望不强。因此，高西沟村兼业户、自给户往往采用不变的种植方式，或采用简单的轮作进行农业生产。为研究方便，书中对这两类农户群体土地利用行为采用不变的种植方式进行模拟。高西沟村种植户有种植杂粮和土豆的积极性，也有种植能力，种植户群体采用轮作计划提高地力和农业收入。因此，本书采用轮作方式对高西沟村种植户的土地利用行为进行模拟。

2. 高渠乡刘渠村农户及不同群体的种植愿望

小红葱一直是刘渠村的主要经济作物，农户种植小红葱的积极性很高，这主要得益于小红葱的收益较高。虽然种植小红葱需要一定技术，但由于该村农户种植小红葱时间长，种植经验丰富，加之政府对小红葱种植技术的辅导，以及小红葱合作社的成立，均增强了农户种植小红葱的愿望。因此，刘渠村农户有种植小红葱的愿望，同时也有种植能力。

与高西沟村类似，刘渠村的自给户、兼业户有种植小红葱的能力，但由于受精力和劳动能力的限制，种植量较小。因此，本书对这两类农户群体土地利用行为采用不变的种植方式进行模拟。刘渠村种植户有种植小红葱的积极性，也有种植能力，种植户群体采用转化计划来增加其农业收入。因此，本书采用转化方式对刘渠村种植户的土地利用行为进行模拟。

3. 杜家石沟镇官道山村农户及不同群体的种植愿望

苹果一直是官道山村的主要经济作物，该村于 2009 年成立苹果合作社，农户种植苹果的积极性很高。虽然苹果种植与管护技术要求较高，但由于该村农户种植山地苹果时间较长，加之政府对苹果种植技术的定期培训与指导，均增强了农户种植苹果的愿望。因此，官道山村农户有种植苹果的愿望，也有种植能力。

根据实际调研结果发现，官道山村的自给户、兼业户几乎没有栽种苹果。因此，本书对这两类农户群体土地利用行为采用不变的种植方式进行模拟。官道山村种植户栽种苹果的积极性高，也有栽种山地苹果的能力，加之政府"政策扶贫"的引导，该类农户群体拟采用转化计划来增加其农业收入。因此，书中采用转化方式对官道山村种植户的土地利用行为进行模拟。

4. 杜家石沟镇柳家坬村农户及不同群体的种植愿望

苹果和蔬菜一直是柳家坬村的主要经济作物，2010 年该村成立果业协会，大力发展大棚蔬菜。当地农户有栽种苹果和蔬菜的传统。虽然苹果栽种和蔬菜种植的管护技术较高，但政府对苹果和蔬菜种植技术有定期培训，加之政府"政策扶贫"对苹果和蔬菜种植的倾斜，均增强了农户种植苹果和蔬菜的愿望。因此，柳家坬村农户有种植苹果和蔬菜的愿望，同时也有种植能力。

与官道山村类似，柳家坬村的自给户、兼业户几乎没有栽种苹果和蔬菜。因此，本书对这两类农户群体土地利用行为采用不变的种植方式进行模拟。柳家坬村种植户有栽种苹果和蔬菜的积极性和相应能力，该类农户群体采用转化计划来增加其农业收入。因此，本书采用转化方式对柳家坬村种植户的土地利用行为进行模拟。

4.4.3 典型村庄 CA-BDI 模型意图模块分析

1. 高渠乡高西沟村农户及不同群体的种植意图

因篇幅所限，书中仅以不同群体中一个农户的种植意图为例进行分析，高西沟村不同群体中农户个体种植意图分析结果见表 4.5。

表 4.5 高西沟村不同群体中农户个体种植意图表

农户序号	所属群体	2014年土地利用状况	2015年土地利用状况	种植意图
1	自给户	02111（11）	02111（11）	（1）玉米保持不变； （2）果树保持不变； （3）土豆、杂粮轮作
		02121（1）	02121（1）	
		02314（3）	02314（3）	
		02315（29）	02312（29）	
		02324（3）	02322（5）	
		02325（5）	02324（3）	
2	兼业户	20111（4）	20111（4）	（1）玉米保持不变； （2）果树保持不变； （3）土豆、杂粮轮作； （4）2014年对自然条件为32、种植杂粮的耕地，没有简单转化为2015年种植土豆，而是大部分转化为种植土豆，还保留有部分种植杂粮 （如左列阴影所示）
		20115（9）	20112（9）	
		20121（4）	20121（4）	
		20125（9）	20122（9）	
		20135（5）	20132（5）	
		20212（24）	20212（9）	
		20215（9）	20215（24）	
		20222（17）	20222（3）	
		20225（3）	20225（17）	
		20232（2）	20235（2）	
		20315（26）	20312（24）	
		20325（4）	20315（2）	
		20335（1）	20322（4）	
		—	20332（1）	
3	种植户	07111（6）	07111（6）	（1）玉米保持不变； （2）果树保持不变； （3）土豆和杂粮轮作情况较为复杂，具体见正文分析
		07112（1）	07112（129）	
		07113（6）	07113（5）	
		07114（23）	07114（23）	
		07115（129）	07115（2）	
		07122（4）	07122（17）	
		07123（11）	07123（15）	
		07124（13）	07124（13）	
		07125（17）	07133（6）	
		07132（1）	07134（3）	
		07133（5）	07211（18）	

续表

农户序号	所属群体	2014年土地利用状况	2015年土地利用状况	种植意图
3	种植户	07134（3）	07212（7）	
		07211（18）	07215（9）	
		07212（7）	07221（3）	
		07215（9）	07312（17）	
		07221（3）	07315（1）	
		07315（18）	07322（2）	
		07325（2）	—	

首先，对表4.5中的土地利用状况数字进行说明。数字分为4个部分：个位数表示土地利用方式，1~6分别表示玉米、土豆、小红葱、果树、杂粮、其他；十位数和百位数代表自然条件类型，如23表示距离中起伏度大；千位和万位数代表村庄中农户编号；括号中的数字代表不同种植方式的像元数。例如，表中07112（129）代表编号为07的农户在自然条件为距离近起伏度小（11）的耕地上，其种植方式为土豆的像元数为129个。

从表4.5中看出，自给户种植方式简单，兼业户种植方式较为复杂，种植户种植方式最为复杂。对比高西沟村2014年、2015年3种不同类型的农户种植方式发现，3个农户种植意图如下所示。

（1）玉米保持不变。在任何自然条件下，玉米的种植方式均保持不变。对于种植户，2014年玉米出现在11、21、22等自然条件的耕地上，2015年依然为玉米种植。

（2）杂粮和土豆轮作。2014年种植杂粮的耕地，2015年轮作为土豆；反之，则反。需要注意的是，这种轮作仅发生在相同的自然条件下。例如，07115（129）表示07号种植户2014年种植在11条件耕地上129个像元的杂粮，轮作为2015年相同自然条件下的土豆（如表中种植户阴影所示）。

（3）果树保持不变。表中3个农户的果树保持不变。作为多年生的木本植物，苹果从种植到挂果，一般需要3~5年，农户一旦种植果树，不会轻易改变。

从表4.5中可以看出，种植户轮作方式较为复杂。2014年07112没有简单轮作为2015年的07115，而是转化为07113；2014年的07113没有轮作；2014年18个像元的07315仅有17个像元轮作为2015年的07312。综上看出，自给户、兼业户种植方式较为简单，种植户相对复杂。3个农户在玉米和果树的种植上一致，但种植户在轮作上方式轮作数量上较为复杂。因此，需要对种植户群体的种植方式进一步的总结和分析。

高渠乡高西沟村共有17个种植户，其种植意图有较大差异。为了对该类群体的种植意图进行分析，依据图4.5中的土地利用决策多尺度转化机理和式（4.7），对每一个种植户在群体中决策的影响进行分析。由于农户数量较多,且土地利用轮作类型多样,加之自然条件复杂,本书对种植户在群体决策中的影响仅在 11 自然条件下杂粮的轮作进行分析,以此来确定在自然条件 11 下杂粮轮作的规则;其他轮作规则采用相同方式进行确定。表 4.6 中的数字含义,括号外的数字表示自然条件类型,括号内的第一个数字表示农户 2014 年特定作物的像元数,第二个数字为 2015 年特定作物的像元数例如,"1　杂粮→土豆:11(136,95)",表示农户 1 在 2014 年自然条件 11 的耕地上有 136 个像元的杂粮部分轮作为 2015 年的 95 个像元的土豆。

表 4.6　高西沟村不同种植户对其群体杂粮轮作决策的影响表

农户	2014~2015 年轮作类型与数量	轮作影响系数/%	自然条件 11 下影响系数/%
1	杂粮→土豆:11(136,95),12(17,16)	10.5	14.1
2	杂粮→土豆:11(129,129),12(17,17)	13.8	19.1
3	杂粮→土豆:11(26,20),12(13,10)	3.1	3.0
4	杂粮→土豆:11(45,44),12(4,3)	4.4	6.5
5	杂粮→土豆:11(179,70),12(28,10),13(2,2),21(1,1),22(1,1),31(10,10),32(7,4),33(1,1)	10.3	10.4
6	杂粮→土豆:11(27,23),12(17,17) 杂粮→小红葱:21(4,4),32(1,1)	3.8	3.4
7	杂粮→土豆:11(9,1),12(3,1),31(29,26),32(2,2)	2.8	0.2
8	杂粮→土豆:11(30,30),12(14,6),22(5,5),23(1,1),31(16,16),32(13,13)	4.2	4.4
9	杂粮→土豆:11(18,18),12(22,22),21(16,15),22(7,7),31(1,1),32(1,1)	6.0	2.7
10	杂粮→土豆:11(9,9),12(5,4)	1.2	1.3
11	杂粮→土豆:11(28,28),12(15,15),21(3,3),22(4,4),31(1,1),32(3,3)	5.1	4.2
12	杂粮→土豆:11(17,17),12(12,12),13(7,7),23(1,1),31(16,16),32(13,13)	6.2	2.5
13	杂粮→土豆:11(2,2),12(4,4) 杂粮→小红葱:21(11,11),22(9,9)	0.6	0.3
14	杂粮→土豆:11(88,66),12(51,36),13(7,5)	10.1	9.8
15	杂粮→土豆:11(24,22),12(12,7),13(1,1)	3.7	3.3
16	杂粮→土豆:11(160,93),12(34,16),13(2,1)	10.4	13.8
17	杂粮→土豆:11(27,8),12(15,13),13(2,2),21(5,5),22(1,1),31(11,8),32(3,3),33(1,1)	3.9	1.2

从表 4.6 中可以看出,种植户在不同自然条件下的转化有较大差异。对种植户群体而言,对杂粮轮作为土豆的群决策影响较大的 4 个农户依次为农户 2

(13.8%)、农户 1（10.5%）、农户 16（10.4%）和 农户 5（10.3%）。但自然条件不同，对杂粮轮作为土豆影响较大的农户也不尽相同。参与杂粮轮作的像元数共 1060 个，其中在自然条件类型 11 下轮作的数量为 675 个，占杂粮轮作总量的 63.6%；自然条件类型 12 和 31 下轮作的数量占杂粮总轮作量的 20.9%和 7.8%。由此，根据不同农户的影响大小，以及在不同自然条件下的轮作比例，可确定杂粮轮作的规则。

其他作物轮作规则的确定与杂粮轮作确定的方式一样，不再赘述。经过分析和计算，确定高西沟轮作的规则如下所示。

（1）玉米、果树种植类型保持不变。

（2）杂粮在自然条件 11、21、31 下，即地形起伏度小的耕地，下一年作物由杂粮轮作为土豆；在其他自然条件情况下，杂粮保持不变。

（3）土豆在自然条件 13、23、31 下，即距离近起伏度大、距离中起伏度大、距离远起伏度小的耕地上保持不变；在不同于这 3 类自然条件下，则由土豆转化为杂粮。

（4）小红葱在自然条件 11 的耕地上，即在距离近起伏度小的耕地上保持不变；在其他条件下，由小红葱转化为土豆。

2. 高渠乡刘渠村种植户及其群体的种植意图

本书仅对不同群体中一个农户的种植意图进行分析，刘渠村不同群体中农户个体种植意图分析结果见表 4.7。其中表中数字具体含义与表 4.5 相同。

表 4.7 刘渠村不同群体中农户个体种植意图表

农户序号	所属群体	2014 年土地利用状况	2015 年土地利用状况	种植意图
1	自给户	06113（6） 06115（15） 06125（2）	06113（6） 06115（15） 06125（2）	作物保持不变
2	兼业户	74113（20） 74123（24） 74133（6） 74213（15） 74223（10） 74233（12） —	74113（20） 74123（24） 74133（6） 74213（15） 74223（8） 74225（2） 74233（12）	作物基本保持不变，部分小红葱转化为杂粮
3	种植户	05212（2） 05213（19） 05215（9） 05225（1） 05312（13）	05213（19） 05215（11） 05225（1） 05313（92） 05323（42）	①小红葱保持不变； ②杂粮与土豆主要转化为小红葱； ③部分杂粮、土豆轮作

续表

农户序号	所属群体	2014年土地利用状况	2015年土地利用状况	种植意图
3	种植户	05313（51）	05333（13）	
		05315（28）	—	
		05322（5）	—	
		05323（32）	—	
		05325（5）	—	
		05333（12）	—	
		05335（1）	—	

通过分析典型村庄刘渠村 2014 年、2015 年 3 个不同类型农户种植意图，可以得出以下结论。

（1）玉米、果树种植保持不变。

（2）大部分杂粮、土豆转化为小红葱，小部分杂粮与土豆相互轮作，此意图在种植户中表现较为明显。

（3）绝大部分小红葱保持不变，即大部分小红葱保持不变，有小部分转化为杂粮或土豆。

综上可以看出，种植户种植方式复杂，自给户、兼业户较为简单。3 个农户在玉米和果树的种植上较为一致，但种植户在转化方式、轮作数量方面较为复杂。因此，需要对种植户群体的种植方式进一步的总结和分析。

刘渠村是小红葱种植专业村，有种植户 44 户，其种植意图有较大差异。为了对该类群体的种植意图进行分析，依据式（4.6）和式（4.7），以及图 4.5 中土地利用决策多尺度转化机理，对每一个种植户在群体中决策的影响进行分析。为了与高西沟村作对比，对刘渠村种植户在群体决策中的影响且在自然条件 11 下杂粮的轮作进行分析，以确定在自然条件 11 下杂粮轮作的规则；其他轮作规则采用相同方式确定。

从表 4.8 可以看出，种植户在不同自然条件下的轮作和转化有较大差异。对种植户群体而言，杂粮轮作为土豆的群决策影响较大的 4 个农户分别是农户 18（20.67%）、农户 12（12.50%）、农户 11（8.49%）和 农户 20（7.56%）。对于不同自然条件下农户对杂粮向土豆轮作的影响，与农户对群体杂粮轮作决策的影响也不尽相同。例如，在自然条件 11 下杂粮轮作影响最大的 4 个农户分别是农户 12（45.19%）、农户 25（11.85%）、农户 17（9.63%）和农户 32（9.63%）。杂粮转化为小红葱影响最大的 4 个农户分别为农户 23（15.43%）、农户 24（10.80%）、农户 7（8.49%）、农户 34（7.29%）。同时，通过计算可知，杂粮轮作的像元数 648 个，其在自然条件 31、32 和 11 下轮作的像元数量分别为 212 个、146 个和 135 个，占杂粮轮作总量的 32.7%、22.5%和 20.8%；因此，根据不同农户的影响大小及在不同自然条件下的轮作比例，可确定杂粮轮作的规则。

（1）玉米、果树种植类型保持不变。

（2）土豆在自然条件 11、12、31 的耕地上转化为小红葱，否则下一年仍然种植土豆。

（3）杂粮在自然条件 11、21、31 的耕地上转化为土豆，否则种植类型保持不变。

（4）其他作物类型在 11 自然条件下，转化为玉米；否则保持其他类型不变。

表 4.8 刘渠村种植户对其群体杂粮轮作决策的影响表

农户	轮作与转化的类型与数量	轮作影响系数/%	11 下影响系数/%	转化影响系数/%
1	杂粮→土豆：31（19,13）	2.01	0.00	0.00
2	杂粮→土豆：21（6,6），22（2,2），31（19,19），32（2,2）	4.48	0.00	0.00
3	杂粮→土豆：31（7,7），32（16,16），33（4,4）	4.17	0.00	0.00
4	杂粮→土豆：21（2,2） 杂粮→小红葱：31（13,13），32（5,5）	0.31	0.00	2.78
5	杂粮→土豆：11（2,2），12（4,4），31（4,4）	1.54	1.48	0.00
6	杂粮→土豆：21（16,10），22（3,3），31（71,28） 杂粮→小红葱：31（71,10）	6.33	0.00	1.54
7	杂粮→小红葱：31（30,30），32（25,25）	0.00	0.00	8.49
8	杂粮→小红葱：11（14,14），12（11,11）13（2,2）	0.00	0.00	4.61
9	杂粮→土豆：11（6,4），12（5,4） 杂粮→小红葱：31（2,2）	1.23	2.96	0.31
10	杂粮→土豆：31（2,2），32（1,1）	0.46	0.00	0.00
11	杂粮→土豆：31（49,28）32（33,26）33（1,1）	8.49	0.00	0.00
12	杂粮→土豆：11（61,61），12（20,20）	12.50	45.19	0.00
13	杂粮→小红葱：11（2,2），12（2,2） 杂粮→土豆：31（9,9），32（13,13）	3.40	0.00	0.62
14	杂粮→小红葱：11（21,21）	0.00	0.00	3.24
15	杂粮→土豆：21（9，9） 杂粮→小红葱：12（2,2），31（1,1）	1.39	0.00	0.46
16	杂粮→小红葱：31（3,3）	0.00	0.00	0.46
17	杂粮→土豆：11（13,13），12（2,2） 杂粮→小红葱：21（18,18），22（6,6）	2.31	9.63	3.70
18	杂粮→土豆：31（70,64），32（62,62），33（8,8） 杂粮→小红葱：31（70,6）	20.67	0.00	0.93
19	杂粮→土豆：11（23,6），22（5,5），31（6,6），32（3,3）	3.09	4.44	0.00
20	杂粮→土豆：11（8,2），12（4,1），21（49,33），31（13,13） 杂粮→小红葱：11（8,6），12（4,3）	7.56	1.48	1.39

续表

农户	轮作与转化的类型与数量	轮作影响系数/%	11下影响系数/%	转化影响系数/%
21	杂粮→土豆：31（7,7），32（1,1）	1.23	0.00	0.00
22	杂粮→小红葱：11（10,8）	0.00	0.00	1.23
23	杂粮→小红葱：11（27,27），12（2,2），31（32,32），32（36,36），33（3,3）	0.00	0.00	15.43
24	杂粮→小红葱：11（17,17），12（4,3），21（6,6），22（2,2），31（26,26），32（16,16）	0.15	0.00	10.80
	杂粮→土豆：12（4,1）			
25	杂粮→土豆：11（16,16），21（7,7）	3.55	11.85	0.00
26	杂粮→土豆：11（19,4），31（1,1）	0.77	2.96	2.31
	杂粮→小红葱：11（19,15）			
27	杂粮→土豆：31（3,2），32（23,14），33（12,6）	3.40	0.00	0.15
	杂粮→小红葱：31（3,1）			
28	杂粮→小红葱：31（41,7），32（2,2）	0.00	0.00	1.39
29	杂粮→小红葱：31（10,3）	0.46	0.00	0.46
	杂粮→土豆：32（3,3）			
30	杂粮→土豆：11（6,6），12（10,10）	2.47	4.44	0.00
31	杂粮→土豆：11（8,8），12（4,3），21（6,6），22（5,5），31（9,9）32（5,5）	5.56	5.92	0.00
32	杂粮→土豆：11（13,13），12（2,2）	2.31	9.63	0.00
33	杂粮→土豆：12（1,1）	0.15	0.00	0.00
34	杂粮→小红葱：31（28,28），32（16,16），33（3,3）	0.00	0.00	7.25
35	杂粮→小红葱：11（1,1）	0.00	0.00	0.15

3. 杜家石沟镇官道山村种植户及其群体的种植意图

本书仅对不同群体中一个农户的种植意图进行分析，官道山村不同群体中农户个体种植意图分析结果见表 4.9。表中数字含义同表 4.5。通过对所有农户种植意图进行分析，可以得出农户的种植意图如下所示。

（1）玉米、果树保持不变。

（2）大部分杂粮和土豆相互轮作。

表 4.9　官道山村不同群体中农户个体种植意图表

农户序号	所属群体	2014 年土地利用状况	2015 年土地利用状况	种植意图
1	自给户	45111（3）	45111（3）	玉米保持不变
		45121（3）	45121（3）	

续表

农户序号	所属群体	2014年土地利用状况	2015年土地利用状况	种植意图
2	兼业户	57211（7）	57211（7）	①玉米保持不变；②部分土豆转化为杂粮
		57212（16）	57215（27）	
		57215（11）	57221（10）	
		57221（10）	57222（3）	
		57222（13）	57225（17）	
		57225（7）	57231（1）	
		57231（1）	57232（1）	
		57235（2）	57235（1）	
3	种植户	14112（42）	14114（7）	①果树保持不变；②杂粮与土豆轮作；③玉米保持不变
		14114（7）	14115（42）	
		14122（33）	14124（15）	
		14124（15）	14125（33）	
		14132（2）	14134（5）	
		14134（5）	14135（2）	
		14211（2）	14211（2）	
		14221（8）	14221（8）	
		14311（15）	14311（15）	
		14321（8）	14321（8）	

综上所述，官道山村的自给户、兼业户种植方式较为简单，种植户相对复杂。3 个农户在玉米和果树的种植上较为一致，但受政策的影响，种植户在转化方式和轮作数量上较为复杂。因此，需要对种植户群体的种植方式进一步总结和分析。

作为种植专业村，官道山村共有种植户 29 个，其种植意图有较大差异。为了进一步对该类群体的种植意图进行分析，依据式（4.6）和式（4.7），以及图 4.5 中土地利用决策多尺度转化机理，可对每一个种植户在群体中决策的影响进行分析。为了方便对比，对官道山村种植户在群体决策中的影响也以自然条件 11 下杂粮的轮作和转化为例，来确定该村杂粮轮作和转化的规则；其他土地利用规则采用相同方式进行确定。

从表 4.10 可以看出，种植户在不同自然条件下的轮作和转化有较大差异。对种植户群体而言，对杂粮轮作不变的群决策影响较大的 4 个农户分别是农户 11（34.41%）、农户 12（15.29%）、农户 1（12.85%）和农户 18（11.35%）。在不同自然条件下，农户与农户群体对第二年依然种植杂粮决策的影响也不尽相同，例如，对在自然条件类型 11 下杂粮不变影响最大的前 4 个农户分别是农户 11（39.91%）、农户 18（24.28%）、农户 12（9.05%）和农户 10（6.75%）。杂粮转化为土豆影响最大的 4 个农户分别为农户 5（37.90%）、农户 3（22.45%）、农户 13（12.24%）、

表 4.10 官道山村种植户对其群体杂粮轮作决策的影响表

农户	轮作与转化的类型与数量	杂粮→杂粮影响系数/%	11下影响系数/%	杂粮→土豆影响系数/%
1	杂粮→杂粮：11（43,43），12（49,49），13（3,3），21（5,5），22（3,3），31（119,119），32（134,134），33（13,13）	12.85	5.90	0.00
2	杂粮→土豆：11（22,22），12（6,6）	0.00	0.00	8.16
3	杂粮→土豆：11（42,42），12（33,33），13（2,2）	0.00	0.00	22.45
4	杂粮→杂粮：21（15,15），22（27,27），23（16,16），31（8,8），32（21,21）	0.03	0.00	0.00
5	杂粮→土豆：11（71,71），12（59,59）	0.00	0.00	37.90
6	杂粮→土豆：31（6,2），32（23,16），33（3,2）	0.00	0.00	5.83
7	杂粮→土豆：11（17,17），12（28,28） 杂粮→杂粮：13（1,1），21（13,13），22（5,5）	0.00	0.00	0.00
8	杂粮→杂粮：11（25,25），12（21,21） 杂粮→土豆：13（1,1）	1.60	3.43	29.15
9	杂粮→杂粮：31（64,64），32（59,59）	0.00	0.00	0.00
10	杂粮→杂粮：11（74,49），13（5,5），21（36,36），22（40,40） 杂粮→土豆：11（74,25）	4.53	6.72	7.29
11	杂粮→杂粮：11（291,291），12（164,164），13（21,21），21（242,242），22（233,233），23（18,18），31（6,6），32（13,13）	34.41	39.92	0.00
12	杂粮→杂粮：11（66,66），12（24,24），21（165,165），22（151,151），23（12,12），31（15,15），32（5,5），33（1,1）	15.29	9.05	0.00
13	杂粮→土豆：11（13,13），12（26,26），13（3,3）	0.00	0.00	12.24
14	杂粮→土豆：21（1,1），22（1,1），31（13,13），32（4,4），33（1,1）	0.00	0.00	5.83
15	杂粮→杂粮：21（7,7），22（5,5），31（21,21），32（26,26），33（1,1）	2.09	0.00	0.00
16	杂粮→杂粮：11（31,31），12（66,66），13（5,5）	3.55	4.25	0.00
17	杂粮→杂粮：31（8,8），32（8,8），33（1,1）	0.59	0.00	0.00
18	杂粮→杂粮：11（177,177），12（98,98），13（2,2），21（23,23），22（26,26）	11.35	24.28	0.00
19	杂粮→杂粮：11（47,47），12（125,125），13（11,11）	6.37	6.45	0.00
20	杂粮→杂粮：21（29,29），22（25,25），23（1,1），31（36,36），32（32,32），33（1,1）	4.32	0.00	0.00

农户 2（8.16%）。通过计算可知，杂粮第二年不变的像元数共计 2871 个，其中在自然条件类型 11、12、21 和 22 下轮作的数量较多，像元分别为 729 个、547 个、535 个和 515 个，占杂粮轮作总量的 25.39%、19.05%、18.63%和 17.94%。

由此，根据不同农户的影响大小，以及在不同自然条件下的轮作比例，确定官道山村轮作和转化的规则如下所示。

（1）玉米、小红葱、果树种植类型保持不变。

（2）受扶贫政策的影响，土豆在自然条件 11、12 下，下一年由土豆转化为果树；土豆在 21、31、22 条件下，下一年由土豆转化为杂粮；在不同于这 5 类自然条件下，下一年仍然种植土豆。

（3）杂粮在自然条件 11、32 的耕地上，下一年由杂粮转化为土豆；否则，种植类型保持不变。

（4）受政策和苹果发展总量的影响，荒地在任一条件下，第二年转化为果树。

4. 杜家石沟镇柳家圪村种植户及其群体的种植意图

本书仅对不同群体中一个农户的种植意图进行分析，见表 4.11。通过对所有农户种植意图的分析，可以得出农户的种植意图如下所示。

（1）玉米、果树种植类型保持不变。

（2）杂粮和土豆相互轮作较为复杂。这在种植户中表现得较为明显，尤其在不同的自然条件下。例如，在 11、12、23 等自然条件下，土豆轮作为杂粮，杂粮保留；在其他条件下，杂粮与土豆相互轮作。

表 4.11 柳家圪村不同群体中农户个体种植意图表

农户序号	所属群体	2014 年土地利用状况	2015 年土地利用状况	种植意图
1	自给户	04212（8）	04212（8）	土豆保持不变
		04222（25）	04222（25）	
2	兼业户	04232（5）	04232（5）	①玉米保持不变；②土豆转化为杂粮
		03311（3）	03311（3）	
		03312（7）	03315（9）	
		03315（2）	03321（8）	
		03321（8）	03325（37）	
		03322（29）	03331（5）	
		03325（8）	03335（8）	
		03331（5）		
		03332（7）		
		03335（1）		
3	种植户	01114（24）	01114（24）	①果树保持不变；②土豆转化为杂粮；③玉米保持不变；④部分杂粮转化为土豆
		01124（16）	01124（16）	
		01212（1）	01215（1）	
		01222（8）	01225（15）	

续表

农户序号	所属群体	2014 年土地利用状况	2015 年土地利用状况	种植意图
3	种植户	01225（7）	01235（6）	
		01232（3）	01311（31）	
		01235（3）	01312（1）	
		01311（31）	01321（38）	
		01315（1）	01322（1）	
		01321（38）	01325（2）	
		01322（2）	01331（1）	
		01325（1）		
		01331（1）		

综上分析，自给户、兼业户种植方式较为简单，种植户相对复杂。3 个农户在玉米和果树的种植上较为一致，但受政策的影响，种植户在转化方式和轮作数量上较为复杂。因此，需要对种植户群体的种植方式进一步的总结和分析。

作为生态旅游村，柳家圪村共有种植户 24 个，其种植意图有较大差异。为了对该类群体的种植意图进行分析，依据式（4.6）和式（4.7），以及图 4.5 中的土地利用决策多尺度转化机理，对每一个种植户在群体中决策的影响进行分析。为了方便对比，对柳家圪村种植户在群体决策中的影响以在自然条件 11 下杂粮的轮作和转化为例，分析柳家圪村杂粮轮作和转化的规则；其他土地利用规则采用相同方式进行确定。

从表 4.12 可以看出，种植户在不同自然条件下的轮作有较大差异。对种植户群体而言，杂粮轮作为土豆的群决策影响较大的 4 个农户分别是农户 14(36.99%)、农户 3（31.96%）、农户 15（14.61%）和 农户 2（10.05%）。对于不同自然条件下农户对杂粮向土豆轮作的影响，与农户对群体杂粮轮作决策的影响也不尽相同。在自然条件 11 下杂粮不变影响最大的 3 个农户分别是农户 7（50.00%）、农户 4（30.00%）和农户 12（20.00%）。杂粮不变影响最大的 4 个农户分别为农户 3（24.76%）、农户 13（17.14%）、农户 12（16.19%）和农户 11（11.11%）。通过计算可知，杂粮第二年不变的像元数为 315 个，其中在自然条件 22、31 和 32 下轮作的数量较多，分别为 56 个、55 个和 121 个，占杂粮轮作总量的 17.78%、17.46%和 38.41%。

因此，根据不同农户的影响大小，以及在不同自然条件下的轮作比例，可确定柳家圪村轮作与转化的规则如下所示。

（1）玉米、果树、荒地以及其他种植类型保持不变。

表 4.12 柳家圪村种植户对其群体杂粮轮作决策的影响表

农户	轮作与转化的类型与数量	杂粮→杂粮影响系数/%	11下影响系数/%	杂粮→土豆影响系数/%
1	杂粮→杂粮：22（7,7），23（3,3） 杂粮→土豆：31（1,1），32（1,1）	3.17	0.00	0.91
2	杂粮→土豆：11（12,12），12（7,7），22（3,3）	0.00	0.00	10.05
3	杂粮→土豆：21（33,33），22（35,35），23（2,2） 杂粮→杂粮：31（15,15），32（63,63）	24.76	0.00	31.96
4	杂粮→杂粮：11（6,6），12（1,1），21（10,10），22（3,3）	6.35	30.00	0.00
5	杂粮→杂粮：21（7,7），22（14,14）	6.67	0.00	0.00
6	杂粮→杂粮：21（15,15），22（4,4）	6.03	0.00	0.00
7	杂粮→杂粮：11（10,10），12（5,5）	4.76	50.00	0.00
8	杂粮→杂粮：31（5,5），32（7,7）	3.81	0.00	0.00
9	杂粮→杂粮：21（1,1），22（3,3）	0.00	0.00	0.00
10	杂粮→土豆：11（3,3），12（3,3）	0.00	0.00	2.74
11	杂粮→杂粮：21（18,18），22（15,15），23（2,2）	11.11	0.00	0.00
12	杂粮→杂粮：11（4,4），31（35,35），32（12,12） 杂粮→土豆：31（3,3），32（3,3）	16.19	20.00	2.74
13	杂粮→杂粮：21（5,5），22（8,8），23（1,1），32（39,39），33（1,1）	17.14	0.00	0.00
14	杂粮→土豆：21（26,21），22（52,52），32（8,8）	0.00	0.00	36.99
15	杂粮→土豆：22（32,32）	0.00	0.00	14.61

（2）土豆在自然条件 21、22、31、32 下，下一年转化为杂粮，否则不变；杂粮在自然条件 21、22、31、32 下，下一年转化为土豆，否则不变。

4.4.4 典型村庄 CA-BDI 模型模拟结果分析

1. 高渠乡高西沟村模拟结果分析

基于上述确定的模拟规则，以 2014 年为基年，分别对高西沟村 2015～2017 年 3 年的土地利用情况进行模拟，并进行检验和验证。

从图 4.11 可以看出，2015 年模拟结果中，小红葱和其他作物的模拟准确率较低，玉米、土豆、杂粮和果树的模拟准确率均超过 80%；由于小红葱和其他作物在高西沟村种植面积较少，基于 NetLogo 的 CA-BDI 模型的整体模拟准确率为87%；杂粮在所有失误中占的比例最大，约为 39%，其次为玉米 22% 和土豆 20%。

结合 ArcGIS 软件对失误杂粮的权属进行分析，发现杂粮失误的主要原因是一个种植户的轮作方式与本书确定的轮作方式不同造成的，该农户杂粮在 2015 年没有转化为土豆，而是继续种植杂粮。

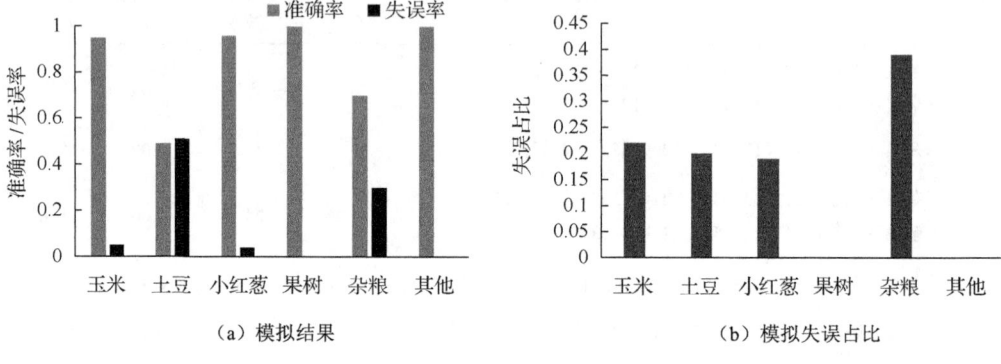

(a) 模拟结果　　　　　　　　　　(b) 模拟失误占比

图 4.11　2015 年高西沟村模拟失误图

图 4.12 为基于 NetLogo 模拟 2015 年高西沟村土地利用及其失误分布。从图中可以看出，失误分布大多较为零散，在研究区的北部有两个失误较为集中的区域。结合 ArcGIS 软件对失误杂粮的权属分析，杂粮失误主要是农户轮作方式与本书确定的轮作规则不同造成的。鉴于模拟的整体效果较好，说明本书确定的各类作物的转化规则在高西沟村较为普遍。

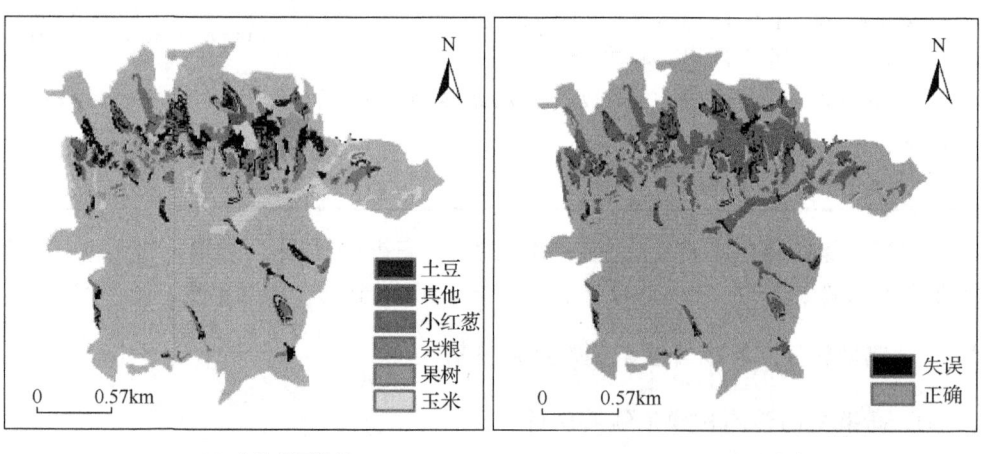

(a) 土地利用模拟　　　　　　　　(b) 失误分布

图 4.12　基于 NetLogo 模拟 2015 年高西沟村土地利用及其失误分布

由表 4.13 可知，2016 年模拟准确率为 85.33%，各种作物模拟的准确率较高，由高到低依次为果树、杂粮、土豆、其他、玉米和小红葱；对各种作物而言，失误占比较大的作物依次为玉米、土豆、小红葱、杂粮、果树和其他；CA-BDI 模型对高西沟村 2016 年的模拟效果较好。

表 4.13　2016 年、2017 年高西沟村的模拟结果

年份	指标	玉米	土豆	小红葱	果树	杂粮	其他
2016	失误率	0.23	0.13	0.28	0.05	0.05	0.14
	准确率	0.77	0.87	0.72	0.95	0.95	0.86
	失误占比	0.39	0.26	0.20	0.02	0.14	0.00
2017	失误率	0.18	0.52	0.40	0.43	0.55	0.71
	准确率	0.82	0.48	0.60	0.57	0.45	0.29
	失误占比	0.11	0.15	0.12	0.32	0.19	0.12

模型对 2017 年的预测效果较差，整体的准确率为 59%，除了玉米的模拟准确率大于 80%，其余各种作物的准确率均在 60%及以下。产生这个结果的主要原因有：一是高西沟村种植户轮作的规则与本书确定的规则不同；二是高西沟村部分农户扩大了果树种植，与本书确定的果树不变的规则不同，这是造成果树及其他作物模拟准确率低的主要原因。

2. 高渠乡刘渠村模拟结果分析

基于上述确定的刘渠村模拟规则，以 2014 年为基年，对刘渠村 2015～2017 年的土地利用情况进行模拟，并进行检验和验证。

图 4.13 为 2015～2017 年刘渠村模拟失误图。2015 年模拟失误主要集中在土豆和果树的模拟上，2016 年和 2017 年模拟失误主要集中在小红葱和杂粮的模拟上。

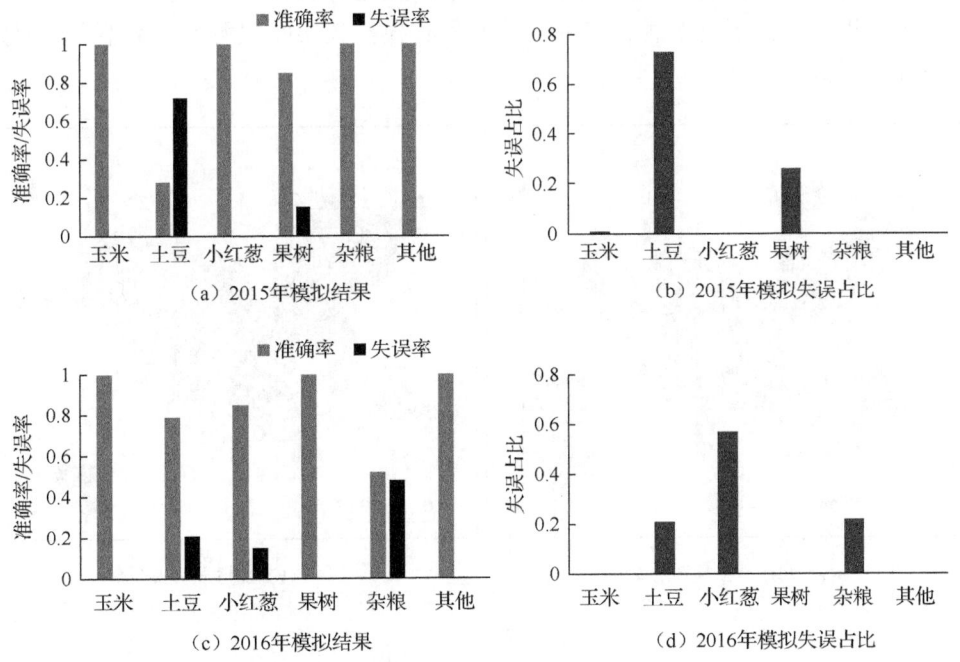

（a）2015年模拟结果　　（b）2015年模拟失误占比

（c）2016年模拟结果　　（d）2016年模拟失误占比

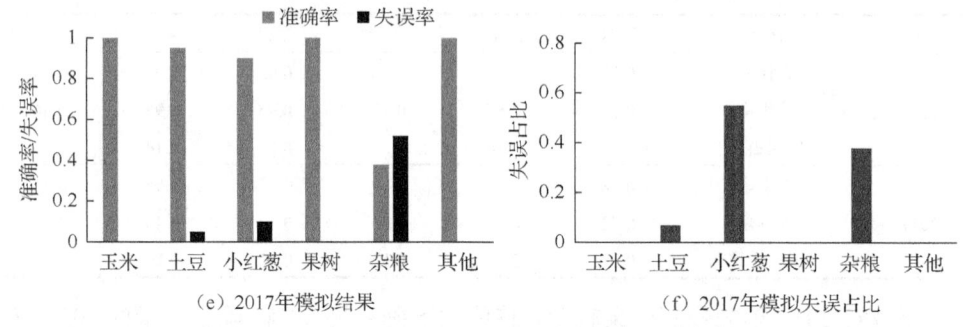

(e) 2017年模拟结果　　　　　　(f) 2017年模拟失误占比

图 4.13　2015～2017 年刘渠村模拟失误图

造成失误的原因主要是部分农户的轮作并未采用杂粮→土豆，而是杂粮→杂粮→土豆。3年整体的准确率分别为 83.6%、79.2% 和 84.2%。从3年整体模拟结果看，模拟效果较好，本书所设定的轮作和转化规则较为适宜。

图 4.14 为基于 NetLogo 模拟 2015～2017 年刘渠村土地利用及其失误分布。整体而言，模拟失误在空间上分布较为分散。以失误率较高的 2016 年为例，失误主要集中在刘渠村的中南部。结合 ArcGIS 软件，通过对耕地权属的分析，中南部的失误主要是由于种植大户的轮作规则与本书设定的规则不同造成的。这些种植户采用两年轮作制，即杂粮→杂粮→土豆的轮作方式；同时也有部分种植户将杂粮与土豆一并转化为小红葱，而并非本书所设定的杂粮→小红葱。尽管存在部分模拟失误，但由于这些种植户的耕地面积和模拟失误面积所占比例不大，研究区整体模拟效果较好。

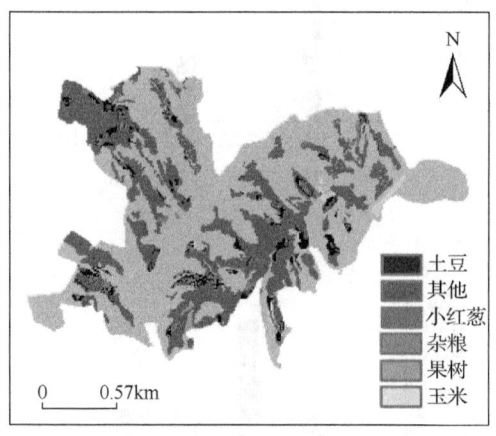
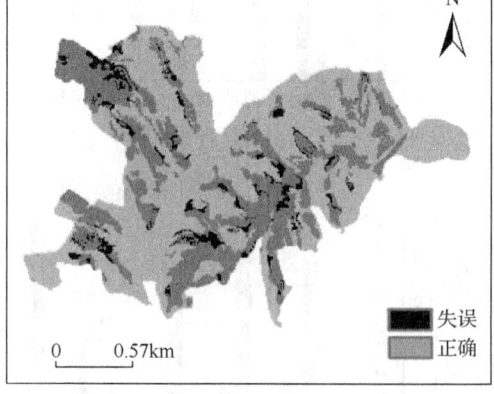

(a) 2015 年土地利用模拟　　　　　　(b) 2015 年失误分布

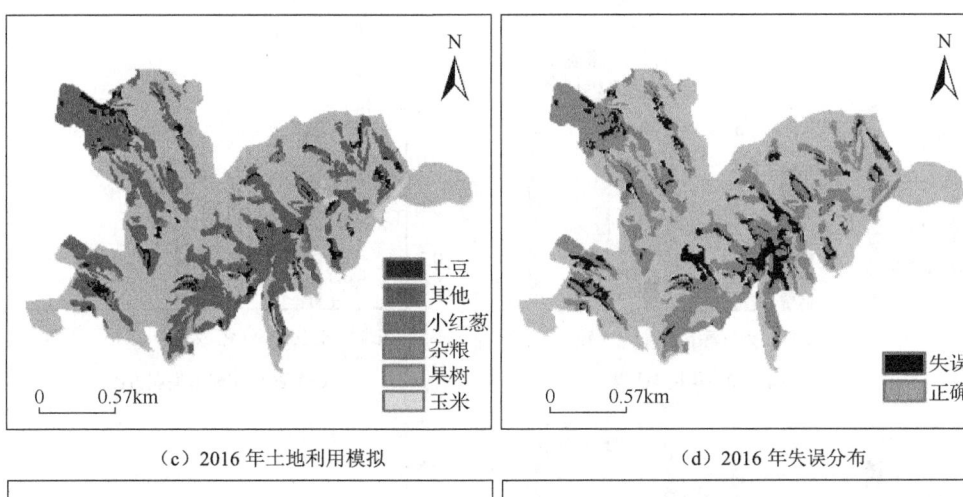

(c) 2016 年土地利用模拟　　　　　　(d) 2016 年失误分布

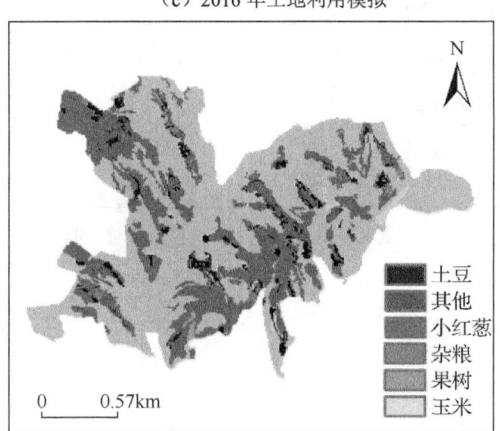
(e) 2017 年土地利用模拟

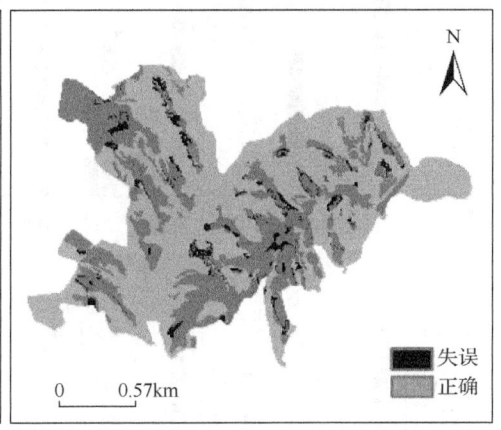
(f) 2017 年失误分布

图 4.14　基于 Net Logo 模拟 2015～2017 年刘渠村土地利用及其失误分布

3. 杜家石沟镇官道山村模拟结果分析

以 2014 年为基年，分别对 2015～2017 年官道山村的土地利用情况进行模拟，并进行检验和验证。

图 4.15 为 2015～2017 年官道山村模拟失误图。2015 年模拟失误主要集中在土豆和果树的模拟上，2016 年和 2017 年模拟失误均主要集中在土豆和杂粮上。造成失误的原因主要是部分农户的轮作不是采用杂粮→土豆规则，而是土豆→土豆。3 年整体的准确率分别为 83.6%、80.4%和 79.5%。从 2016 年到 2017 年，官道山村首次出现了撂荒地，前期设置的规则中没有涉及其他作物转化为荒地。依据实际调研发现，撂荒是农户家庭的偶然事件，由于模拟中涉及的农户是种植大户，因此影响到最终的模拟准确率。但从 3 年整体模拟结果看，模拟效果较好。因此，确定本书所设定的轮作和转化规则较为适宜。

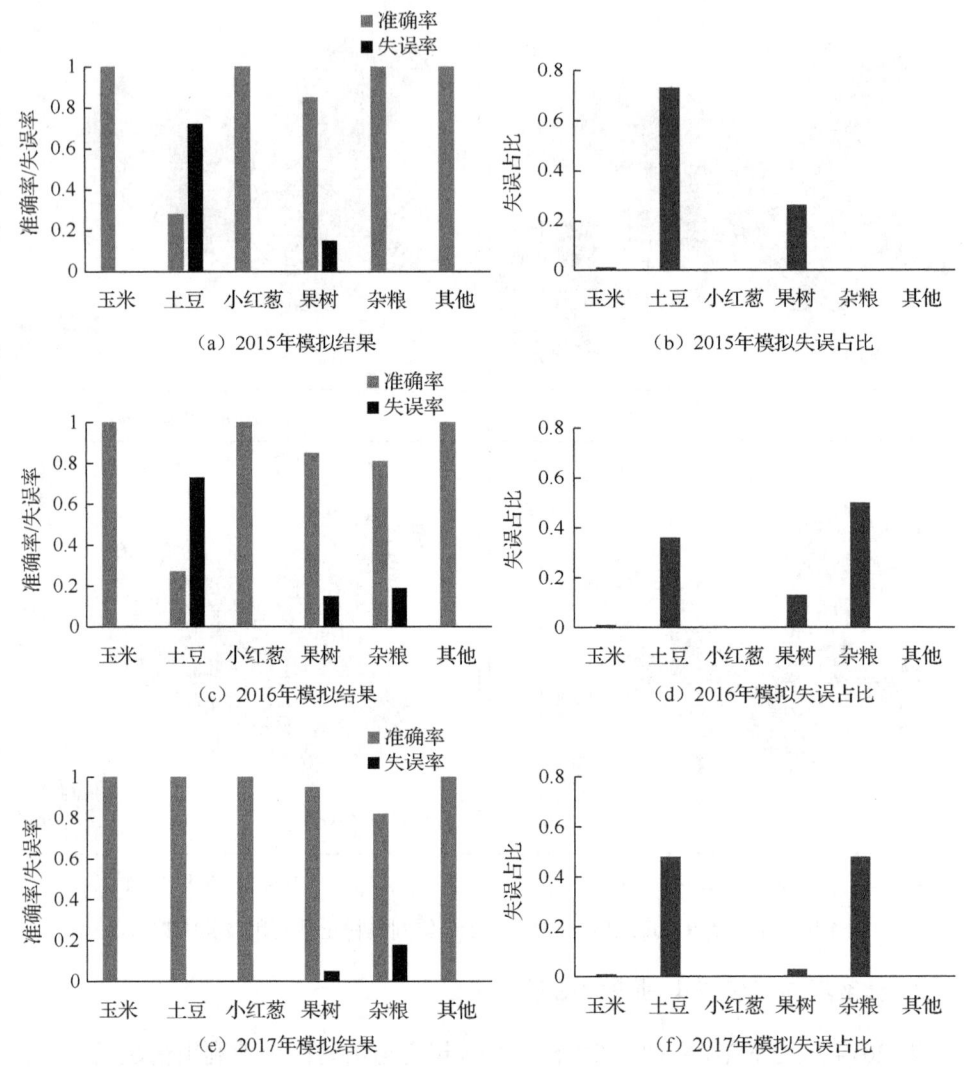

图 4.15　2015~2017 年官道山村模拟失误图

图 4.16 为基于 NetLogo 模拟 2015~2017 年官道山村土地利用及其失误分布。整体而言，失误在空间的分布较为分散。以失误率较高的 2017 年为例，失误主要集中在研究区的北部和东南部。结合 ArcGIS 软件对耕地权属的分析，在东南部的失误主要是种植大户在 2017 年撂荒造成的。同时，有些种植户采用两年的轮作制，即杂粮→杂粮→土豆的轮作方式；也有部分种植户将杂粮与土豆相互转化，而并非本书所设定的在单一年份采用杂粮→土豆。尽管存在这些模拟失误，但与整体耕地面积相比，模拟失误的面积所占的比例不大，研究区整体模拟效果较好。

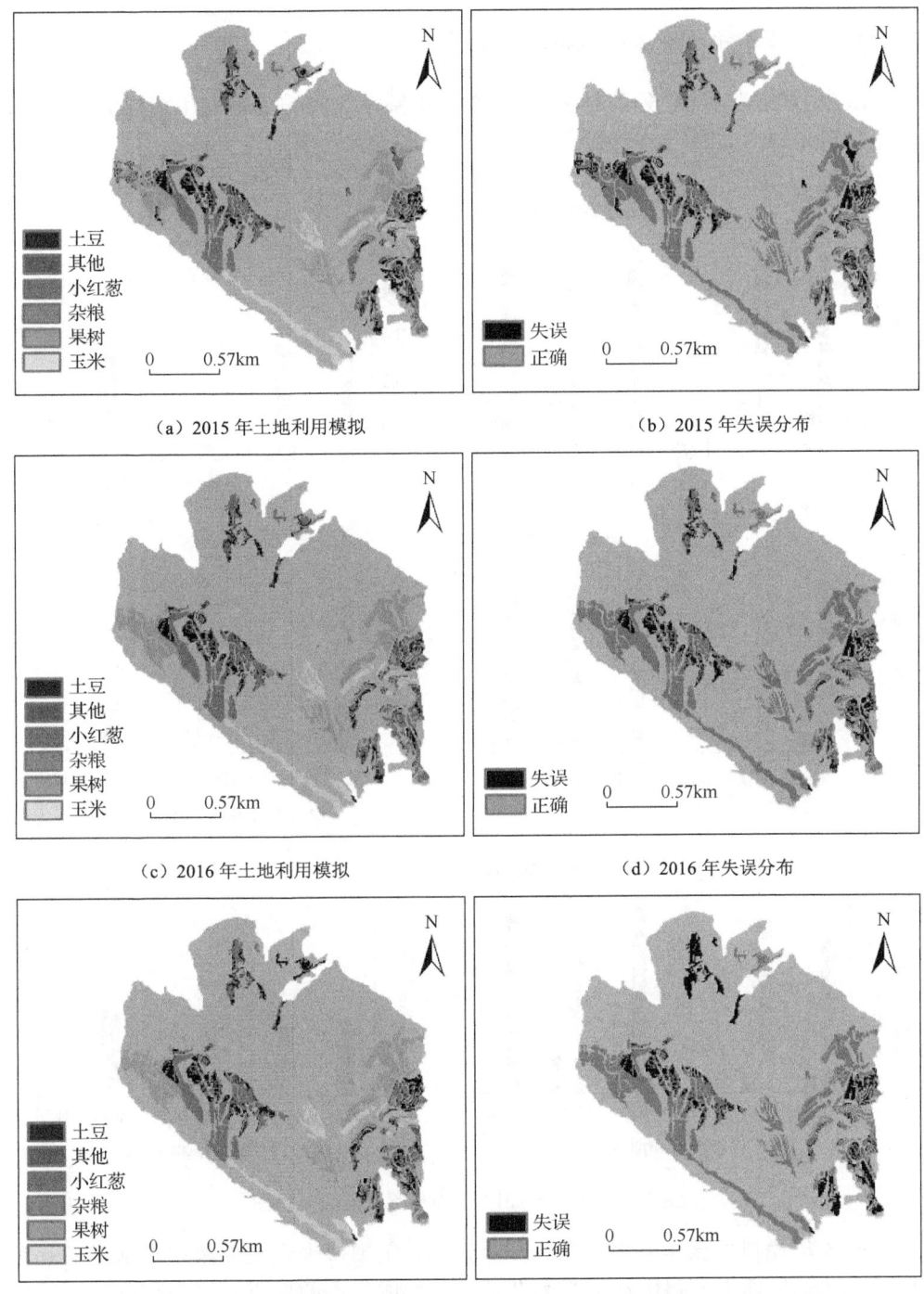

(a) 2015 年土地利用模拟　　　　　　　　(b) 2015 年失误分布

(c) 2016 年土地利用模拟　　　　　　　　(d) 2016 年失误分布

(e) 2017 年土地利用模拟　　　　　　　　(f) 2017 年失误分布

图 4.16　基于 NetLogo 模拟 2015～2017 年官道山村土地利用及其失误分布

4. 杜家石沟镇柳家圪村模拟结果分析

以 2014 年为基年,分别对 2015～2017 年柳家圪村的土地利用情况进行模拟,结果见图 4.17,并进行检验和验证。

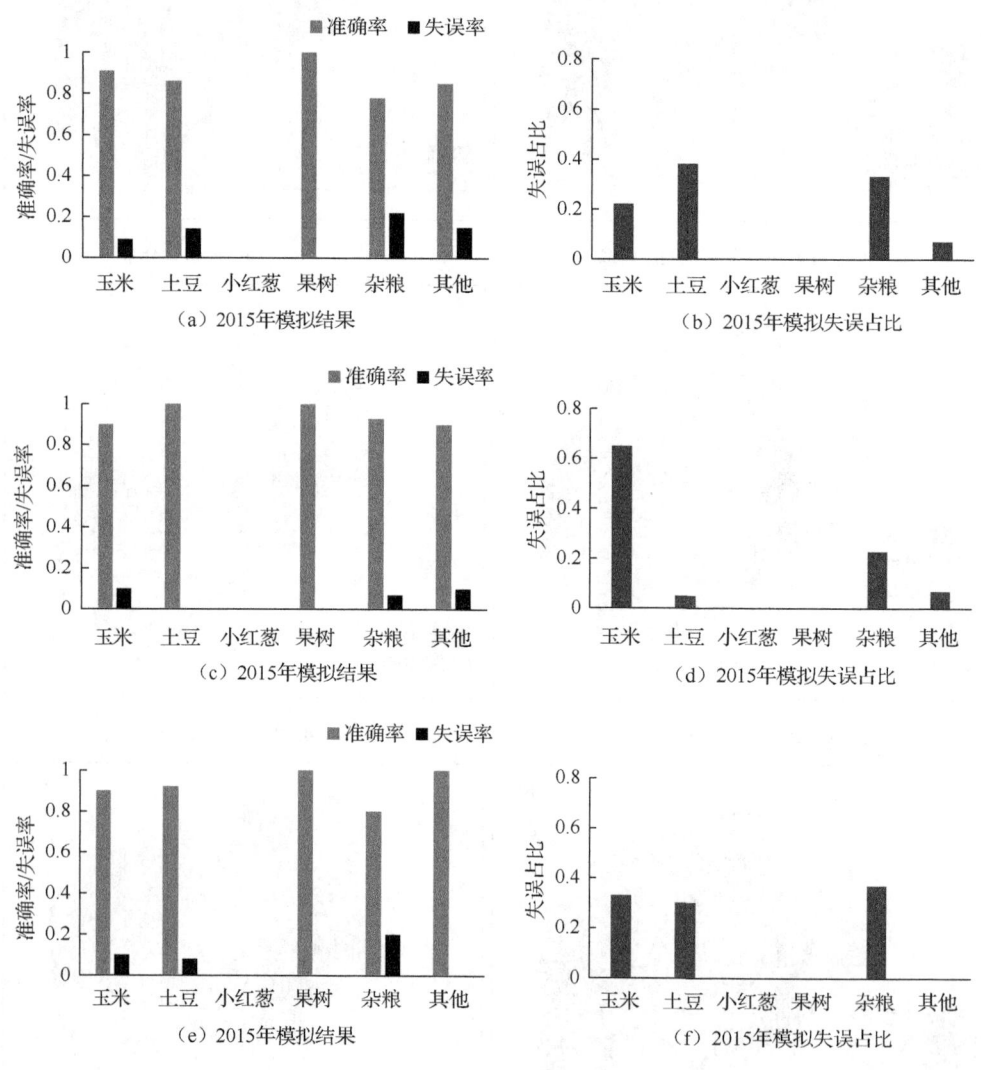

图 4.17　2015～2017 年柳家圪村模拟失误图

2015 年模拟失误主要集中在土豆上,2016 年模拟失误主要集中在玉米和杂粮上,2017 年失误主要集中在玉米和杂粮上。造成失误的原因主要是部分农户种植的玉米参与轮作。2015～2017 年模拟的准确率分别为 81.5%、81.5%和 81.9%。从

3年整体模拟结果看,模拟效果较好。因此,本书所设定的轮作和转化规则较为适宜。

图 4.18 为基于 NetLogo 模拟 2015~2017 年柳家圪村土地利用及其失误分布。整体而言,失误在空间的分布较为分散。以失误率较高的 2016 年为例,失误主要集中在研究区的东北部;结合 ArcGIS 软件,通过对耕地权属的分析,东北部的失误主要是因种植大户玉米参与轮作造成的。同时,有些种植户采用两年的轮作制,即杂粮→杂粮→土豆的轮作方式;也有部分种植户杂粮与土豆相互转化。尽管存在这些模拟失误,但与整体耕地面积相比,模拟失误的面积所占的比例不大,研究区整体模拟效果较好。

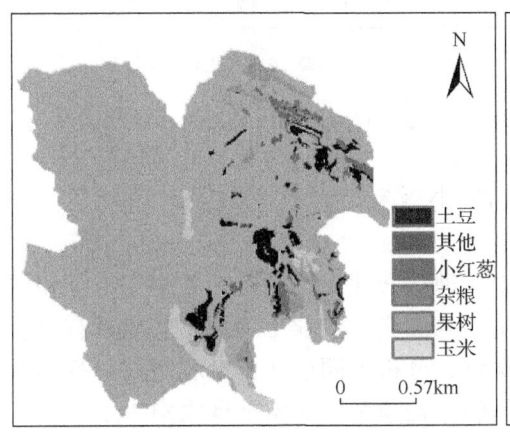

(a) 2015 年土地利用模拟　　　　　　(b) 2015 年失误分布

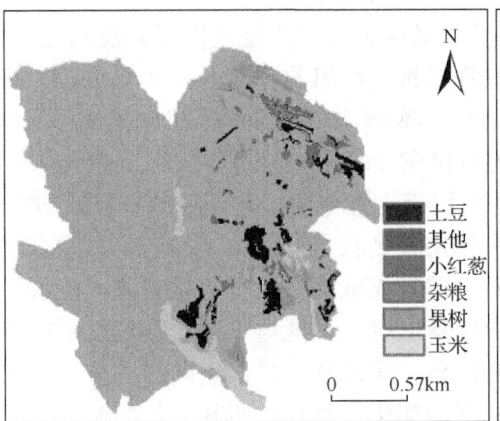

(c) 2016 年土地利用模拟　　　　　　(d) 2016 年失误分布

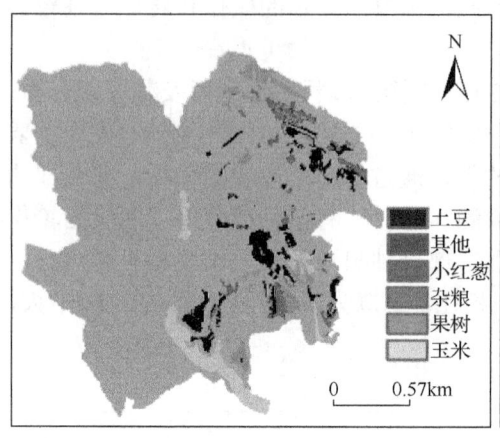
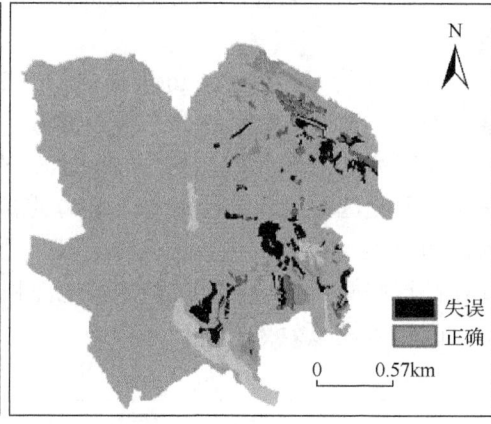

(e) 2017 年土地利用模拟　　　　　　　(f) 2017 年失误分布

图 4.18　基于 NetLogo 模拟 2015~2017 年柳家圪村土地利用及其失误分布

4.5　本章小结

探讨微观主体行为及其变化，是认识和理解宏观土地利用功能演变特征和过程的基础和前提，对于引导农户土地利用行为和优化农业土地利用功能具有重要的理论与现实意义。为从微观视角入手探讨和分析不同层次土地利用主体行为及其变化，本章重点回答了两个问题：一是能否构建可以真实展现农户土地利用行为及其变化的微观主体决策模型？二是能否实现从农户个体到村庄整体的多尺度变化？通过对以上两个问题的阐述和分析，本章总结如下所示。

（1）CA-BDI 农户有限理性决策模型可有效模拟农户土地利用行为及其变化。在增加潜在能力指数和能力指数、分析农户间相互作用的基础上，基于 ODD 构建 CA-BDI 农户有限理性决策模型。除 2017 年高西沟村的预测准确率偏低外，该模型模拟研究区两个典型乡镇的 4 个典型村庄 2015~2017 年的准确率均大于 79%，说明运用该模型对研究区农户土地利用行为进行模拟是可行的和有效的。

（2）基于差异权重方法实现从农户个体决策到农户群体决策的转化。综合考虑农户数量和其拥有土地面积的大小，基于差异权重的多尺度转化方法，能够较为有效地展现不同类型农户对群体决策的定量影响，且能够将定量影响展示在空间上。从农户个体决策到农户群体决策的转化，实现从农户地块向村庄整体空间的转化。这种转化不仅可揭示村庄土地利用的变化，且可阐明其变化的微观驱动机制。

（3）NetLogo 模拟平台可真实展现不同尺度农户土地利用行为及其变化，是直观再现宏观土地利用变化及其微观驱动机制的模拟平台。

本章的研究主要集中在村庄尺度，如何将村庄尺度的土地利用决策上升到乡镇尺度，探讨和分析不同村庄土地利用决策对乡镇整体土地利用变化的影响，就成为揭示区域土地利用功能变化微观驱动机制的又一关键所在。第 5 章将针对该关键问题进行研究。

参 考 文 献

曹毅, 张明智, 傅凝, 等, 2008. 基于 SWARM 的虚拟社会经济系统建模与仿真[J]. 计算机仿真, 25(5): 240-243.
柴彦威, 2005. 行为地理学研究的方法论问题[J]. 地域研究与开发, 24(2): 1-5.
柴彦威, 谭一洺, 申悦, 等, 2017. 空间—行为互动理论构建的基本思路[J]. 地理研究, 36(10): 1959-1970.
陈海, 梁小英, 王国义, 等, 2014. 基于过程的农户土地利用行为模型的设计与模拟研究[J]. 自然资源学报, 29(6): 1076-1089.
陈海, 王涛, 梁小英, 等, 2009. 基于 MAS 的农户土地利用模型构建与模拟——以陕西省米脂县孟岔村为例[J]. 地理学报, 64 (12): 1448-1456.
陈海, 杨维鸽, 梁小英, 等, 2010. 基于 Multi-Agent System 的多尺度土地利变化模型的构建及模拟[J]. 地理研究, 29(8): 1519-1527.
郝成民, 刘湘伟, 郭世杰, 等, 2007. Repast: 基于 Agent 建模仿真的可扩展平台[J]. 计算机仿真, 24(11): 285-288.
黎夏, 叶嘉安, 刘小平, 等, 2007. 地理模拟系统:元胞自动机与多智能体[M]. 北京: 科学出版社.
梁小英, 顾铮鸣, 雷敏, 等, 2014. 土地利用功能与土地利用表征土地系统和景观格局的差异研究——以陕西省蓝田县为例[J]. 自然资源学报, 29(7): 1127-1135.
梁小英, 温馨, 刘康, 2016. 生态脆弱区农户农药防护行为影响因素研究——以陕西省米脂县为例[J]. 西北大学学报(自然科学版), 46(4): 585-590.
刘超, 许月卿, 孙丕苓, 等, 2016. 土地利用多功能性研究进展与展望[J]. 地理科学进展, 35(9): 1087-1099.
毛南赵, 梁小英, 段宁, 等, 2018. 基于 ODD 框架的农户有限理性决策模型的构建及模拟——以陕西省米脂县马蹄洼村为例[J]. 中国农业资源与区划, 39(5): 164-171, 218.
彭建, 刘志聪, 刘焱序, 2014. 农业多功能性评价研究进展[J]. 中国农业资源与区划, 35(6): 1-8.
宋世雄, 梁小英, 梅亚军, 等, 2016. 基于 CBDI 的农户耕地撂荒行为模型构建及模拟研究——以陕西省米脂县冯阳洼村为例[J]. 自然资源学报, 31(11): 1926-1937.
唐华俊, 吴文斌, 杨鹏, 等, 2009. 土地利用/土地覆被变化(LUCC)模型研究进展[J]. 地理学报, 64(4): 456-468.
田光进, 邬建国, 2008. 基于智能体模型的土地利用动态模拟研究进展[J]. 生态学报, 28(9): 4451-4459.
王艳妮, 陈海, 宋世雄, 等, 2016. 基于 CR-BDI 模型的农户作物种植行为模拟——以陕西省米脂县姜兴庄为例[J]. 地理科学进展, 35(10): 1258-1268.
肖荣波, 欧阳志云, 王效科, 等, 2005. 中国西南地区石漠化敏感性评价及其空间分析[J]. 生态学杂志, 1(5): 551-554.
余强毅, 吴文斌, 唐华俊, 等, 2011. 复杂系统理论与 Agent 模型在土地变化科学中的研究进展[J]. 地理学报, 66(11): 1518-1530.
翟瑞雪, 戴尔阜, 2017. 基于主体模型的人地系统复杂性研究[J]. 地理研究, 36(10):1925-1935.
张小林, 盛明, 2002. 中国乡村地理学研究的重新定向[J]. 人文地理, 17 (1): 81-84.
钟太洋, 黄贤金, 2007. 农户层面土地利用变化研究综述[J]. 自然资源学报, 22(3): 341-352.
CHEN H, LÓPEZ-CARR D, TAN Y, et al., 2016. China's Grain for Green policy and farm dynamics: Simulating household land-use responses[J]. Regional Environmental Change, 16(4): 1147-1159.

FEOLA G, BINDER C R, 2010. Identifying and investigating pesticide application types to promote a more sustainable pesticide use: The case of smallholders in Boyacá, Colombia[J]. Crop Protection, 29(6): 612-622.

GRIMM V, BERGER U, BASTIANSEN F, et al., 2006. A standard protocol for describing individual-based and agent-based models[J]. Ecological Modelling, 198(1): 115-126.

GRIMM V, RAILSBACK S F, 2005. Individual-based Modeling and Ecology: Princeton Series in Theoretical and Computational Biology[M]. Princeton: Princeton University Press.

HUIGEN M A, 2004. First principles of the MameLuke multi-actor modeling framework for land use change, illustrated with a Philippine case study[J]. Journal of Environmental Management, 72: 5-21.

LI A, 2012. Modeling human decisions in coupled human and natural systems: Review of agent-based models[J]. Ecological Modelling, 229 (4): 25-36.

LIANG X Y, CHEN H, WANY Y N, et al., 2016. Design and application of a CA-BDI model to determine farmers' land-use behavior[J]. SpringerPlus, 5(1): 1581.

LIGTENBERG A, BREGT A K, LAMMEREN R A, 2001. Multi-actor-based land use modeling: Spatial planning using agents[J]. Landscape and Urban Planning, 56(1-2): 21-33.

RAILSBACK S F, 2001. Concepts from complex adaptive systems as a framework for individual-based modelling[J]. Ecological Modelling, 139(1): 47-62.

REENBERG A, 2014. Global land science: From land use analysis to land system analysis[C]. Berlin: 2nd GLP Open Science Meeting.

VERBURG P H, EICKHOUT B, MEIJL H V, 2008. A multi-scale, multi-model approach for analyzing the future dynamics of European land use[J]. Annals of Regional Science, 42(1): 57-77.

WILENSKY U, RAND W, 2015. An Introduction: Agent-Based Modeling[M]. Cambridge: The MIT Press.

第5章 CA-BDI+CLUE-S 耦合模型的构建与模拟

第4章利用农户土地利用行为模拟模型,通过差异权重多尺度转化方法,在农户土地利用行为与村庄整体土地利用变化间建立定量关系。这为分析更大尺度土地利用变化与农户个体行为间的关系奠定了良好的基础,也为探讨和分析农户土地利用行为变化对乡镇土地利用功能影响的研究积累了宝贵的经验。因此,在第4章研究的基础上,进一步分析土地利用决策从村庄尺度上升到乡镇尺度的转化机理,借鉴土地利用变化研究中多模型耦合的方式与方法,探讨 CA-BDI 模型与 CLUE-S 模型的耦合机理,构建 CA-BDI+CLUE-S 耦合模型,模拟农户土地利用对乡镇土地利用变化的影响。为此,本章拟解决如下两个问题:

(1) 如何实现土地利用决策从村庄尺度向乡镇尺度的转化?
(2) 如何实现 CA-BDI 模型与 CLUE-S 模型的耦合?

为了解决第一个问题,本章首先给出村庄类型划分的方法和流程,然后再给出从村庄土地利用决策到乡镇土地利用决策的转化机理,系统总结不同村庄类型土地利用转化规则;在此基础上,探讨 CA-BDI 模型与 CLUE-S 模型的耦合机理,构建 CA-BDI+CLUE-S 耦合模型。为证明 CA-BDI+CLUE-S 耦合模型的有效性,本章进一步对比分析典型村庄法、村庄类型法、CA-BDI+CLUE-S 耦合模型等方法的优劣,找出适宜于研究区尺度转化的方法,为探讨农户土地利用行为对土地利用功能的影响奠定理论和方法基础。

5.1 村庄尺度向乡镇尺度的转化方法与数据准备

5.1.1 村庄类型划分法与决策转化方法

1. 村庄类型划分法

通过第4章对研究区典型乡镇不同村庄土地利用变化的分析可知,土地利用转化规则的确定是模拟效果好坏的关键因素之一。不同村庄的农户有不同的土地利用转化规则,通过对村庄类型的划分,在有效减少工作量的同时,也为提高模拟效果打下坚实基础(陈海等,2010;Bakker et al.,2009;Valbuena et al.,2008)。

依据实际的调研数据和研究团队前期在该区域的阶段性研究成果(宋世雄等,

2016；王艳妮等，2016），分别对米脂县两个典型乡镇的 62 个村庄进行类型划分。村庄类型的划分主要采用以下原则：①主导产业类似原则，为准确把握村庄未来土地利用变化提供前提；②村庄主体农户类型相似原则，为找到合理的模拟村庄土地利用变化规则奠定基础；③适当调整原则，利用实际调研数据，对部分村庄的类型进行适当调整。图 5.1 为通过村庄类型划分实现村庄尺度到乡镇尺度转化的流程。

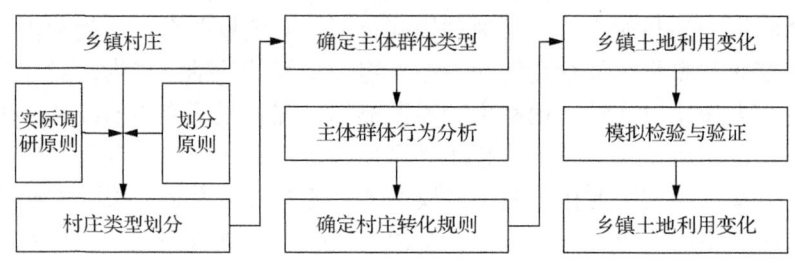

图 5.1 村庄类型划分的尺度转化流程

采用村庄类型划分实现村庄尺度到乡镇尺度转化的流程如图 5.1 所示。从图中可以看出，在实际调研的基础上，依据划分原则分别对两个典型乡镇的 62 个村庄进行类型划分；在此基础上分析不同类型典型村庄主体农户群体土地利用行为，确定不同类型村庄土地利用的转化规则，基于 NetLogo 模拟平台，模拟研究区典型乡镇的土地利用变化，并通过模拟结果的检验和验证；最后，基于群体行为与土地利用功能指标间的定量关联，探讨村庄土地利用变化对乡镇土地利用功能的影响。

2. 从村庄到乡镇尺度的决策转化方法

采用与农户个体决策到农户群体决策类似的转化方法，图 5.2 为村庄到乡镇土地利用决策尺度转化机理图。从图中看出，村庄对村庄类型决策的影响通过其决策影响系数 w_i 表示（$i=1,\cdots,n$，n 为村庄数量），村庄类型对乡镇整体决策影响通过其决策影响系数 W_j 表示（$j=1,\cdots,m$，m 为村庄类型数量）。村庄类型和村庄决策影响系数分别作为村庄类型间和村庄间相互作用的系数，由此实现从村庄土地利用决策到乡镇整体决策的转化，且将不同尺度的主体与不同尺度的土地利用空间相联系。因此，借助实际调研的农户权属数据和 NetLogo 模拟平台，即可实现定量且空间显现表征从村庄到村庄类型再到乡镇的决策。

本书采用差异权重法进行不同尺度决策的转化。由于村庄自然条件、社会经济条件均有较大差异，对乡镇整体土地利用决策采用差异权重比简单的平均分配权重更接近实际情况。差异权重计算式表达如下

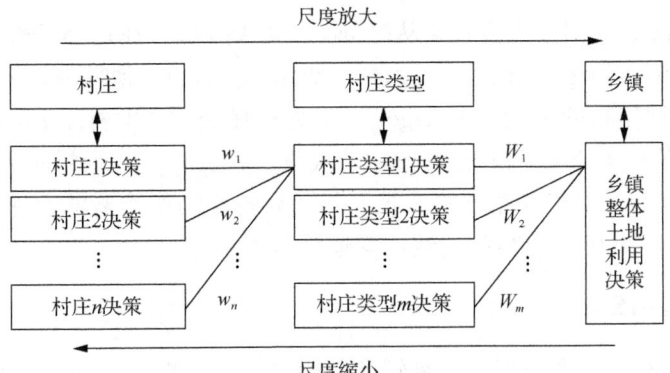

图 5.2 村庄到乡镇土地利用决策多尺度转化机理

$$W_{ijzk(t,t+1)} = \frac{\text{Area}_{\text{Intention}_{ijzk(t,t+1)}}}{\sum_{j=1}^{n}\sum_{i=1}^{m}\text{Area}_{\text{Intention}_{ijzk(t,t+1)}}} \quad (5.1)$$

式中，$W_{ijzk(t,t+1)}$ 为乡镇 j 中村庄类型 i 从时刻 t 到时刻 $t+1$，在自然条件 z 下第 k 种土地利用方式的决策对乡镇决策的影响权重；$\text{Area}_{\text{Intention}_{ijzk(t,t+1)}}$ 为乡镇 j 中村庄类型 i 从时刻 t 到时刻 $t+1$，在自然条件 z 下第 k 种作物的转化（或轮作）面积；n、m 分别为乡镇、村庄类型数量。

村庄对村庄类型决策的影响采用如下计算式

$$w_{ijzk(t,t+1)} = \frac{\text{Area}_{\text{Intention}_{ijzk(t,t+1)}}}{\sum_{j=1}^{m}\sum_{i=1}^{n}\text{Area}_{\text{Intention}_{ijzk(t,t+1)}}} \quad (5.2)$$

式中，$w_{ijzk(t,t+1)}$ 为村庄类型 j 中村庄 i 从时刻 t 到时刻 $t+1$，在自然条件 z 下第 k 种土地利用方式的决策对村庄类型 i 决策的影响权重；$\text{Area}_{\text{Intention}_{ijzk(t,t+1)}}$ 为村庄类型 j 中村庄 i 从时刻 t 到时刻 $t+1$，在自然条件 z 下第 k 种作物的转化（或轮作）面积；n、m 分别为村庄、村庄类型数量。

利用式（5.1）和式（5.2）计算影响系数的基础上，可得出村庄类型和乡镇在自然条件 z 下转化第 k 种作物的决策，计算式表达如下

$$\text{Community}_{ijzk(t,t+1)} = \sum_{i=1}^{2}\text{Village\_type}_{ijzkt(t,t+1)} \times W_{ijzk(t,t+1)} \quad (5.3)$$

$$\text{Village\_type}_{ijzk(t,t+1)} = \sum_{i=1}^{n}\text{Village}_{ijzk(t,t+1)} \times w_{ijzk(t,t+1)} \quad (5.4)$$

$$\text{Village}_{ijzk(t,t+1)} = \frac{n_{ijz(k_s-k_l)(t,t+1)}}{\sum_{s=1}^{l}n_{ijz(k_s-k_l)(t,t+1)}} \quad (5.5)$$

式中，$Community_{ijzk(t,t+1)}$ 为乡镇 i 从时刻 t 到时刻 $t+1$，在自然条件 z 下转化第 k 种作物的决策；$Village\_type_{ijzk(t,t+1)}$ 为村庄类型 j 从时刻 t 到时刻 $t+1$，在自然条件 z 下转化第 k 种作物的决策；$Village_{ijzk(t,t+1)}$ 为村庄类型 j 中村庄 i 从时刻 t 到时刻 $t+1$，在自然条件 z 下转化第 k 种作物的决策；$n_{ijz(k_s-k_l)(t,t+1)}$ 为村庄类型 j 中村庄 i 从时刻 t 到时刻 $t+1$，在自然条件 z 下从作物 k_s 转化为作物 k_l 的数量；s、l 为玉米、土豆、小红葱、果树、杂粮和其他；其他参数同上。

5.1.2 多模型耦合法

诸多研究表明，耦合模型具有较高的解释力，能够反映出不同尺度土地利用变化过程和决策转化机理（郭洪伟等，2016；吴佩君等，2016；张达等，2014；郭欢欢等，2011；Kok et al.，2007）。

CLUE-S 模型是 Verburg 等（2008）在 CLUE 模型基础上发展出来的适用于小尺度的经验统计模型，我国诸多学者利用该模型对不同区域土地利用变化进行研究（何春阳等，2005；摆万奇等，2004；段增强等，2004；张永民等，2003）。本书耦合易于表征宏观土地利用变化的 CLUE-S 模型（蔡玉梅等，2004；Verburg et al.，2002）和能有效表征微观农户土地利用行为的 CA-BDI 模型，实现从村庄尺度到乡镇尺度的转化；再依据基于农户群体土地利用行为与土地利用功能指标间的定量关联，探讨乡镇土地利用功能的变化。

图 5.3 是 CLUE-S 模型和 CA-BDI 模型的耦合机理图。CLUE-S 模型的空间分配模块是展现农户土地利用行为宏观影响的关键，它通过多次迭代，依据总概率的大小对土地利用需求进行空间分配的过程（张津等，2014；吴健生等，2012；王丽艳等，2010）。本书从两个方面实现 CA-BDI 模型与 CLUE-S 模型的耦合：一是结合 CA-BDI 模型的模拟结果和实际调研数据，得出研究区主要作物种植面积作为研究区的土地需求；二是通过 CA-BDI 模型对典型样区的模拟，系统总结农户、村庄、不同类型村庄等不同尺度的土地利用转化规则，得出不同作物间的转移弹性系数；由此实现 CA-BDI 模型与 CLUE-S 模型的耦合。

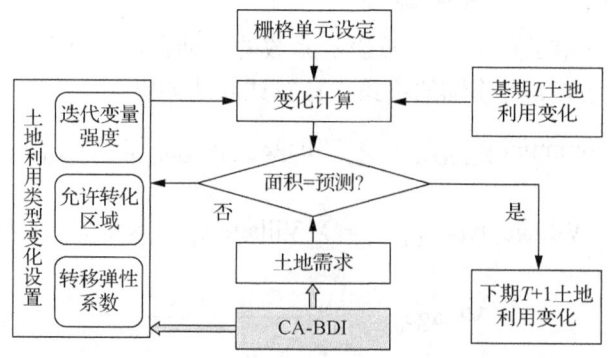

图 5.3　CA-BDI 与 CLUE-S 模型的耦合机理

5.1.3 数据准备

数据准备主要包括村庄类型划分和 CLUE-S 模型两个方面。

1. 村庄类型划分的数据准备

村庄类型划分数据主要包括三个部分：一是自然条件数据。采用第 4 章方法，获取典型乡镇地形起伏度和距主要道路距离的数据，为分析不同类型村庄土地利用转化规则提供自然条件数据基础。二是社会经济数据。由于土地利用功能计算涉及不同村庄的社会经济数据，主要通过村庄整体调研和乡镇政府统计资料进行相互印证。三是农户及其群体土地利用数据。通过实际调研，获取两个典型乡镇所有农户的地籍数据，以及所有村庄随机调研农户的社会经济数据，主要涉及种植状况、收入与支出、投入与产出等方面的数据，并建立数据库。

2. CLUE-S 模型的数据准备

CLUE-S 的数据准备主要是完成模型参数的设置。CLUE-S 模型包括 7 个主要参数：main1.txt、cov_all.0、demand.in*、allow.txt、sclgr*.fil、alloc.reg 和 region_park*.fil。只有完成对这 7 个参数的设置，才可有效运行 CLUE-S 模型。

1) main1.txt 文件参数的设置

main1.txt 文件是对 CLUE-S 模型主要参数进行设置的文件，可以在模型界面中编辑，也可以用记事本编辑，该文件共有 19 行，每行确定一个模型参数，各参数的含义见表 5.1。

表 5.1 main1.txt 文件参数的含义

行数	参数含义	数据格式
1	土地利用类型数	整型
2	区域个数	整型
3	单个方程中驱动力变量的最大个数	整型
4	总驱动力个数	整型
5	行数	整型
6	列数	整型
7	单个栅格面积（hm^2）	浮点型
8	X 坐标	浮点型
9	Y 坐标	浮点型
10	土地利用类型序号	整型
11	转移弹性系数	浮点型
12	迭代变量系数	浮点型

续表

行数	参数含义	数据格式
13	模拟的起始年份	整型
14	动态驱动因子数及序号	整型
15	输出文件选择	0、1、2 选其一
16	特定区域回归选择	0、1、2 选其一
17	土地利用历史初值	0、1、2 选其一
18	邻近区域选择计算	0、1、2 选其一
19	区域特定优先值	整型

2）cov_all.0 文件参数的设置

cov_all.0 为土地利用类型图，数据采用 ASCII RASTER 格式。其中 0 代表土地利用类型不在该位置，1 为土地利用类型在该位置，–9999 为模拟区域之外。研究涉及的每种土地利用类型都需要准备这样一个文件，计数从零开始。

3）demand.in*文件参数的设置

demand.in*文件的第一行为模拟的年数，第二行起为逐年土地需求量，每一行代表一年，按照 main1.txt 文件中土地利用类型的顺序，依次给出相应的需求数量。*代表不同的需求方案，一般用于情景模拟。

4）allow.txt 文件参数的设置

allow.txt 文件内容为一个 $n×n$ 矩阵，其中 n 为地类个数。0 和 1 分别代表地类之间不能转变和可以转变。

5）sclgr*.fil 文件参数的设置

sclgr*.fil 文件是 ASCII RASTER 格式的驱动力空间分布位置图。

6）alloc.reg 文件参数的设置

alloc.reg 文件为 Logistic 回归结果：第一行为土地利用类型序号；第二行为土地利用类型的回归方程常量；第三行为土地利用类型回归方程的系数（β 值）和驱动力序号；其余的土地类型也按照这个格式向下排列。

7）region_park*.fil 文件参数的设置

region_park*.fil 为 ASCII RASTER 格式。0 值表示可以发生转变的区域，–9998 值表示不能够转变的限制区域。region_park*.fil 文件为必选文件，当不存在限制区域的时候，需要设定一个全部为 0 值的文件。

5.2 村庄类型的划分及特征分析

5.2.1 典型乡镇耕地自然条件分析

对两个典型乡镇 62 个村庄分类前，首先要对典型乡镇耕地自然条件的整体状况进行分析，为后续典型乡镇类型的划分奠定基础。

表5.2为2015年高渠乡耕地自然条件分析表。从种植面积来看，高渠乡排在前3位的分别是杂粮344.01hm²（29%）、小红葱319.41hm²（27%）和玉米245.22hm²（21%）。从自然条件来看，分布最多的前4类自然条件分别是11（35%）、31（16%）、12（15%）和21（14%）。例如，杂粮、小红葱和玉米等主要作物在各类自然条件的分布比例：杂粮在11条件上为36%，12为16%，21为13%，31为16%；小红葱在11条件上为33%，12为15%，21为14%，31为18%；玉米在11条件上为31%，12为13%，21为17%，31为17%。由此可见，地形起伏度对作物分布影响较大，在起伏度小的自然条件上种植的作物占总种植面积的65%。因此，从作物种植面积大小来看，高渠乡耕地自然条件相对优越，相对距离而言，地形起伏度对作物分布影响较大。

表5.2 2015年高渠乡耕地自然条件分析表 （单位：hm²）

自然条件	玉米	土豆	小红葱	果树	杂粮	其他
11	75.66	71.04	105.56	37.70	123.31	4.75
12	31.24	32.19	48.31	10.92	55.51	2.33
13	4.56	5.01	6.76	1.16	7.82	0.26
21	42.44	27.70	43.78	2.04	43.31	1.72
22	19.77	11.63	19.33	0.55	19.63	0.39
23	3.10	1.95	3.32	0.07	3.06	0.02
31	42.70	32.28	57.08	3.85	54.72	0.30
32	22.09	16.19	30.00	1.91	31.17	0.13
33	3.66	2.89	5.27	0.24	5.48	0.07

表5.3为2015年杜家石沟镇耕地自然条件分析表。从种植面积来看，杜家石沟镇排在前4位的分别是杂粮836.98hm²（45%）、玉米363.11hm²（19%）、土豆323.06hm²（17%）和果树292.69hm²（16%）。从自然条件来看，分布最多的前4类自然条件分别是12（29%）、11（24%）、32（13%）和22（10%）。例如，杂粮、土豆、玉米和果树等在各类自然条件的分布分别为：杂粮在11条件上为22%，12为30%，32为14%，22为10%；土豆在11条件上为23%，12为31%，22和32均为12%；玉米在11条件上为25%，12为24%，21为13%；果树在11和12条件上均为32%，22为10%。由此可见，地形起伏度对作物分布影响较大，在起伏度小的自然条件上种植的作物占总种植面积的42%。因此，与高渠乡相比，杜家石沟镇耕地自然条件相对较差，地形起伏度对作物分布影响较距离大。

表 5.3　2015 年杜家石沟镇耕地自然条件分析表　　（单位：hm²）

自然条件	玉米	土豆	小红葱	果园	杂粮	其他
11	90.60	73.59	1.17	93.53	184.36	5.55
12	85.87	99.01	1.88	92.99	251.53	7.29
13	8.92	12.03	0.12	8.16	30.14	0.75
21	46.50	27.51	0.80	24.36	63.98	1.34
22	38.46	37.26	2.33	29.78	85.40	2.11
23	5.18	4.14	0.29	4.42	10.95	0.22
31	40.94	23.79	8.97	16.07	76.04	1.78
32	41.21	40.14	12.51	20.53	118.66	2.08
33	5.43	5.59	1.86	2.85	15.92	0.34

5.2.2　村庄类型的划分

首先对典型乡镇的村庄进行类型划分，其次分析不同村庄类型耕地的自然条件，在此基础上，对不同村庄类型土地利用决策进行分析，最后探讨典型乡镇的土地利用决策。以高渠乡为例，分别对不同村庄类型作物种植自然条件、农户群体的特征进行分析，阐明不同类型村庄土地利用转化规则的机制。

依据村庄类型划分的原则，结合实际的调研情况，将高渠乡 20 个村庄划分为两类：一是以高西沟村为代表的生态旅游村庄为类型Ⅰ，包括高西沟村、高庙山村、麻渠村、阳山村、高渠村、白家墕村、姬家寨村等 7 个村庄；二是以刘渠村为代表的小红葱专业种植村庄为类型Ⅱ，包括刘渠村、田渠村、冯渠村、折家坪村、姜兴庄村、马蹄圪村、李谢碥村、井家沟村、陈家沟村、高家碥村、安沟村、李郝山村、马家沟村等 13 个村庄。两个村庄类型的空间分布如图 5.4 所示，从图中看出，以高西沟村为代表的村庄类型Ⅰ在空间分布较为零散，以刘渠村为代表的村庄类型Ⅱ空间分布则较为集中，为成片分布。

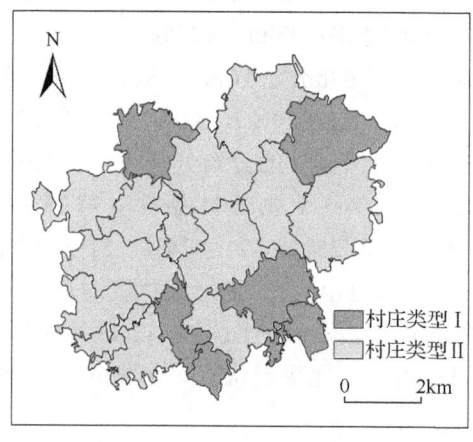

图 5.4　高渠乡村庄类型空间分布图

5.2.3 村庄类型的特征分析

依据村庄类型划分结果，对不同村庄类型作物种植自然条件进行分析。

高渠乡村庄类型Ⅰ耕地自然条件见表 5.4。从表中分析计算，对不同的自然条件而言，该类型村庄的 42.7%的作物种植在自然条件 11 的耕地上，其次是自然条件 12 和 31，分别为 16.8%和 13.9%；对于不同的作物而言，杂粮种植面积最大，占耕地总面积的 34.2%，其次是玉米和土豆，分别为 24.9%和 18.9%；在不同自然条件下，不同作物的种植面积也有较大差异，其中杂粮在 11、12、13 和 31 等自然条件下种植面积最大，其余条件下玉米的种植面积最大。

表 5.4　高渠乡村庄类型Ⅰ耕地自然条件表　　　（单位：hm²）

自然条件	玉米	土豆	小红葱	果树	杂粮	其他
11	32.26	22.68	19.00	7.62	47.53	1.81
12	9.03	10.18	8.40	4.24	18.94	0.81
13	0.59	1.58	1.03	0.48	2.13	0.08
21	9.51	6.91	5.48	0.22	9.25	0.42
22	5.14	3.22	2.64	0.24	3.78	0.04
23	0.80	0.40	0.33	0.02	0.76	0.00
31	11.18	8.39	6.37	1.69	14.81	0.28
32	6.55	4.01	4.27	1.39	6.45	0.03
33	1.17	0.53	0.61	0.13	1.02	0.00

高渠乡村庄类型Ⅱ耕地自然条件见表 5.5。从表中可以分析计算，对不同的自然条件而言，该类型村庄的 33.0%的作物种植在自然条件 11 的耕地上，其次是自然条件 31 和 12，分别为 17.0%和 14.8%；对于不同的作物而言，小红葱种植面积最大，占耕地总面积的 30.9%，其次为杂粮和土豆，分别为 27.7%、19.5%；在不同自然条件下，不同作物的种植面积也有较大差异，其中小红葱在所有的自然条件下种植面积都最大。

表 5.5　高渠乡村庄类型Ⅱ耕地自然条件表　　　（单位：hm²）

自然条件	玉米	土豆	小红葱	果树	杂粮	其他
11	46.92	51.87	91.05	31.03	83.18	3.26
12	24.49	23.30	42.45	6.88	39.43	1.70
13	4.42	3.57	6.31	0.73	5.90	0.22
21	34.74	22.02	40.61	1.94	36.27	1.36
22	15.90	9.04	17.59	0.38	16.70	0.38
23	2.54	1.72	3.09	0.06	2.48	0.02

续表

自然条件	玉米	土豆	小红葱	果树	杂粮	其他
31	33.00	25.68	54.29	2.35	43.28	0.05
32	16.71	13.18	27.08	0.69	26.08	0.09
33	2.96	2.40	4.98	0.13	4.76	0.05

通过分析高渠乡不同村庄类型耕地自然条件可知，两类村庄的耕地自然条件有较大差异，主要表现在不同自然条件下的主要种植作物类型、作物在不同自然条件下的分布均不同两方面。因此，分析和探讨不同村庄类型耕地自然条件的异同，为后续总结不同村庄类型主要农户群体的土地利用行为打下坚实的基础。

5.3 村庄类型与乡镇土地利用转化规则的确定

5.3.1 村庄类型土地利用转化规则的确定

本书以高渠乡村庄类型Ⅰ为例，且仅对在自然条件 11 下其种植土豆的决策进行分析，见表 5.6。表中数字分为 5 个部分：个位数和十位数分别表示期末（2015年）和期初（2014年）的作物种植类型，其中 1~6 分别为玉米、土豆、小红葱、果树、杂粮、其他；百位数和千位数分别代表不同的自然条件类型，与 4.4.1 小节中的自然条件划分类型相同；万位数代表农户类型，1、2、3 分别为自给户、兼业户、种植户；十万位、百万位数代表村庄编号；括号中的数字代表不同种植方式间转化的像元数。例如，1931121 代表编号为 19 的村庄种植户在自然条件类型 11 下，其种植方式由 2014 年的土豆转化为 2015 年的玉米。其他作物与自然条件决策的确定方法与之类似。

表 5.6 高渠乡村庄类型Ⅰ2014~2015 年不同村庄在 11 条件下的种植意图表

村庄名称	2014~2015 年转化类型与数量	11 下影响系数/%	种植意图
白家墕村	0231125（52），0231123（17），0231126（8）	5.43	68%的土豆转化为杂粮
高庙山村	0631125（254），0631123（3）	18.11	99%的土豆转化为杂粮
高渠村	0731125（28）	1.98	100%的土豆转化为杂粮
高西沟村	0831125（560），0831123（23）	41.09	96%的土豆转化为杂粮
姬家寨村	0931125（67），0931123（64）	9.23	51%的土豆转化为杂粮
麻渠村	1531125（60），1531123（191），1531121（29）	19.73	21%的土豆转化为杂粮
阳山村	1931125（6），1931123（44），1931126（10），1931121（3）	4.43	10%的土豆转化为杂粮
村庄类型Ⅰ	1027 个像元转化为杂粮，342 个像元转化为小红葱，32 个像元转化为玉米，18 个像元转化为其他	—	73%的土豆转化为杂粮

从表 5.6 看出，在 11 条件下每个村庄土豆转化杂粮的种植意图大小不一。以高西沟村为例，0831125（560）代表高西沟村庄植户从 2014 年到 2015 年，在自然条件 11 下，由土豆转化为杂粮的面积为 560 个像元；0831123（23）则为高西沟种植户从 2014 年到 2015 年，在自然条件 11 下由土豆转化为小红葱的面积为 23 个像元。通过对实际数据计算，得到高渠乡村庄类型 I 各个村庄土豆转化为杂粮的种植意图，最大的如高渠村 100%的土豆转化为杂粮，最小的如阳山村仅为 10%的土豆转化为杂粮。依据式（5.2）计算每个村庄对村庄类型 I 的影响，排在前两位的分别为麻渠村（0.20）和高庙山村（0.18）。依据式（5.4）计算村庄类型 I 土豆转化为杂粮的比例为 73%。按照与上述相同的算法，依据式(5.2)和式(5.4)，分别计算村庄类型 I 在所有自然条件下的作物种植决策，为方便起见，表 5.7 仅列出土豆到杂粮的轮作决策。

表 5.7 高渠乡不同村庄类型土豆轮作为杂粮的意图表

自然条件	村庄类型 I	村庄类型 II
11	73%的土豆轮作为杂粮	51%的土豆轮作为杂粮
12	74%的土豆轮作为杂粮	55%的土豆轮作为杂粮
13	70%的土豆轮作为杂粮	55%的土豆轮作为杂粮
21	69%的土豆轮作为杂粮	55%的土豆轮作为杂粮
22	72%的土豆轮作为杂粮	51%的土豆轮作为杂粮
23	58%的土豆轮作为杂粮	44%的土豆轮作为杂粮
31	46%的土豆轮作为杂粮	51%的土豆轮作为杂粮
32	59%的土豆轮作为杂粮	45%的土豆轮作为杂粮
33	71%的土豆轮作为杂粮	49%的土豆轮作为杂粮

从表 5.7 可以看出，村庄类型 I 和 II 在不同自然条件下，土豆轮作为杂粮的意图有较大差异；对于村庄类型 I 而言，除了自然条件 31 的轮作率偏低外，其他自然条件的轮作率均超过 50%，其中 11、12、13、22 和 33 均大于 70%。相比较而言，村庄类型 II 土豆轮作为杂粮的轮作率均较低，仅有 12、13 和 21 大于 55%。这种差异表明村庄类型 I 和 II 在作物种植方面和转化（或轮作）方面有较大不同。村庄类型 I 是以土豆和杂粮种植为主的村庄，村庄类型 II 是以小红葱和杂粮种植为主的村庄。在轮作方面，村庄类型 II 作物轮作大多集中在杂粮和小红葱之间。

结合高渠乡的实际调研，发现农户在土豆种植的转化（或轮作）方式有三种：一是轮作为杂粮，二是保持不变，三是转化为其他作物。为了提高模拟的效果，对于转化率大于 50%的自然条件，在设置土豆的转化规则时，直接将土豆转化（或轮作）方式确定为土地利用变化的规则；对于转化率低于 50%的自然条件，在设置土豆的转化规则时，以上述三种土豆转化（或轮作）率较高的方式作为土地利用变化的规则。在本书中，确定其他土地利用方式的转化规则也是如此。在上述计算的基础上，土地利用决策由村庄个体转化为村庄类型的土地利用决策。

5.3.2 村庄类型到乡镇尺度土地利用转化规则的确定

依据式（5.1），分别计算村庄类型Ⅰ和村庄类型Ⅱ对乡镇土地利用决策的影响系数，在此基础上依据式（5.3）和式（5.5）计算典型乡镇的土地利用决策。本书仅对乡镇土豆轮作为杂粮的决策进行分析，计算结果见表5.8。

表 5.8 高渠乡土豆轮作为杂粮的意图表

自然条件	村庄类型Ⅰ影响系数	村庄类型Ⅱ影响系数	乡镇转化决策
11	0.35	0.65	0.58
12	0.36	0.64	0.62
13	0.33	0.67	0.60
21	0.25	0.75	0.58
22	0.77	0.23	0.67
23	0.14	0.86	0.46
31	0.19	0.81	0.50
32	0.27	0.73	0.49
33	0.23	0.77	0.54

与村庄类型土地利用决策的确定方式一样，对于转化率低于50%的自然条件，在设置土豆的转化规则时，以土豆转化（或轮作）率较高的方式作为土地利用变化的规则，确定其他土地利用方式的转化规则也是如此。通过上述计算，可实现从村庄类型到乡镇尺度决策的转化。

5.4 CA-BDI+CLUE-S 耦合模型的构建

依据 CLUE-S 模型的要求，对相关的文件进行参数设置；然后依据 5.1.2 小节中 CA-BDI 模型与 CLUE-S 模型的耦合机理，以高渠乡为例模拟研究区 2016 年和 2017 年土地利用变化情况，并与村庄类型法的模拟结果进行对比，检验和验证耦合模型的有效性。

1）main1.txt 文件参数的设置

依据 CLUE-S 模型对 main1.txt 文件的要求，本书设置模型的主要参数如表 5.9 所示（以高渠乡为例）。

表 5.9 研究区 CLUE-S 模型 main1.txt 文件参数设置表

行数	设置项	设置值
1	土地利用类型数	5
2	研究区数目	1
3	驱动力方程中最大的有效变量数目	6
4	总的驱动力数目	7
5	总栅格行数	1095
6	总栅格列数	1196
7	单个栅格的面积	0.01
8	X 坐标	37423736.2906
9	Y 坐标	4184875.0556625
10	土地利用类型序号	0 1 2 3 4
11	转移弹性系数	0.93 0.82 0.80 0.90 0.80
12	迭代变量系数	0 0.30 1
13	模拟的起始和结束年份	2015 2017
14	各年份驱动因子的编码	0
15	输出选择	1
16	特定回归选择	0
17	土地利用历史初值	1
18	邻近区域选择计算	0
19	区域特定优先值	0

2）cov_all.0 文件参数的设置

依据 CLUE-S 模型的要求，将模拟初始年份各土地利用类型分别赋值：玉米=0，土豆=1，小红葱=2，果树=3，杂粮=4，其他作物=5，荒地=6，其他地类=7，2015 年高渠乡和杜家石沟镇作物空间分布见图 5.5 所示，并且为两个典型乡镇每种土地利用类型都准备这样一个文件。

3）allow.txt 文件参数的设置

本书仅对耕地内部作物之间的转化进行分析，假定其他地类不与作物发生转化。allow.txt 文件参数的设置如表 5.10 所示。

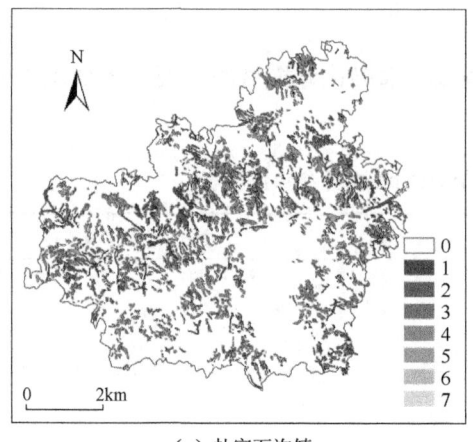
(a) 杜家石沟镇

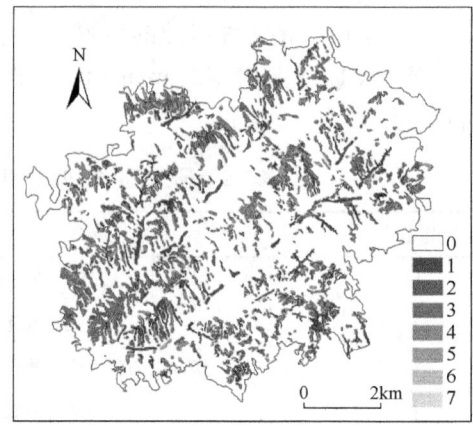
(b) 高渠乡

图 5.5　2015 年高渠乡和杜家石沟镇作物空间分布

表 5.10　allow.txt 文件参数设置

种植作物	玉米	土豆	小红葱	果树	杂粮
玉米	1	0	0	0	0
土豆	0	1	1	0	1
小红葱	0	1	1	0	1
果树	0	0	0	1	0
杂粮	0	1	1	0	1

4）sclgr*.fil 文件参数的设置

依据研究区的实际情况和研究主题，本书设置的驱动力因素包括地形起伏度、距居民点的距离、距公路的距离、距村庄道路的距离、坡向、坡度、距乡政府的距离 7 个因素，驱动力因素的代码分别是 sclgr0.fil、sclgr1.fil、…、sclgr6.fil。模拟区域之外的编码是 –9999。杜家石沟镇、高渠乡驱动力因素图分别见图 5.6 和图 5.7。

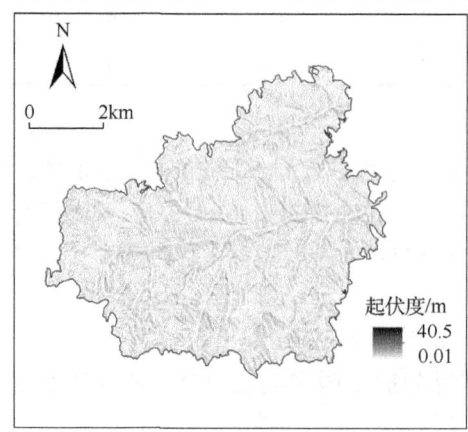
(a) 地形起伏度

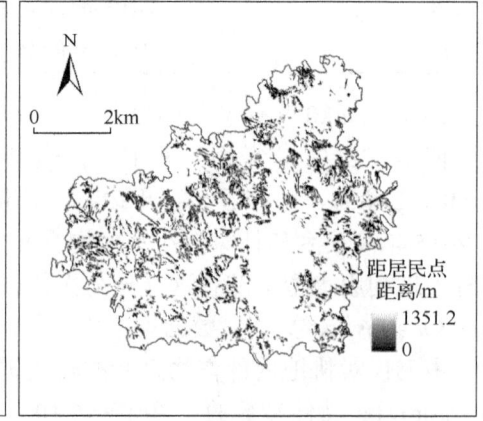
(b) 距居民点的距离

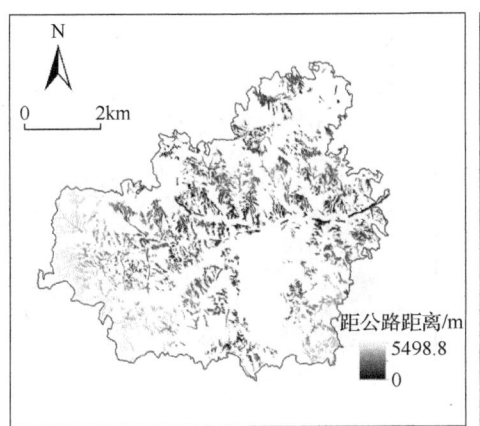

（c）距公路的距离

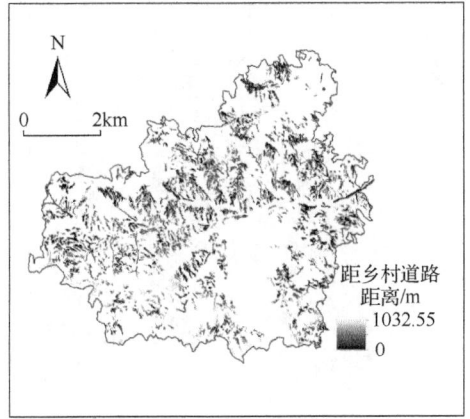

（d）距村庄道路的距离

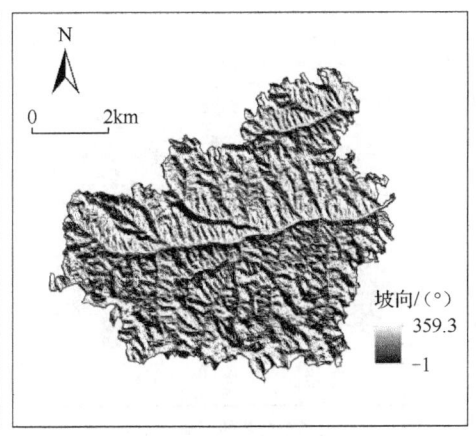

（e）距乡政府的距离

（f）坡向

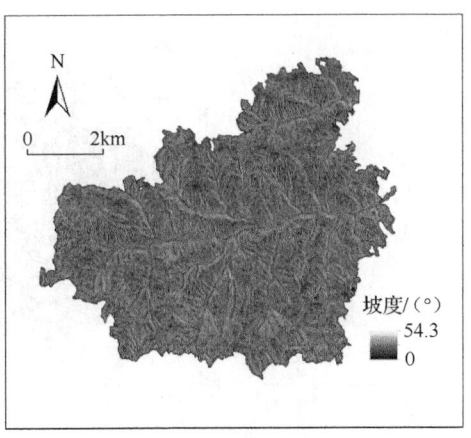

（g）坡度

图 5.6　杜家石沟镇驱动力因素图

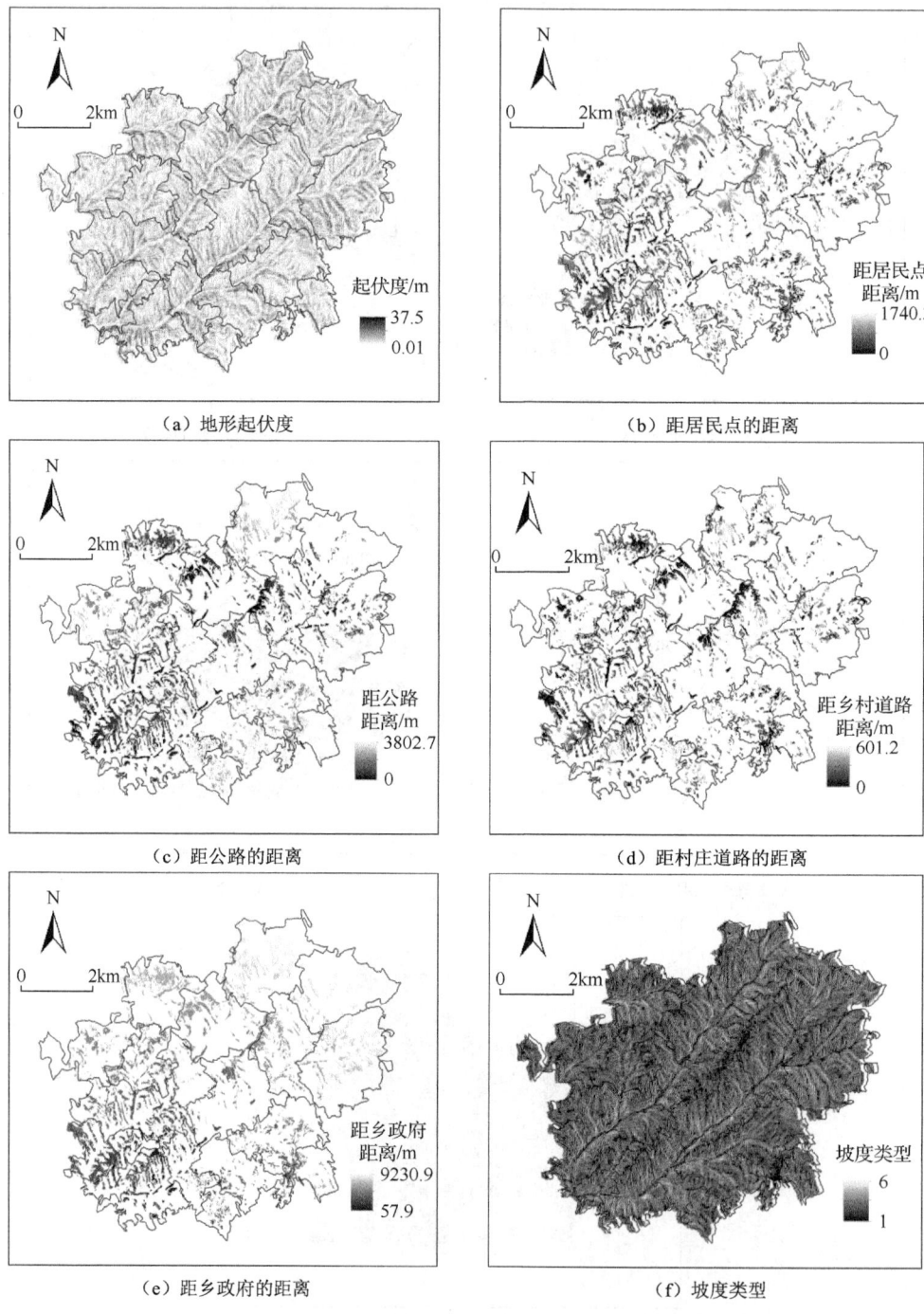

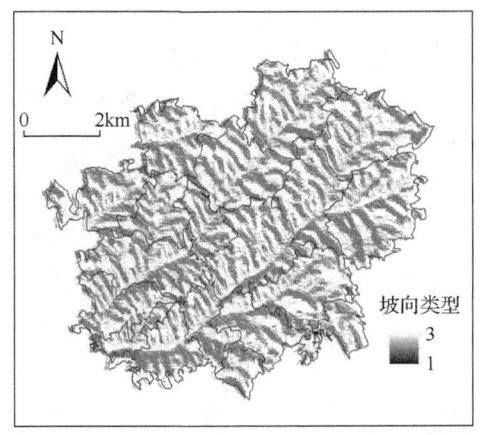

（g）坡向类型

图 5.7　高渠乡驱动力因素图

5）alloc.reg 文件参数的设置

依据 CLUE-S 模型的要求，利用 SPSS 软件 Logistic 回归分析确定各个驱动因素和各个地类间的定量关系，在置信度 95%的前提下，把土地利用类型作为因变量，驱动因素作为自变量进行分析，计算得到玉米、土豆等 5 种地类与各驱动因素间的回归系数，得到各地类的回归模型。并按照 CLUE-S 模型的要求对 alloc.reg 文件进行设定。为方便读者阅读和理解，以表 5.11 方式呈现。

表 5.11　alloc.reg 文件参数设置

参数	玉米	土豆	小红葱	果树	杂粮
回归常数	1.440	−1.105	0.056	−0.141	−0.528
sclgr0.fil	—	—	—	—	0.540
sclgr1.fil	−0.454	0.034	0.358	0.082	—
sclgr2.fil	−0.163	−0.101	0.155	0.253	—
sclgr3.fil	−0.045	0.257	0.304	−0.446	−0.052
sclgr4.fil	−0.119	0.232	−0.258	−0.899	0.295
sclgr5.fil	−0.079	—	−0.467	1.068	0.033
sclgr6.fil	—	0.103	−0.073	—	—

6）region_park*.fil 文件参数的设置

本书耕地的转化仅在耕地内部进行，不存在限制区域。因此，本书仅需要设定一个全部为 0 值的两个典型乡镇文件（图 5.8）。

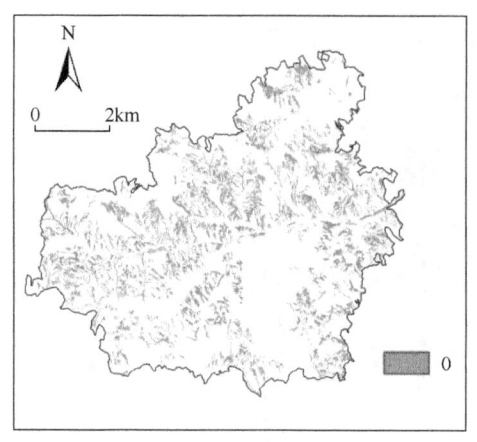 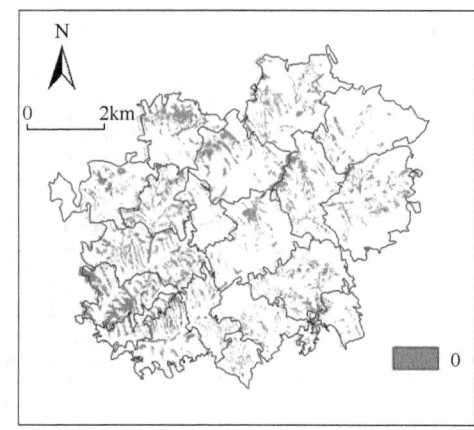

（a）杜家石沟镇　　　　　　　　　　（b）高渠乡

图 5.8　杜家石沟镇与高渠乡 0 值图

7）demand.in*文件参数的设置

demand.in*文件参数的设置是 CA-BDI 模型与 CLUE-S 模型耦合的关键参数之一。本书以 CA-BDI 模型对各个村庄土地利用需求的模拟结果作为 CLUE-S 模型的需求，以此在两个模型间建立定量关系。表 5.12 为 2015~2017 年高渠乡 CA-BDI 模型模拟结果，以此作为 CLUE-S 模型的作物土地需求量，通过模拟检验和验证 CA-BDI+CLUE-S 的模拟效果。

表 5.12　2015~2017 年高渠乡 CLUE-S 模型的作物土地需求量表　　（单位：hm^2）

年份	玉米	土豆	小红葱	果树	杂粮
2015	206.5	185.1	289.6	56.2	247.8
2016	213.2	200.8	265.4	63.4	242.5
2017	228.8	178.4	284.0	74.8	219.3

5.5　三种模拟方法的对比分析

5.5.1　CA-BDI+CLUE-S 耦合模型的模拟及其检验

图 5.9 和图 5.10 分别为基于模型耦合法 2016 年和 2017 年高渠乡的模拟结果，结合 ArcGIS 属性表可对模拟的准确及失误情况进行分析。整体而言，2016 年的模拟准确率为 81.9%，2017 年为 82.5%。从两年模拟失误的空间分布可以看出，失误分布较为零散，散布于高渠乡各个村庄。

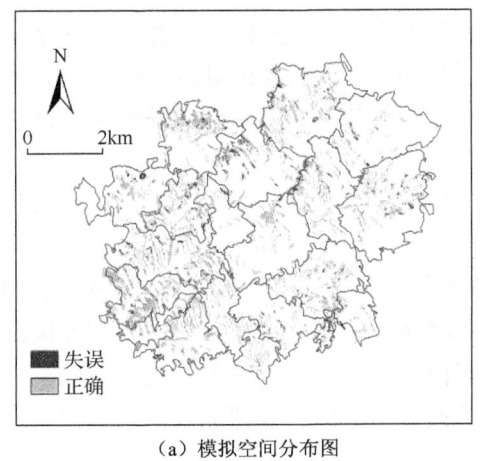
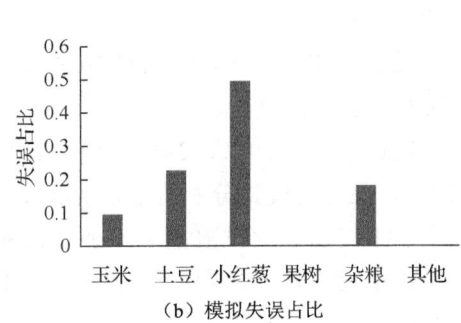

(a) 模拟空间分布图　　　　　　(b) 模拟失误占比

图 5.9　基于模型耦合法 2016 年高渠乡模拟空间分布及其失误占比

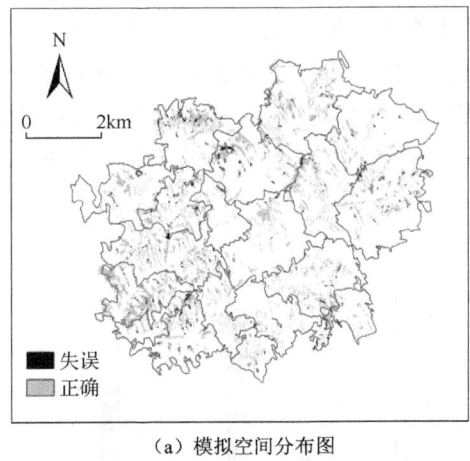
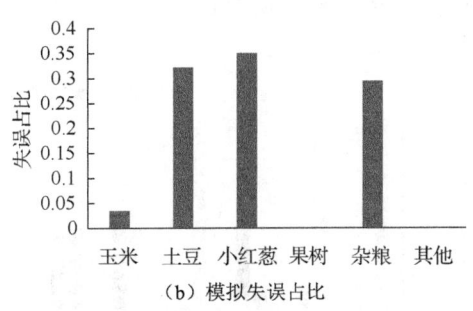

(a) 模拟空间分布图　　　　　　(b) 模拟失误占比

图 5.10　基于模型耦合法 2017 年高渠乡模拟空间分布及其失误占比

从失误所占比例来看，2016 年和 2017 年模拟的失误主要集中在小红葱、土豆和杂粮上。其中 2016 年 3 者所占的比例分别为 49.5%、22.7%和 18.2%，2017 年分别为 35.0%、32.1%和 29.4%，玉米和果树的失误所占比例均较小。小红葱在模拟中失误所占比例最高，主要是受虫害的影响。结合实际调研，小红葱在当地种植一般不会超过 8 年，否则虫害会严重影响小红葱的产量。农户为避免虫害影响，一般在种植 6～7 年时，会采用轮作的方式进行种植，这也是造成小红葱预测失误较高的原因之一。

5.5.2　典型村庄法的模拟及其检验

借鉴 Castella 等（2007）决策转化方法，将在典型村庄获取的土地利用转化规则直接应用到典型乡镇所有村庄,以此来得到乡镇整体的土地利用变化特征。这种以典型村庄土地利用转化规则代替所有村庄土地利用转化规则的方法称为典型村庄法。为与 CA-BDI+CLUE-S 耦合模型对比,同样以高渠乡为例进行模拟。

以 2015 年为基年,分别对 2016 年和 2017 年高渠乡的土地利用情况进行模拟,并进行检验和验证。

经过模拟和计算,2016 年和 2017 年刘渠村模式的准确率为分别 61.4%和 60.1%,高西沟模式分别为 56.1%和 47.1%。高西沟村模式模拟效果较差的原因是高渠乡小红葱专业村数量多,小红葱种植面积较大,以及受扶贫政策的影响。显然,典型村庄转化规则的简单推广,致使模拟效果不佳,模拟的准确率均没有达到 70%。

从图 5.11 可以看出,2016 年刘渠村模式的小红葱模拟效果较差,小红葱的失误占总失误的 60%;高西沟村模式的土豆预测效果不佳,土豆的失误占总失误的 65%。2017 年刘渠村模式的小红葱失误在总失误中所占的比例有所降低,但仍处于第一位;高西沟村 2017 年的土豆和小红葱的失误率在所有作物中仍处于前两位。村庄发展模式和主导产业的差异及村庄类型数量的差异造成模拟效果的不同。

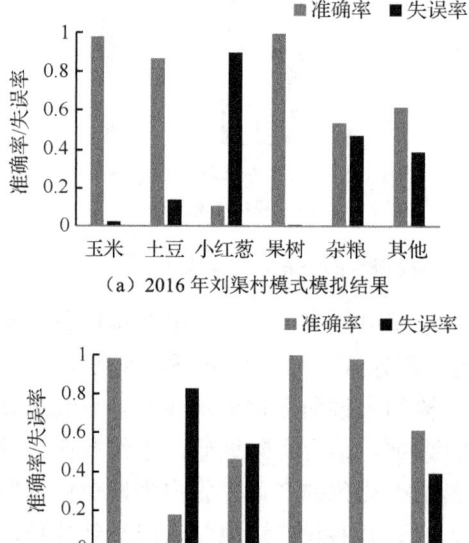

(a) 2016 年刘渠村模式模拟结果

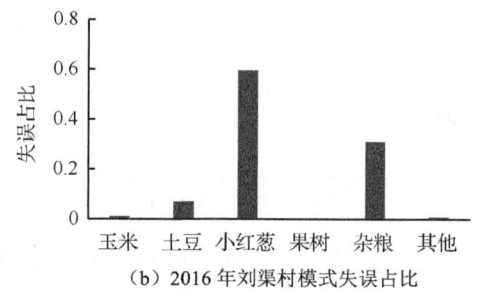

(b) 2016 年刘渠村模式失误占比

(c) 2016 年高西沟村模式模拟结果

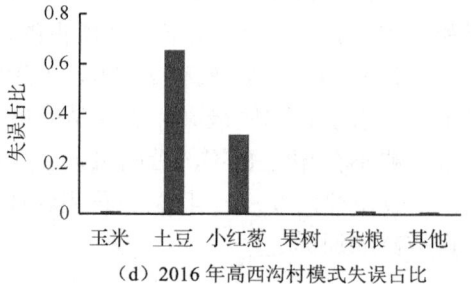

(d) 2016 年高西沟村模式失误占比

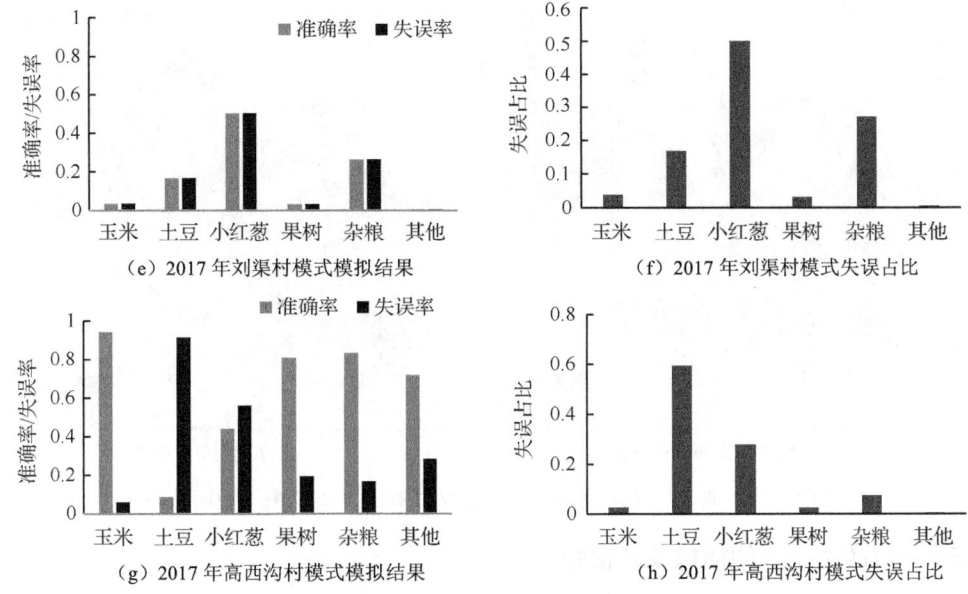

(e) 2017年刘渠村模式模拟结果　　　　(f) 2017年刘渠村模式失误占比

(g) 2017年高西沟村模式模拟结果　　　(h) 2017年高西沟村模式失误占比

图 5.11　基于典型村庄法 2016 年和 2017 年高渠乡模拟失误图

由图 5.12 可以看出失误的空间分异。2016 年，高西沟村模式的失误主要集中在研究区西南部，刘渠村模式的失误则主要集中在研究区的西北部。与 2016 年相比，2017 年两种模式在研究区的西南部和西北部的失误略有增加。产生上述现象的主要原因：高西沟村模式更适宜于生态旅游村庄的模拟，而不适宜于小红葱产业村庄的模拟，因此高西沟村模式对于小红葱产业村较为集中的西南部模拟效果较差；刘渠村模式适宜于小红葱产业村庄的模拟，不适宜于生态旅游村庄的模拟，因此刘渠村模式对于高西沟村等村庄的模拟效果较差。

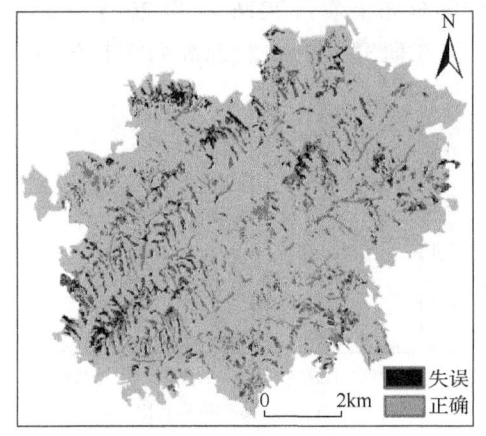

(a) 2016 年高西沟村模式

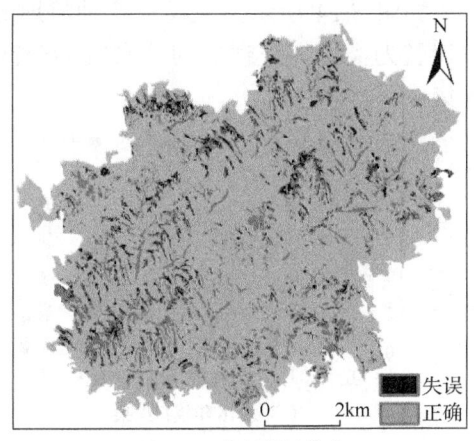

(b) 2016 年刘渠村模式

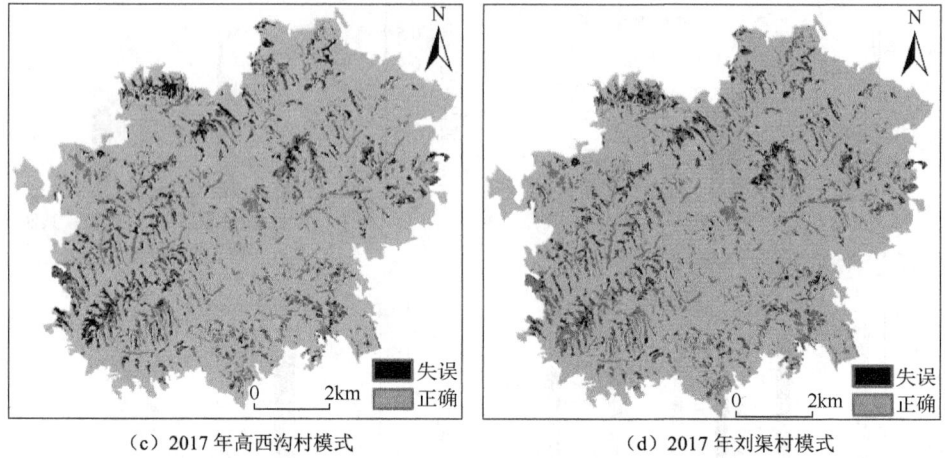

(c) 2017年高西沟村模式　　　　　　(d) 2017年刘渠村模式

图 5.12　基于典型村庄法 2016 年和 2017 年高渠乡模拟失误空间分布图

5.5.3　村庄类型法的模拟及其检验

图 5.13 为村庄类型法高渠乡 2016 年和 2017 年的模拟失误图。从图中可以看出，2016 年和 2017 年的模拟结果较为接近，整体的准确率分别为 72.3%和 68.7%，与典型村庄法相比，整体准确率略有提高。以 2016 年为例，村庄类型法比高西沟模式的准确率分别高出 10.9%和 16.2%。从作物失误占总失误的比例来看，村庄类型法的模拟结果均是杂粮失误所占的比例最高，小红葱和土豆的失误率次之。由此可见，尽管村庄类型法模拟准确率尚可，但与简单采用典型村庄法相比，准确率有较大提升，充分表明村庄类型划分法在多尺度转化方面的优势较为明显。

如图 5.14 所示，从模拟各种耕地的空间分布上看，2016 年和 2017 年模拟失误较为类似，失误空间分布较为分散，但在研究区的西北部高西沟村失误较为集中。

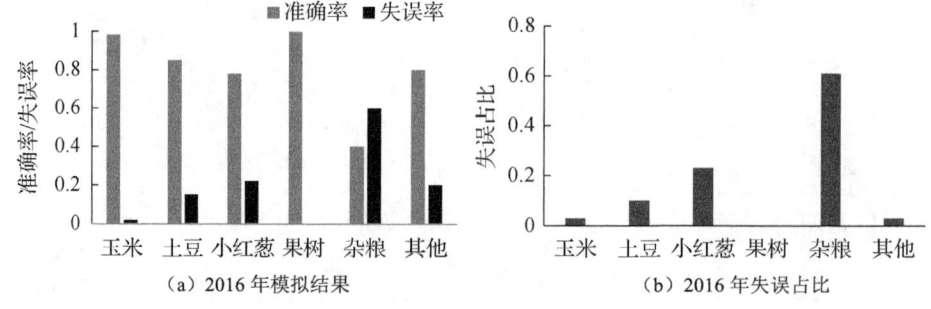

(a) 2016 年模拟结果　　　　　　　(b) 2016 年失误占比

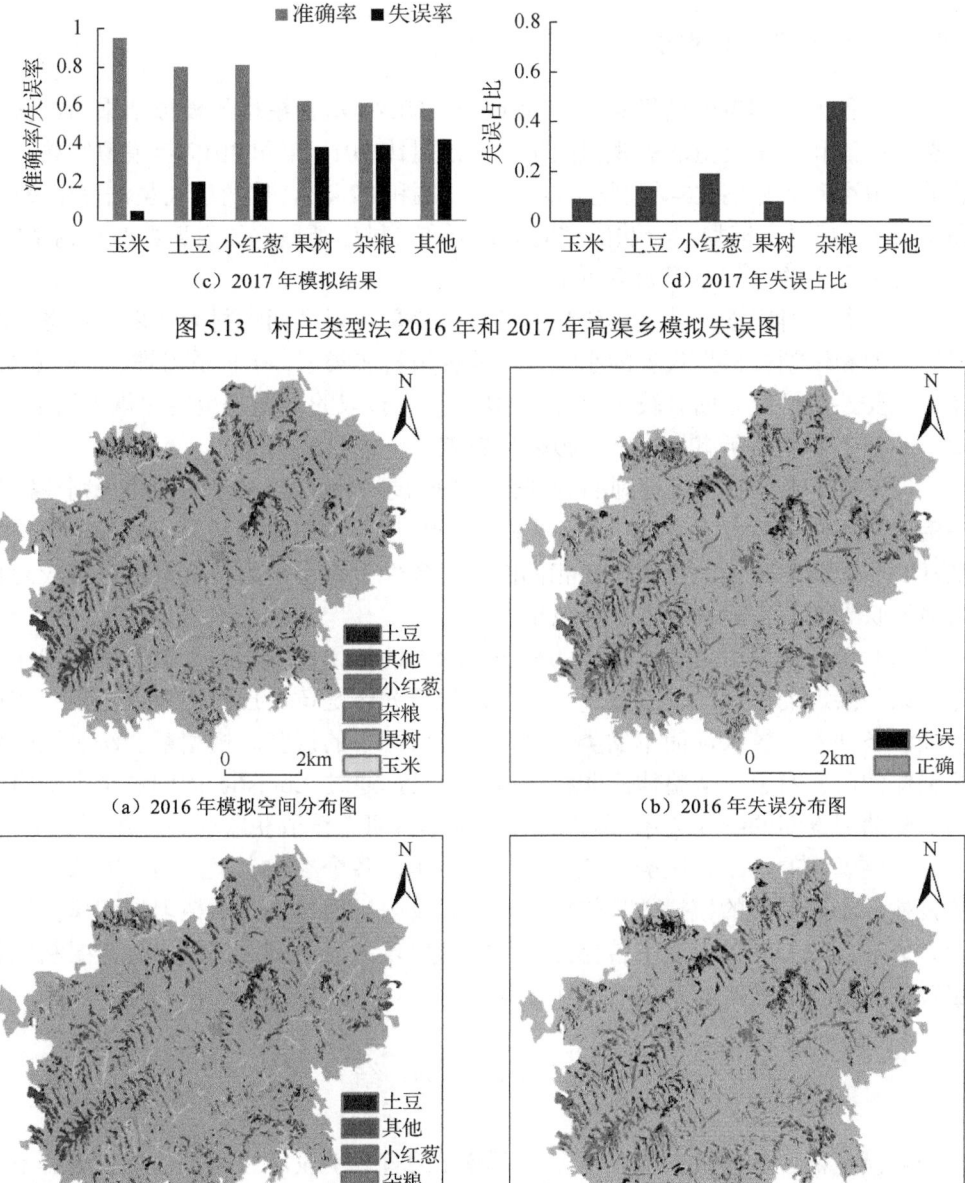

(c) 2017年模拟结果　　　　　　　　（d) 2017年失误占比

图 5.13　村庄类型法 2016 年和 2017 年高渠乡模拟失误图

（a）2016 年模拟空间分布图　　　　　　（b）2016 年失误分布图

（c）2017 年模拟空间分布图　　　　　　（d）2017 年失误分布图

图 5.14　基于村庄类型法 2016 年和 2017 年高渠乡模拟空间分布及失误空间分布图

5.5.4 三种模拟结果对比

从三种方法模拟的结果看，CA-BDI+CLUE-S 耦合模型的模拟结果明显优于典型村庄法和村庄类型法的模拟效果。通过对比 2016 年和 2017 年模拟结果，前者的模拟准确率分别比刘渠村模式高出 20.5%和 22.4%，比村庄类型法高出 9.6%和 13.8%。相对于模型耦合法的空间失误分布，村庄类型法的失误相对较为集中，上述现象产生的主要原因如下所示。

（1）典型村庄法土地利用转化规则过于简单。以高西沟村为代表的生态旅游村庄类型和以刘渠村为代表的小红葱专业种植村庄类型，在种植习惯、种植方式、作物重要性安排等方面有较大差异，用典型村庄获取的土地利用转化规则简单"移植"至整个乡镇的所有村庄，模拟效果较差。

（2）村庄类型法转化规则的制订较为"刚硬"。例如，土豆的转化规则往往是特定自然条件下所有土豆均"转化"或"不转化"，没有中间状态。而模型耦合法是基于多种驱动因素的模拟，在相同的自然条件下有不同的转化概率，可较为真实地反映土地的实际利用方式和效果。

（3）村庄类型法是相同类型的村庄有相同的转化规则。对于自然条件和社会经济条件接近的区域，模拟效果会较好。但研究区是黄土丘陵沟壑区，自然和社会经济条件差异较大，简单的类型推演会造成不小的误差。模型耦合法是以研究区整体为研究对象，从整体而非村庄单元出发，通过 Logistic 回归法确定不同地类与驱动因素间的统计关系，显然比通过样本调研总结所获取的转化规则更全面。

需要说明的是，村庄类型法转化机理明确，各个参数含义清晰，方法较为简单直接，土地利用的模拟效果较好，且可以反映当地作物的种植习惯和风俗等因素。另外，CLUE-S 模型中转化弹性系数的确定，需要多次调试，且需要利用村庄转化法所获取的实际转化规则和经验。

5.6 本 章 小 结

多模型耦合是解决土地利用多尺度转化的有效手段，它对于认识和理解不同层次主体土地利用行为的变化、分析不同尺度土地利用变化的规律具有重要的理论与现实意义。为探讨和分析不同层次土地利用主体行为及其变化对宏观土地利用的影响，本章重点解决了两个问题：一是给出了土地利用决策从村庄尺度向乡镇尺度的转化机理，实现了土地利用从村庄向乡镇的转化；二是给出了 CA-BDI 模型与 CLUE-S 模型的耦合机制。通过对比分析，确定了模拟农户土地利用行为变化对乡镇土地利用变化的优选模型。通过对以上两个问题的阐述和分析，本章总结如下。

（1）综合考虑村庄与村庄类型的数量及其土地利用转化面积等因素的差异权重法，可有效地揭示土地利用决策从村庄尺度向乡镇尺度的转化机制。这为村庄和村庄类型数量较多、土地利用转化较为复杂的区域土地利用变化的研究提供一条可行途径和方法。

（2）CA-BDI+CLUE-S 耦合模型对多尺度决策的模拟精度较高。通过典型村庄法、村庄类型法和模型耦合法三种方法的对比分析，可知 CA-BDI + CLUE-S 耦合模型的模拟精度最高，这主要得益于 CA-BDI 模型总结的土地利用转化规则，以及利用该模型自下而上得出的土地利用需求，均为 CLUE-S 模型提供较为准确的转化和需求信息。同时，CLUE-S 模型的 Logistic 回归法从研究区整体，而非村庄单元确定的转化规则要优于村庄类型划分法确定的"刚性"转化规则。

参 考 文 献

摆万奇, 阎建忠, 张镱锂, 2004. 大渡河上游地区土地利用/土地覆被变化与驱动力分析[J]. 地理科学进展, 23(1): 71-78.

蔡玉梅, 刘彦随, 宇振荣, 等, 2004. 土地利用变化空间模拟的进展——CLUE-S 模型及其应用. 地理科学进展, 23(4): 63-71.

陈海, 杨维鸽, 梁小英, 等, 2010. 基于 Multi-Agent System 的多尺度土地利变化模型的构建及模拟[J]. 地理研究, 29(8): 1519-1527.

段增强, VERBURG P H, 张凤荣, 等, 2004. 土地利用动态模拟模型的构建及其应用——以北京市海淀区为例[J]. 地理学报, 59(6): 1037-1047.

郭洪伟, 孙小银, 廉丽姝, 等, 2016. 基于 CLUE-S 和 InVEST 模型的南四湖流域生态系统产水功能对土地利用变化的响应[J]. 应用生态学报, 27(9): 2899-2906.

郭欢欢, 李波, 侯鹰, 等, 2011. 元胞自动机和多主体模型在土地利用变化模拟中的应用[J]. 地理科学进展, 30(11): 1336-1344.

何春阳, 史培军, 陈晋, 等, 2005. 基于系统动力学模型和元胞自动机模型的土地利用情景模型研究[J]. 中国科学(D 辑), 地球科学, 35(5): 464-473.

宋世雄, 梁小英, 梅亚军, 等, 2016. 基于 CBDI 的农户耕地撂荒行为模型构建及模拟研究——以陕西省米脂县冯阳洑村为例[J]. 自然资源学报, 31(11): 1926-1937.

王丽艳, 张学儒, 张华, 等, 2010. CLUE-S 模型原理与结构及其应用进展[J]. 地理与地理信息科学, 26(3): 73-77.

王艳妮, 陈海, 宋世雄, 等, 2016. 基于 CR-BDI 模型的农户作物种植行为模拟——以陕西省米脂县姜兴庄为例[J]. 地理科学进展, 35(10): 1258-1268.

吴健生, 冯喆, 高阳, 等, 2012. CLUE-S 模型应用进展与改进研究[J]. 地理科学进展, 31(1): 3-10.

吴佩君, 刘小平, 黎夏, 等, 2016. 基于 InVEST 模型和元胞自动机的城市扩张对陆地生态系统碳储量影响评估——以广东省为例[J]. 地理与地理信息科学, 32(5): 22-28.

张达, 何春阳, 2014. 耦合 LUSD-urban 模型和 InVEST 模型的北京地区城市扩展过程对区域碳储量可能影响的模拟研究[C]. 郑州: 中国自然资源学会全国会员代表大会学术年会.

张津, 李双成, 王阳, 2014. 深圳市城市扩展预测与分区评价[J]. 北京大学学报(自然科学版), 50(2): 379-387.

张永民, 赵士洞, VERBURG P H, 2003. CLUE-S 模型及其在奈曼旗土地利用时空动态变化模拟中的应用[J]. 自然资源学报, 18(3): 310-318.

BAKKER M M, DOORN A M V, 2009. Farmer-specific relationships between lands use change and landscape factors: Introducing agents in empirical land use modeling[J]. Land Use Policy, 26(3): 809-817.

CASTELLA J C, KAM S P, DANG D Q, et al., 2007. Combining top-down and bottom-up modelling approaches of land use/cover change to support public policies: Application to sustainable management of natural resources in northern Vietnam[J]. Land Use Policy, 24(3): 531-545.

KOK K, BIGGS R, ZUREK M, 2007. Methods for developing multiscale participatory scenarios: Insights from southern Africa and Europe[J]. Ecology and Society, 12(1): 181-194.

VALBUENA D, VERBURG P H, BREGT A K, 2008. A method to define a typology for agent-based analysis in regional land-use research[J]. Agriculture Ecosystems and Environment, 128(1): 27-36.

VERBURG P H, EICKHOUT B, MEIJL H V, 2008. A multi-scale, multi-model approach for analyzing the future dynamics of European land use[J]. Annals of Regional Science, 42(1): 57-77.

VERBURG P H, SOEPBOER W, VELDKAMP A, 2002. Modeling the spatial dynamics of regional land use: The CLUE-S model[J]. Environmental Management, 30(3): 391-405.

第6章 农户土地利用行为变化对土地利用功能的影响

目前,有关宏观土地利用功能变化的微观驱动机制研究大多集中在主体类型层面,还鲜有个体层面的中宏观空间尺度的研究,海量的数据收集和微观主体行为的空间化是上述研究难以有效开展的主要原因(刘超等,2016;余强毅,2013;黎夏等,2009;陈海等,2009)。

米脂县土地总面积不大,仅有1212km^2,下辖有13个乡镇、396个行政村,农户45623户,乡村人口165193人,加之研究区过渡的自然和社会经济条件,使得直接分析农户土地利用行为变化对县域土地利用功能的影响有较大难度,也不易将农户的行为与生产空间直接对应。因此,在农户个体和米脂县县域尺度之间选择适宜的分析尺度就显得极为重要。

乡镇作为连接县域和村庄的中间尺度,在分析宏观土地利用功能的微观驱动机制方面具有以下优点。

(1) 具有相对完整的自然单元。米脂县地处黄土丘陵沟壑区,其行政单元的划分往往与自然边界相重叠,尤其是乡镇一级的行政单元,往往是一个或几个较完整的自然单元的总和。

(2) 有较长时间的社会经济数据积累。米脂县各乡镇均有相关的统计部门,为分析不同乡镇土地利用功能变化提供了数据的支持和保障。在米脂县部分乡镇甚至有部分村庄的农户土地权属数据,为分析农户土地利用行为及其变化对土地利用功能的影响奠定了坚实的数据基础。

(3) 乡镇单元也是米脂县各种区域经济和环境政策具体落实和实施的对象,为分析各种区域政策对农户的影响提供了良好的前提。

(4) 乡镇尺度的研究也为今后县域尺度研究积累了宝贵的实践经验和理论基础。因此,本章以乡镇作为分析宏观土地利用功能变化微观驱动机制的最大空间尺度。

为了揭示宏观土地利用功能变化的微观驱动机制,本章首先依据扶贫政策实施与否设置两个不同的政策情景;其次,基于CA-BDI+CLUE-S模型,从农户、村庄、乡镇等尺度分析土地利用变化,再结合构建的土地利用功能指标体系分析不同尺度土地利用功能的时空分异;最后,基于土地利用功能冷、热点分析和重要性分析,探讨乡镇土地利用功能的调整,给出达到政策目标需要重点关注的村庄,为扶贫政策的有效实施提供理论依据。

6.1 村庄及乡镇土地利用功能计算方法

6.1.1 村庄尺度土地利用功能的计算方法

依据 3.1.1 小节所构建的土地利用功能评价指标体系，3.1.2 小节确定各个评价指标权重的计算方法，以及 3.1.3 小节对各单项土地利用功能和综合土地利用功能的计算方法；结合 4.3.2 小节构建的 CA-BDI 模型与 4.3.3 小节农户个体决策向群体决策的转化方法，计算各典型村庄的单项土地利用功能和综合土地利用功能，目的在于揭示村庄土地利用功能变化的微观驱动机制。

为了在农户个体土地利用行为与村庄土地利用功能间建立关联，须在农户决策的结果与土地利用功能指标间建立有机联系。如图 6.1 所示，农户土地利用行为变化可对村庄土地利用数量、村庄土地利用质量和村庄土地利用格局产生影响，由此改变土地利用功能指标，从而对村庄土地利用功能产生影响。

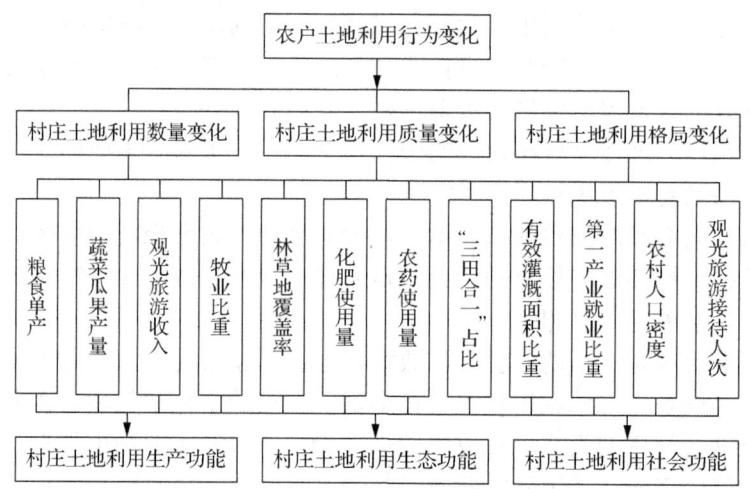

图 6.1 农户土地利用行为与村庄土地利用功能关系

需要说明的是，基于 CA-BDI+CLUE-S 模型的模拟结果仅能对土地利用功能指标体系中的部分指标会产生影响，对于不同尺度土地利用功能的计算还需要结合其他统计和调研资料。

基于 CA-BDI 模型模拟农户个体土地利用行为及其变化，通过多尺度转化方法模拟不同群体土地利用行为及其变化，获取计算各单项土地利用功能的必要参数，利用各单项土地利用功能和综合土地利用功能的计算方法，对土地利用功能进行计算。村庄各单项和综合土地利用功能的计算式为

$$\mathrm{VSLUF}_{ijt} = \sum_{j=1}^{m} w_{ijkt} I_{ijkt} \quad (6.1)$$

$$\mathrm{VMLUF}_{it} = \sum_{i=1}^{n} \alpha_{ijt} \mathrm{VSLUF}_{ijt} \quad (6.2)$$

式中，VSLUF_{ijt} 为村庄 i 在时间 t 的第 j 项土地利用功能；w_{ijkt} 表示村庄 i 在时间 t 的第 j 项土地利用功能中第 k 个指标的权重；I_{ijkt} 为村庄 i 在时间 t 的第 j 项土地利用功能中第 k 个指标；VMLUF_{it} 为村庄 i 在时间 t 的综合土地利用功能；α_{ijt} 为村庄 i 在时间 t 的第 j 项土地利用功能的权重；n 与 m 分别为土地利用功能的类型数和各类土地利用功能类型的指标数。

6.1.2 乡镇尺度土地利用功能的计算方法

依据 3.1.1 小节所构建的土地利用功能评价指标体系，3.1.2 小节确定各个指标权重的计算方法，以及 3.1.3 小节对各单项土地利用功能和综合土地利用功能的计算方法；结合 4.3.2 小节构建的 CA-BDI 模型与 5.1.1 小节村庄决策向乡镇决策的尺度转化方法，计算各典型乡镇的单项土地利用功能和综合土地利用功能，以揭示乡镇土地利用功能变化的微观驱动机制。

与农户个体土地利用行为与村庄土地利用功能间关系类似，本小节给出了村庄土地利用与乡镇土地利用功能关系，见图 6.2。从图中可看出，村庄土地利用变化可对村庄类型土地利用数量、村庄类型土地利用质量和村庄类型土地利用格局产生影响，由此改变乡镇土地利用功能指标，从而对乡镇土地利用功能产生影响。同样，计算乡镇尺度土地利用功能变化，要综合 CA-BDI+CLUE-S 模型的模拟结果、乡镇尺度其他统计和调研资料才能实现。

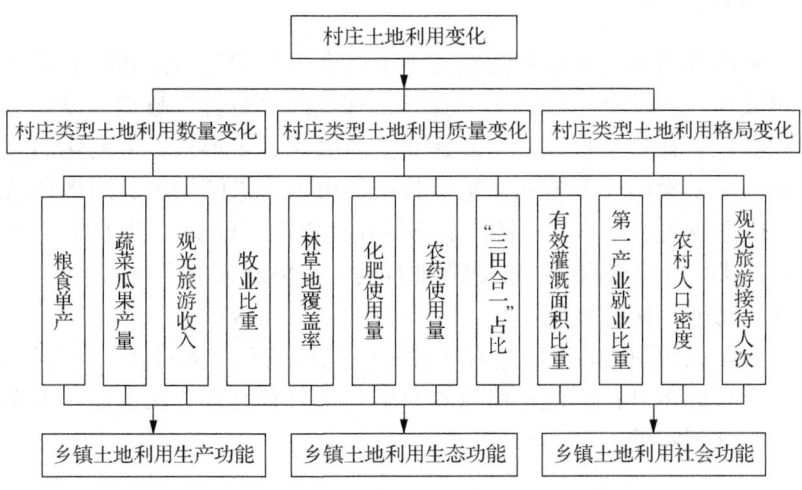

图 6.2 村庄土地利用与乡镇土地利用功能关系

基于 5.1.1 小节从村庄到乡镇尺度的决策转化法，获取计算各单项土地利用功能的必要参数，利用各单项土地利用功能和综合土地利用功能的计算方法，对土地利用功能进行计算。乡镇各单项和综合土地利用功能的计算式为

$$CSLUF_{ijt} = \sum_{j=1}^{n}\sum_{k=1}^{m} \theta_{ijkt} I_{ijkt} \tag{6.3}$$

$$CMLUF_{it} = \sum_{i=1}^{n} \beta_{ijt} CSLUF_{ijt} \tag{6.4}$$

式中，$CSLUF_{ijt}$ 为乡镇 i 在时间 t 的第 j 项土地利用功能；θ_{ijkt} 为乡镇 i 在时间 t 的第 j 项土地利用功能中第 k 个指标的权重；I_{ijkt} 为乡镇 i 在时间 t 的第 j 项土地利用功能中第 k 个指标；$CMLUF_{it}$ 为乡镇 i 在时间 t 的综合土地利用功能；β_{ijt} 为乡镇 i 在时间 t 的第 j 项土地利用功能的权重；n 与 m 分别为土地利用功能的类型数和各类土地利用功能类型的指标数。

6.2 情景设置

情景模拟是揭示土地利用变化与环境效应动态反馈、自然与社会动态反馈的有效途径之一（Nelson et al.，2009；Kok et al.，2007；何春阳等，2005），它是指在特定假设条件下建立多组相互迥异的情景来显示未来可能发生的事情，可以帮助管理者将管理目标集中在关键的决策点上，扩展决策的深度和宽度。本节依据研究区的实际情况，设置两个政策情景，拟分析在不同政策情景下农户土地利用行为变化对不同尺度土地利用功能的影响。

6.2.1 相关政策说明

经过米脂县国民经济和社会发展第十二个五年规划试点和经验总结，米脂县在山地苹果建设方面基本形成了一套行之有效的"组合"政策，提高了农民栽种苹果的积极性。在资金投入方面，建立了多层次、多形式、多元化的果业投入机制；在配套基础设施完善方面，重点解决百亩以上果园用水、用电和道路等基础设施，实现灌溉用水、动力电源、道路硬化、农机具配套"四到园"；在提升防灾减灾能力方面，引导果农积极参加农业保险，在果园集中区设立灾害预警监测点，增加防虫、防冻、防雹设施。

结合实际调研数据，米脂县农户种植山地苹果有三大难题：一是前期投入大；二是中期管护成本高；三是种植技术要求高。只有有效解决上述三大难题，才能真正使政策落到实处。

1. 前期投入问题

山地苹果种植前期投入主要包括土地整理和种苗费,平均费用为 2500 元/亩。米脂县对于流转整理土地不少于 50 亩,承包经营年限达到 15 年,且成活率在 85%以上的标准果园,补贴土地整理费 1200 元/亩,苗木栽植费 500 元/亩,基本解决了近 70%的费用。对于贫困户再给予 500 元/亩的扶贫项目补助,使其建苹果园当年基本实现"零投入"。

2. 种植技术问题

米脂县现有的苹果生产技术力量只有实际需求的 1/10。目前,米脂县已从三个方面加强对技术人才的培养:一是从农业系统内部选择有业务基础的年轻干部到相关高等院校进行脱产深造,培养经营苹果产业的复合型人才;二是选择热爱苹果事业大学生村干部、乡镇年轻干部到职业院校进行短期培训,或邀请专家现场讲课、实地指导,培养苹果生产的技术人员;三是选择苹果栽植大户和有栽植苹果意向的青年农民,利用本县培训资源,培养职业农民。

3. 中期管护成本问题

山地苹果从种植到盛果期,平均需要 4 年时间,期间的管护成本主要包括施肥、药、灌溉,平均费用 3500 元/亩;后期还需要购袋、摘套袋和人工管理,费用为 4000 元/亩。对于大规模种植的农户而言,资金短缺较为明显,米脂县财政安排 1000 万元风险保证金及银行无抵押、无担保产业扶持贷款 1 亿元;对于贫困户发展山地苹果,可获得最高 5 万元的 3 年期全贴息贷款,在一定程度上可缓解农户资金的压力。同时,在果园集中区设立灾害预警监测点,增加防虫、防冻、防雹设施,对进入盛果期新建防雹网的果园,县财政再给予 2000 元/亩的补贴。

同时,米脂县的山地苹果扶贫政策有较强的针对性,前期主要以有一定种植经验和种植规模的乡镇为试点,目前主要以杜家石沟镇和印斗镇为重点乡镇开展试点工作,积累经验后再逐步推广到整个研究区。因此,本章以高渠乡和杜家石沟镇为典型乡镇,探讨在不同政策情景下,农户土地利用行为变化对不同尺度土地利用功能的影响,为米脂县全面有效执行山地苹果扶贫政策打下坚实的理论基础。

6.2.2 情景Ⅰ:不执行扶贫政策情景

以高渠乡为例分析在不执行扶贫政策的情况下,农户土地利用行为变化对该区土地利用功能的影响。因此,本章假定在 2018~2020 年,农户土地利用行为的转化规则与前期总结的转化规则一致,再基于构建的 CA-BDI+CLUE-S 模型,模拟 2018~2020 年高渠乡农户土地利用行为变化对土地利用功能的影响。

按照 CLUE-S 模型配置参数的方法，设置高渠乡 main1.txt、cov_all.0、alloc.reg、region_park*.fil、demand.in*、sclgr*.fil 和 allow.txt 等文件的参数。其中，demand.in* 文件参数的设置是 CA-BDI 模型与 CLUE-S 模型耦合的关键参数之一。本章以 CA-BDI 模型对各个村庄土地利用需求的模拟结果作为 CLUE-S 模型的土地需求，在两个模型间建立定量关系。表 6.1 为情景Ⅰ下 2018~2020 年高渠乡作物土地需求量表。

表 6.1 情景Ⅰ下 2018~2020 年高渠乡作物土地需求量表 （单位：hm^2）

年份	玉米	土豆	小红葱	果树	杂粮	其他
2018	264.63	231.19	349.09	62.27	322.34	11.38
2019	272.80	263.85	313.96	62.33	316.50	11.46
2020	280.84	246.13	325.24	62.35	297.70	28.64

在此基础上，从农户、村庄、乡镇等尺度分析土地利用变化，再结合构建的土地利用功能指标体系分析不同尺度土地利用功能的时空分异；然后，基于土地利用功能冷、热点分析和重要性分析，探讨乡镇土地利用功能的调整。

6.2.3 情景Ⅱ：执行扶贫政策的情景

以杜家石沟镇为例分析在执行扶贫政策的情景下，农户土地利用行为变化对该区土地利用功能的影响。虽然米脂县制定了较为详细的山地苹果发展计划，但是计划仅确定了苹果的种植面积，没有对其他作物的面积进行解释和说明。为了获取其他作物的面积，本章基于 CA-BDI+CLUE-S 耦合模型，当模拟的山地苹果种植面积达到规划的标准数量时，其他作物的面积作为 2018~2020 年特定作物面积的需求，见表 6.2。

表 6.2 情景Ⅱ下 2018~2020 年杜家石沟镇土地需求量表 （单位：hm^2）

年份	玉米	土豆	小红葱	果树	杂粮	其他	荒地
2018	357.53	219.00	33.72	942.71	105.53	27.78	37.21
2019	357.51	43.28	26.73	1194.55	67.72	27.91	5.78
2020	246.17	18.30	4.23	1402.61	47.19	4.98	0.00

其他参数则按照 CLUE-S 模型配置方法进行设置，与分析高渠乡 CLUE-S 模型参数主要的不同体现在以下几个方面。

1) 土地利用类型不同

预测模型增加到 7 种土地利用类型。尽管新增类型的面积较小，但为了更加真实地预测研究区未来的土地利用变化，在预测时新增对荒地类型的预测。

2）region_park*.fil 文件不同

新增荒地类型，使得研究区耕地面积略有增加。

3）alloc.reg 文件不同

alloc.reg 文件需对荒地类型回归结果进行表征。

在此基础上，分析不同尺度土地利用变化和土地利用功能的时空分异；然后，基于土地利用功能冷、热点分析和重要性分析，探讨乡镇土地利用功能的调整，给出达到政策目标需要重点关注的村庄。

6.3 情景 I 下农户行为变化对土地利用功能的影响

6.3.1 农户及其群体土地利用行为的变化

1. 农户个体土地利用行为的变化

1）高西沟村农户个体土地利用行为的变化

首先，基于 CA-BDI 模型框架分析农户土地利用信念的变化。在信念模块包含的 $Policy_{ijlt}$、Phy_con_{ijkt}、$Status_{ijkt}$ 三个参数中，由于种植大户长期种植，对当地自然条件（Phy_con_{ijkt}）相当熟知，在区域土地利用功能调整政策和规范（$Policy_{ijlt}$）的影响下，对农户未来种植影响较大的参数是 $Status_{ijkt}$。基于式（4.3）计算作物排序参数 $Status_{ijkt}$，分析 2018~2020 年高西沟村典型种植大户作物种植重要性变化，见表 6.3。由于农户个体数量较多，表中仅对 3 个典型农户进行分析。

表 6.3 2018~2020 年高西沟村典型种植大户作物重要性变化表

种植大户	2018 年作物重要性	2019 年作物重要性	2020 年作物重要性
1	土豆 48%、杂粮 22%	土豆 54%、杂粮 43%	土豆 65%、杂粮 24%
2	杂粮 44%、果树 28%	土豆 52%、果树 21%	杂粮 47%、果树 21%
3	小红葱 63%、杂粮 29%	小红葱 51%、土豆 44%	小红葱 71%、杂粮 21%

从表 6.3 中可以看出，3 个种植大户最重要的作物保持基本不变，但作物重要性数值略有变动，整体保持增长趋势。例如，种植大户 1 以土豆为主要种植作物，从 2018 年的 48%重要性增加到 2020 年的 65%；种植大户 3 以小红葱为主要种植作物，从 2018 年的 63%重要性增加到 2020 年的 71%。由此可以看出，种植大户的种植信念变化主要表现在主要种植作物数量的潜在调整上，并没有对作物的种植结构进行大的调整。

在高西沟村种植大户形成上述种植信念后，对其种植愿望的变化进行分析。种植大户愿望包括潜在能力指数（Capabilities）和实际能力指数（Abilities）两个参数，其中 Capabilities 包括轮作和转化两种策略。结合表 6.3 及 CA-BDI 模型的土地利用转化规则，得出上述 3 个农户种植愿望变化表，结果见表 6.4。

表 6.4　2018～2020 年高西沟村典型种植大户种植愿望变化表

种植大户	2018 年种植愿望	2019 年种植愿望	2020 年种植愿望
1	轮作策略，Ability$_{ijkt}$=1	轮作策略，Ability$_{ijkt}$=1	轮作策略，Ability$_{ijkt}$=1
2	轮作策略，Ability$_{ijkt}$=1	轮作策略，Ability$_{ijkt}$=1	轮作策略，Ability$_{ijkt}$=1
3	转化策略，Ability$_{ijkt}$=1	转化策略，Ability$_{ijkt}$=1	转化策略，Ability$_{ijkt}$=1

由表 6.4 可以看出，3 个农户的实际能力指数（Abilities）均为 1，这主要是因为种植大户长期种植上述作物，且农户对作物的价格和政策均有充分的了解；在上述种植信念下，种植大户 1 和种植大户 2 均采用轮作策略，种植大户 3 采用转化策略。

表 6.5 为 2018～2020 年高西沟村典型种植大户种植意图变化表，该表基于构建的 CA-BDI 模型进行模拟，采用不同年份种植大户土地利用数量的变化直观表现其种植意图及其变化，以此揭示种植大户种植意图的响应机制。

表 6.5　2018～2020 年高西沟村典型种植大户土地利用意图变化表

作物	种植大户 1 种植意图			种植大户 2 种植意图			种植大户 3 种植意图		
	2018 年	2019 年	2020 年	2018 年	2019 年	2020 年	2018 年	2019 年	2020 年
玉米	0.05	0.05	0.05	0.11	0.11	0.11	0.09	0.09	0.09
土豆	0.44	0.39	0.48	0.07	0.52	0.10	0.04	0.52	0.04
果树	0.00	0.00	0.00	0.20	0.20	0.20	0.00	0.00	0.00
杂粮	0.51	0.56	0.47	0.62	0.17	0.59	0.55	0.05	0.46
小红葱	0.00	0.00	0.00	0.00	0.00	0.00	0.32	0.34	0.41

由表 6.5 看出，3 个典型种植大户除了玉米和果树种植面积保持不变外，其他作物的种植面积在 3 年中互有增减，基本维持了其原有的种植结构。例如，种植大户 1 在 2018 年的种植结构为杂粮（0.51）、土豆（0.44）、玉米（0.05），2019 年的种植结构为杂粮（0.56）、土豆（0.39）、玉米（0.05），2020 年的种植结构为杂粮（0.47）、土豆（0.48）、玉米（0.05）。尽管种植结构有变化，但大体维持了以杂粮和土豆为主的种植结构，其他种植大户也是如此。

2）刘渠村农户个体土地利用行为的变化

与高西沟村类似，首先对刘渠村典型农户作物重要性进行分析。表 6.6 为 2018～2020 年刘渠村种植大户作物种植重要性表变化。

表 6.6　2018～2020 年刘渠村种植大户作物重要性变化表

种植大户	2018 年作物重要性	2019 年作物重要性	2020 年作物重要性
1	小红葱 94%、杂粮 6%	小红葱 89%、土豆 11%	小红葱 94%、杂粮 6%
2	小红葱 60%、玉米 18%	小红葱 58%、土豆 19%	小红葱 60%、土豆 22%
3	小红葱 93%、土豆 7%	小红葱 95%、杂粮 3%	小红葱 93%、土豆 7%

从表 6.6 可以看出，2018～2020 年刘渠村 3 个种植大户作物重要性排序中，小红葱占绝对优势，最低为种植大户 2 在 2019 年的 58%。刘渠村与高西沟村一样：种植大户种植信念的变化主要表现在农户对主要种植作物数量的潜在调整上，种植大户并没有对作物的种植结构进行大的调整。

结合表 6.6 及 CA-BDI 模型的土地利用转化规则，得出上述 3 个农户种植愿望变化表（表 6.7）。由表可以看出，3 个种植大户的能力指数（Abilities）均为 1，这与农户长期种植上述作物，且对作物的价格和政策均有了解密切相关。在上述种植信念下，3 个种植大户同时采用转化策略和轮作策略。

表 6.7　2018～2020 年刘渠村种植大户种植愿望变化表

种植大户	2018 年种植愿望	2019 年种植愿望	2020 年种植愿望
1	转化/轮作策略，$Ability_{ijkt}=1$	转化/轮作策略，$Ability_{ijkt}=1$	转化/轮作策略，$Ability_{ijkt}=1$
2	转化/轮作策略，$Ability_{ijkt}=1$	转化/轮作策略，$Ability_{ijkt}=1$	转化/轮作策略，$Ability_{ijkt}=1$
3	转化/轮作策略，$Ability_{ijkt}=1$	转化/轮作策略，$Ability_{ijkt}=1$	转化/轮作策略，$Ability_{ijkt}=1$

表 6.8 为 2018～2020 年刘渠村种植大户种植意图变化表。由表 6.8 可以看出，3 个典型种植大户均没有栽种果树，且小红葱种植面积最大。3 个大户种植作物的面积虽然有所调整，但基本维持了其原有的种植结构。例如，种植大户 2 在 2018 年的种植结构为小红葱（0.39）、玉米（0.33）和杂粮（0.17），2019 年的种植结构为小红葱（0.39）、玉米（0.33）、土豆（0.18），2020 年的种植结构为小红葱（0.43）、土豆（0.21）、玉米（0.33），尽管种植结构有变化，但大体维持了以小红葱为主的种植结构。其他种植大户表现得更为突出。

表 6.8　2018～2020 年刘渠村种植大户种植意图变化表

作物	种植大户 1 种植意图			种植大户 2 种植意图			种植大户 3 种植意图		
	2018 年	2019 年	2020 年	2018 年	2019 年	2020 年	2018 年	2019 年	2020 年
玉米	0.00	0.00	0.00	0.33	0.33	0.33	0.00	0.00	0.00
土豆	0.00	0.16	0.00	0.11	0.18	0.21	0.09	0.03	0.09
果树	0.00	0.00	0.00	0.00	0.00	0.00	0.00	0.00	0.00
杂粮	0.16	0.00	0.16	0.17	0.10	0.03	0.00	0.06	0.00
小红葱	0.84	0.84	0.84	0.39	0.39	0.43	0.91	0.91	0.91

2. 农户群体土地利用行为的变化

1) 高西沟村农户群体土地利用行为的变化

从农户层面来看，农户土地利用行为变化的特点为：一是农户行为变化的方式多样；二是农户的种植结构得以大体维持。为了更清晰地揭示土地利用功能变化的微观驱动机制，还需分析农户群体土地利用行为的变化。依据式（4.7），得到 2018～2020 年西高沟村种植户群体种植意图变化表，见表 6.9。

表 6.9　2018～2020 年高西沟村种植户群体种植意图变化表

作物	2018 年种植意图	2019 年种植意图	2020 年种植意图
玉米	0.20	0.20	0.20
土豆	0.25	0.31	0.25
果树	0.05	0.05	0.05
杂粮	0.39	0.31	0.36
小红葱	0.11	0.13	0.14

由表 6.9 可知，就种植户群体而言，玉米和果树种植面积基本保持不变，小红葱种植面积有所增加，土豆和杂粮采用轮作策略。就种植结构而言，2018～2020 年种植户群体的种植作物面积有所变化，但都是以土豆和杂粮为主的种植结构。基于式（4.3）对作物排序的参数 $Status_{ijkt}$ 进行计算可知，2018～2020 年该群体土豆的重要性最高，其次是杂粮和小红葱。

2）刘渠村农户群体土地利用行为的变化

从农户层面来看，刘渠村与高西沟村一样，农户土地利用行为的变化主要表现在农户对主要作物种植面积的调整上，其种植结构得以大体维持；相对于高西沟村农户多样的行为方式，刘渠村农户的行为变化则较为简单。为了更清晰地揭示土地利用功能变化的微观驱动机制，还需要分析农户群体土地利用行为的影响。依据式（4.7），得到 2018～2020 年刘渠村种植户群体种植意图变化表（表 6.10）。

表 6.10　2018～2020 年刘渠村种植户群体种植意图变化表

作物	2018 年种植意图	2019 年种植意图	2020 年种植意图
玉米	0.02	0.02	0.02
土豆	0.08	0.07	0.18
果树	0.01	0.01	0.01
杂粮	0.15	0.10	0.13
小红葱	0.74	0.80	0.66

从表 6.10 看出，就种植户群体而言，玉米和果树种植面积没有变化；小红葱种植面积有所波动，但处于绝对优势地位。就种植结构而言，2018～2020 年该群体的种植结构虽然数值不同，但均是以小红葱为主的种植结构；利用式（4.3）计算作物排序参数 $Status_{ijkt}$，2018～2020 年该群体小红葱的重要性最高，其次是土豆和杂粮。

6.3.2　不同村庄类型的土地利用变化

基于 CA-BDI+CLUE-S 耦合模型模拟的土地利用变化，计算 2018～2020 年高渠乡村庄类型Ⅰ不同自然条件下的土地利用变化表,结果见表 6.11。从村庄类型Ⅰ整体来看,直观地表现为作物土地利用面积的增减。从 2018～2019 年,作物面积增加最大的是土豆(11.42hm^2),其次是杂粮(2.58hm^2)、玉米(2.01hm^2);作物面积减少最多的是小红葱(14.00hm^2)。从 2019 年到 2020 年,作物面积增加最大的是小红葱(8.00hm^2),其次是其他作物(2.01hm^2);作物面积减少最大的是土豆(5.42hm^2),其次是杂粮(2.58hm^2)、玉米(2.01hm^2)。

表 6.11　2018～2020 年高渠乡村庄类型Ⅰ在不同自然条件下的土地利用变化表

年份	自然条件	种植面积/hm^2					
		玉米	土豆	小红葱	果树	杂粮	其他
2018	11	33.06	32.57	19.53	7.80	36.13	2.01
	12	9.46	12.25	8.28	4.25	16.41	1.01
	13	0.63	1.44	1.05	0.48	2.2	0.09
	21	9.95	7.27	5.15	0.22	9.12	0.15
	22	5.23	3.32	2.23	0.24	4.03	0.04
	23	0.80	0.42	0.44	0.02	0.62	0.02
	31	11.38	8.21	8.97	1.69	11.91	0.64
	32	6.61	3.54	5.07	1.39	6.02	0.16
	33	1.18	0.56	0.64	0.13	0.93	0.04
2019	11	35.07	36.13	19.53	7.80	32.57	0.00
	12	9.46	16.41	4.28	4.25	16.25	1.01
	13	0.63	1.44	1.05	0.48	2.20	0.09
	21	9.95	7.27	3.15	0.22	11.12	0.15
	22	5.23	3.32	2.23	0.24	4.03	0.04
	23	0.80	0.42	0.44	0.02	0.62	0.02
	31	11.38	11.91	4.97	1.69	12.21	0.64
	32	6.61	3.54	1.07	1.39	10.02	0.16
	33	1.18	0.56	0.64	0.13	0.93	0.04
2020	11	33.06	32.57	19.53	7.80	36.13	2.01
	12	9.46	16.25	4.28	4.25	16.41	1.01
	13	0.63	1.44	1.05	0.48	2.2	0.09
	21	9.95	9.27	3.15	0.22	9.12	0.15
	22	5.23	3.32	2.23	0.24	4.03	0.04
	23	0.80	0.42	0.44	0.02	0.62	0.02
	31	11.38	8.21	8.97	1.69	11.91	0.64
	32	6.61	3.54	5.07	1.39	6.02	0.16
	33	1.18	0.56	0.64	0.13	0.93	0.04

村庄类型Ⅰ的土地利用变化还表现在作物在不同自然条件下配置比例和空间位置的变化。2018~2020年高渠乡村庄类型Ⅰ每种作物在不同自然条件下的种植比例有所调整，但作物在不同自然条件种植的排序基本保持不变。例如，土豆在此期间主要种植在自然条件11和12的耕地上。同时也可以看出，从2018年到2020年虽然不同年份作物的种植面积有所调整，但村庄类型Ⅰ基本保持了原有的种植结构，即种植面积从大到小排序的前3位是杂粮、玉米和土豆；就作物的重要性而言，2018~2020年作物重要性排序前3位始终是杂粮、土豆和玉米，但作物重要性数值略有差异。因此，高渠乡村庄类型Ⅰ的土地利用响应主要表现在对各种作物数量的调整上，但作物的种植结构、作物的重要性排序，以及作物在不同自然条件种植排序均基本保持不变。

表6.12为2018~2020年高渠乡村庄类型Ⅱ在不同自然条件下的土地利用变化表。由表看出，从2018年到2019年，作物面积增加最大的是土豆（21.24hm^2），其次是玉米（6.16hm^2）；作物面积减少最多的是小红葱（21.13hm^2）。从2019年到2020年，作物面积增加最大的是其他作物（15.17hm^2），其次是玉米（10.05hm^2）；作物面积减少最大的是杂粮（16.22hm^2），其次是小红葱（12.30hm^2）。

表6.12 2018~2020年高渠乡村庄类型Ⅱ在不同自然条件下的土地利用变化表

年份	自然条件	种植面积/hm^2					
		玉米	土豆	小红葱	果树	杂粮	其他
2018	11	48.69	53.32	92.16	31.66	79.25	2.99
	12	24.80	25.37	41.97	7.03	36.94	2.41
	13	4.42	3.69	5.96	0.72	5.92	0.45
	21	34.99	26.01	39.98	1.94	33.76	0.74
	22	16.45	10.95	17.81	0.36	14.27	0.55
	23	3.18	1.63	2.74	0.06	2.31	0.08
	31	33.31	24.06	61.66	2.57	37.41	0.00
	32	17.24	14.25	30.15	1.35	21.06	0.00
	33	3.25	2.33	5.30	0.36	4.05	0.00
2019	11	50.52	57.75	84.8	31.66	78.57	4.77
	12	26.54	24.32	40.62	7.03	37.66	2.35
	13	4.64	3.91	6.04	0.72	5.53	0.32
	21	36.5	27.86	38.43	2.00	31.49	1.14
	22	17.87	10.68	17.93	0.36	12.92	0.63
	23	3.45	1.52	2.97	0.06	1.97	0.03
	31	32.96	35.33	53.49	2.57	34.63	0.03
	32	16.87	17.76	27.85	1.35	20.18	0.04
	33	3.14	3.72	4.47	0.36	3.60	0.00

续表

年份	自然条件	种植面积/hm²					
		玉米	土豆	小红葱	果树	杂粮	其他
2020	11	54.40	54.00	93.72	29.96	70.35	5.64
	12	26.90	22.17	44.09	6.73	35.14	3.49
	13	4.95	2.65	6.31	0.62	6.03	0.60
	21	37.82	30.05	37.13	2.03	28.63	1.76
	22	17.42	10.97	15.93	0.40	13.66	2.01
	23	3.40	1.45	2.32	0.06	2.23	0.54
	31	35.75	29.73	50.02	3.58	33.51	6.42
	32	19.05	16.50	25.41	2.36	17.26	3.47
	33	2.85	3.03	4.95	0.39	3.52	0.55

由表 6.12 看出，2018～2020 年高渠乡村庄类型Ⅱ基本保持了原有的种植结构，即种植面积从大到小排序的前 3 位为小红葱、杂粮和玉米，但不同年份作物的种植面积有所调整；从作物的重要性而言，尽管 2018～2020 年作物重要性排序在前 3 位是小红葱、杂粮和玉米，但作物重要性数值略有差异。同时也可以看出，每种作物在不同自然条件下的种植比例有所调整，但作物在不同自然条件种植的排序基本保持不变。例如，2018 年小红葱主要种植在自然条件 11 和 31 的耕地上，在 2019 年和 2020 年依然如此。因此，村庄类型Ⅱ的土地利用响应主要表现在对各种作物数量上的调整，但作物的种植结构、重要性排序、在不同自然条件种植排序均基本保持不变。

综合高渠乡村庄类型Ⅰ和村庄类型Ⅱ土地利用响应的分析可以看出，两种村庄类型在现有政策和区域经济发展条件下，大体保持了作物的种植结构以及不同村庄类型作物的重要性排序，即村庄类型Ⅰ以杂粮和土豆为主要种植作物，村庄类型Ⅱ则以小红葱和杂粮为主要种植作物。

6.3.3 高渠乡土地利用变化分析

表 6.13 为 2018 年高渠乡作物在种植比例较高的自然条件 11 和 31 的耕地上种植比例表。由表看出，针对不同的分析尺度，2018 年高渠乡每种作物在自然条件 11 上的种植比例均高于自然条件 31，且每种作物在不同的尺度上的种植比例存在一定差异。例如，在 11 条件下，村庄类型Ⅰ的土豆种植比例为 0.47，村庄类型Ⅱ为 0.33，乡镇整体为 0.35。作物种植比例的差异既反映出不同村庄类型对自然条件认知的差异，又反映出乡镇整体对自然条件的认知是村庄类型认知的综合。

表 6.13　2018 年高渠乡作物在自然条件 11 和 31 的种植比例表

研究单元	自然条件	玉米	土豆	小红葱	果树	杂粮	其他
乡镇整体（高渠乡）	11	0.31	0.35	0.35	0.61	0.36	0.27
	31	0.17	0.15	0.18	0.08	0.15	0.25
村庄类型 II	11	0.26	0.33	0.31	0.69	0.34	0.41
	31	0.18	0.15	0.21	0.06	0.16	0.00
村庄类型 I	11	0.42	0.47	0.38	0.48	0.41	0.48
	31	0.15	0.12	0.17	0.10	0.14	0.15

表 6.14 为 2018~2020 年高渠乡在不同自然条件下的土地利用变化，从 2018 年到 2019 年作物面积增加最大的是土豆（32.66hm²），其次是玉米（8.17hm²）；作物面积减少最多的是小红葱（35.13hm²）。从 2019 年到 2020 年作物面积增加最大的是其他作物（17.18hm²），其次是小红葱（11.28hm²）；作物面积减少最多的是杂粮（18.80hm²），其次是小红葱（17.72hm²）。

表 6.14　2018~2020 年高渠乡在不同自然条件下的土地利用变化表

年份	自然条件	种植面积/hm²					
		玉米	土豆	小红葱	果树	杂粮	其他
2018	11	81.75	85.89	111.69	39.46	115.38	5.00
	12	34.26	37.62	50.25	11.28	53.35	3.42
	13	5.05	5.13	7.01	1.20	8.12	0.54
	21	44.94	33.28	45.13	2.16	42.88	0.89
	22	21.68	14.27	20.04	0.60	18.30	0.59
	23	3.98	2.05	3.18	0.08	2.93	0.10
	31	44.69	32.27	70.63	4.26	49.32	0.64
	32	23.85	17.79	35.22	2.74	27.08	0.16
	33	4.43	2.89	5.94	0.49	4.98	0.04
2019	11	85.59	93.88	104.33	39.46	111.14	4.77
	12	36.00	40.73	44.90	11.28	53.91	3.36
	13	5.27	5.35	7.09	1.20	7.73	0.41
	21	46.45	35.13	41.58	2.22	42.61	1.29
	22	23.10	14.00	20.16	0.60	16.95	0.67
	23	4.25	1.94	3.41	0.08	2.59	0.05
	31	44.34	47.24	58.46	4.26	46.84	0.67
	32	23.48	21.30	28.92	2.74	30.20	0.20
	33	4.32	4.28	5.11	0.49	4.53	0.04

续表

年份	自然条件	种植面积/hm²					
		玉米	土豆	小红葱	果树	杂粮	其他
2020	11	87.46	86.57	113.25	37.76	106.48	7.65
	12	36.36	38.42	48.37	10.98	51.55	4.50
	13	5.58	4.09	7.36	1.10	8.23	0.69
	21	47.77	39.32	40.28	2.25	37.75	1.91
	22	22.65	14.29	18.16	0.64	17.69	2.05
	23	4.20	1.87	2.76	0.08	2.85	0.56
	31	47.13	37.94	58.99	5.27	45.42	7.06
	32	25.66	20.04	30.48	3.75	23.28	3.63
	33	4.03	3.59	5.59	0.52	4.45	0.59

从表 6.14 可以看出，2018~2020 年高渠乡基本保持了原有的种植结构，即种植面积较大的依次为小红葱、杂粮和玉米，但在不同年份作物的种植面积有所调整；就作物的重要性而言，2018~2020 年作物重要性排序位于前 3 位的是小红葱、杂粮和玉米，但作物重要性程度在不同年份存在差异。高渠乡每种作物在不同自然条件下的种植比例有所调整；除土豆外，其他作物在不同自然条件种植的排序基本保持不变。但需要注意的是，每种作物在特定自然条件上的种植比例与村庄类型Ⅰ和村庄类型Ⅱ表现均不一致，见表 6.13。

因此，高渠乡土地利用变化既不是占面积大、村庄数量多的村庄类型Ⅱ土地利用变化的"翻版"，又不是村庄类型Ⅰ变化的"照搬"，而是村庄类型Ⅰ和类型Ⅱ综合变化的结果，是两种类型村庄在各种作物数量、种植结构和重要性排序等的综合结果。

6.3.4 高渠乡土地利用功能变化分析

1. 高渠乡典型村庄土地利用功能变化分析

基于 3.1.1 小节构建的指标体系及 3.2.1 小节中确定的土地利用功能评价指标的权重，依据实际收集的相关资料和式（6.1）和式（6.2），计算 2018~2020 年高渠乡两个典型村庄，即高西沟村和刘渠村，各单项土地利用功能和综合土地利用功能，见表 6.15。

表 6.15　2018～2020 年高渠乡典型村庄土地利用功能表

村庄名称	土地利用功能类型	2018 年	2019 年	2020 年
高西沟村	生产功能	0.32	0.28	0.67
	生态功能	0.43	0.41	0.52
	社会功能	0.18	0.18	0.63
	综合功能	0.31	0.29	0.61
刘渠村	生产功能	0.09	0.16	0.23
	生态功能	0.05	0.04	0.08
	社会功能	0.12	0.13	0.16
	综合功能	0.09	0.11	0.16

由表 6.15 可以看出，就土地利用综合功能而言，2018～2020 年高西沟村和刘渠村均表现为增加，但高西沟村增长幅度大于刘渠村的增长幅度。结合两个典型村庄各单项土地利用功能的变化，进一步分析综合土地利用功能变化的"细节"。2018～2020 年高西沟村各单项功能均呈现增加的态势，增加幅度最大的是社会功能（0.45），其次是生产功能（0.35），增加幅度最小的是生态功能（0.09）；三种单项功能的增加对综合功能的增加贡献率最大的是社会功能（0.59），其次是生产功能（0.32），最小的是生态功能（0.09）。刘渠村生态功能、生产功能和社会功能均略有增加，其增幅分别为 0.03、0.14 和 0.04；其综合土地利用功能略有增加，增加幅度为 0.06。通过对比两个典型村庄土地利用功能变化的差异，并结合米脂县"一乡一业，一村一品"的农业特色政策不难看出，高西沟村是以生态示范园区建设为主，通过发展乡村旅游带动该村社会经济的发展；刘渠村则是以小红葱种植为主导产业的村庄。

2. 高渠乡土地利用功能变化分析

基于 3.1.1 小节构建的指标体系及 3.2.1 小节中确定的土地利用功能评价指标的权重，再依据实际收集的相关资料和式（6.3）和式（6.4），分别计算 2018～2020 年高渠乡及村庄类型Ⅰ和村庄类型Ⅱ土地利用功能，结果见表 6.16。

由表 6.16 可以看出，高渠乡、村庄类型Ⅰ和村庄类型Ⅱ的综合土地利用功能和各单项土地利用功能的变化不尽一致。就综合功能而言，高渠乡和村庄类型Ⅰ的土地利用综合功能较为类似，从 2018～2020 年均先增后减，基本保持平稳态势；村庄类型Ⅱ的综合土地利用功能略有增加。就生产功能而言，高渠乡、村庄类型Ⅰ和村庄类型Ⅱ的表现较为一致，均为先增后减，村庄类型Ⅰ的增幅最大，其次为村庄类型Ⅱ，高渠乡增幅最小。就生态功能而言，高渠乡和村庄类型Ⅰ较为类似，均略有减少，村庄类型Ⅱ先减后增；就社会功能而言，高渠乡与村庄类型Ⅱ

较为类似,均表现为略有增,村庄类型Ⅰ保持不变。

表 6.16 2018～2020 年高渠乡土地利用功能表

分析尺度	土地利用功能类型	2018 年	2019 年	2020 年
乡镇整体 (高渠乡)	生产功能	0.17	0.21	0.16
	生态功能	0.51	0.50	0.50
	社会功能	0.22	0.23	0.23
	综合功能	0.32	0.33	0.32
村庄类型Ⅰ	生产功能	0.18	0.23	0.17
	生态功能	0.53	0.52	0.51
	社会功能	0.33	0.33	0.33
	综合功能	0.37	0.38	0.36
村庄类型Ⅱ	生产功能	0.16	0.20	0.15
	生态功能	0.50	0.49	0.50
	社会功能	0.16	0.17	0.17
	综合功能	0.29	0.30	0.30

高渠乡土地利用功能的变化是村庄类型Ⅰ和村庄类型Ⅱ土地利用功能变化的综合效应。就生产功能而言,从 2018～2019 年村庄类型Ⅰ和村庄类型Ⅱ均表现为增加,高渠乡整体的生态功能也表现为增加;从 2019～2020 年村庄类型Ⅰ和村庄类型Ⅱ生产功能表现为减少,高渠乡整体的生产功能也表现为减少。以生态功能为例,从 2018～2019 年村庄类型Ⅰ和村庄类型Ⅱ均表现为减少,高渠乡整体的生态功能也表现为减少;从 2019～2020 年村庄类型Ⅰ生态功能表现为减少,村庄类型Ⅱ的生态功能表现为增加,高渠乡生态功能则表现为不变。

3. 高渠乡单项土地利用功能冷、热点变化分析

根据 3.1.4 小节中土地利用功能冷、热点区域的确定规则,得出 2017 年和 2020 年高渠乡冷、热点村庄及冷、热点的空间分异,分别见表 6.17 和图 6.3。

表 6.17 2017 年和 2020 年高渠乡冷、热点村庄

年份	热点村庄	冷点村庄	其他区域
2017	高庙山村、阳山村、姬家寨村、高西沟村	折家坪村	高渠村、田渠村、冯渠村、白家塔村、陈家沟村、麻渠村、高家硷村、马家沟村、井家沟村、姜兴庄村、安沟村、李谢硷村、马蹄圪垯村、李郝山村、刘渠村
2020	高庙山村、阳山村、姬家寨村、高西沟村、高家硷村	白家塔村、折家坪村、井家沟村、李谢硷村、刘渠村	高渠村、田渠村、冯渠村、陈家沟村、麻渠村、马家沟村、姜兴庄村、安沟村、马蹄圪垯村、李郝山村

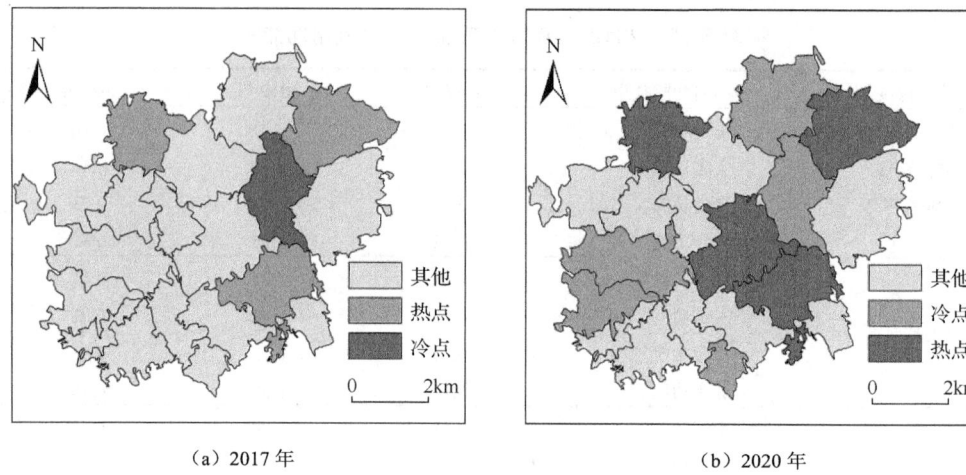

(a) 2017 年　　　　　　　　　(b) 2020 年

图 6.3　2017 年和 2020 年高渠乡冷、热点区域空间分异图

从表 6.17 中看出，2017 年高渠乡热点村庄有 4 个，冷点村庄有 1 个，其他村庄有 15 个，结合图 6.3，热点和冷点村庄呈现"插花"分布，其他村庄由于数量较多，空间呈现连续分布；2020 年热点村庄有 5 个，冷点村庄有 5 个，其他村庄有 10 个；保持不变的村庄有 15 个。结合图 6.3，热点和冷点村庄分布较为分散；其他村庄呈现连续分布，主要集中在研究区中部。

基于上述分析，首先需要关注保持热点区域类型的村庄和转化为热点区域的村庄，包括高庙山村、阳山村、姬家寨村、高西沟村、高家硷村等村庄；其次，需要关注由热点转化为其他区域类型的村庄和由其他区域转化为冷点区域类型的村庄，即白家墕村、折家坪村、井家沟村、李谢硷村、刘渠村等，这些村庄在现有政策下土地利用功能会发生不利的转化。因此，如何进一步调整具体政策措施，提升上述村庄土地利用功能就成为今后完善政策的重要工作之一。

4. 高渠乡单项土地利用功能重要性变化分析

表 6.18 为高渠乡各村庄单项土地利用重要性表，表中有 6 个村庄生产功能重要性增加，其余村庄均有下降；生态功能有 6 个村庄的重要性有所增加，其余村庄均有所下降；社会功能有 10 个村庄的重要性有所增加，其余村庄均有所下降。

表 6.18 高渠乡各村庄单项土地利用功能重要性表 （单位：%）

村庄名称	生产功能			生态功能			社会功能		
	期初	期末	重要性	期初	期末	重要性	期初	期末	重要性
井家沟村	3.64	2.53	-1.11	6.04	6.45	0.42	1.49	1.27	-0.22
冯渠村	1.70	1.44	-0.26	8.92	9.26	0.34	3.54	3.50	-0.04
刘渠村	3.26	3.41	0.16	3.70	1.26	-2.44	2.74	2.41	-0.33
姜兴庄村	4.43	4.04	-0.39	8.53	8.50	-0.03	2.05	2.34	0.29
姬家寨村	4.36	5.31	0.95	8.92	8.19	-0.73	5.95	8.42	2.47
安沟村	4.28	3.51	-0.77	9.84	8.26	-1.57	1.29	1.83	0.54
常阳山村	3.79	2.95	-0.83	10.52	8.98	-1.54	2.60	3.37	0.77
折家坪村	0.99	1.46	0.47	6.14	5.03	-1.10	2.75	3.04	0.29
李谢碥村	4.13	2.95	-1.17	3.20	4.36	1.15	2.23	1.71	-0.52
李郝山村	4.32	3.23	-1.09	6.07	6.13	0.07	3.35	2.19	-1.16
田渠村	3.91	2.61	-1.31	11.24	10.56	-0.67	2.03	1.99	-0.05
白家墕村	4.31	3.59	-0.73	6.57	4.76	-1.81	2.50	2.25	-0.25
陈家沟村	3.92	2.45	-1.48	10.43	9.68	-0.75	2.91	2.71	-0.20
马家沟村	2.55	1.85	-0.69	8.84	8.94	0.11	2.57	3.19	0.62
马蹄圿村	3.04	3.38	0.34	11.03	11.96	0.93	2.03	2.07	0.04
高家碥村	3.59	3.12	-0.46	6.64	6.59	-0.04	1.65	3.86	2.21
高庙山村	3.50	4.84	1.33	7.70	7.59	-0.12	4.61	6.95	2.33
高渠村	3.16	3.02	-0.14	8.11	8.05	-0.06	2.40	2.22	-0.19
高西沟村	4.80	10.03	5.23	8.47	7.82	-0.65	3.81	9.44	5.63
麻渠村	3.87	3.43	-0.44	9.69	8.25	-1.43	2.09	1.87	-0.22

注：期初和期末分别代表在 2017 年和 2020 年特定土地利用功能占综合土地利用功能的比重。

基于单项土地利用功能重要性变化确定需要重点关注的村庄。由表 6.18 看出，就生产功能重要性而言，排在前 5 位的村庄分别为高西沟村、高庙山村、马蹄圿村、姬家寨村、折家坪村。同样也可以判断出需要重点关注生态功能和社会功能重要性大和小的村庄。对比分析三种单项土地利用功能重要性可知：两种及以上单项土地利用功能重要性大的有高庙山村、姬家寨村、高西沟村、麻渠村等 6 个村庄；两种及以上单项土地利用功能重要性小的有刘渠村、李谢碥村等村庄。

对比高渠乡土地利用功能冷热点、重要性变化的分析，可以发现高西沟村、高庙山村、姬家寨村既是保持热点区域类型的村庄，又是重要性增大的村庄；同时也需要关注重要性减少、土地利用功能向不利方向转化的刘渠村、李谢碥村等。

6.4 情景 II 下农户行为变化对土地利用功能的影响

6.4.1 农户群体土地利用行为的变化

结合实际调研可知，杜家石沟镇部分农户有种植苹果的经验，且部分村庄已成立果业合作社，合作社有定期的、范围较大的技术培训，在一定程度上可有效解决山地苹果种植的技术问题。

因此，为了分析扶贫政策对农户土地利用行为的影响，本书假设影响农户土地利用行为的种植技术问题已解决。在上述基础上，本节以杜家石沟镇柳家坬村为例，对玉米、土豆、小红葱和杂粮等典型作物的转化规则进行分析。表 6.19 为柳家坬村扶贫政策实施前后种植户群体土地利用的转化规则表。从表中可以看出，由于柳家坬村类型的村庄没有小红葱种植，因此政策实施前不涉及小红葱的转化；土豆的转化主要集中在自然条件 11 和 21 上，其他条件则保持不变；杂粮在 21 和 22 条件下转化为土豆，其他条件不变；玉米和果树保持不变。与政策实施前相比，政策实施后杜家石沟镇农户土地利用转化规则发生较大变化：玉米在 11 和 21 条件下转化为果树；土豆和杂粮在各种自然条件下均转化为果树。

表 6.19 柳家坬村政策实施前后种植户群体土地利用转化规则表

自然条件	政策实施前					政策实施后				
	玉米	土豆	小红葱	果树	杂粮	玉米	土豆	小红葱	果树	杂粮
11	不变	转化	—	不变	不变	转化	转化	—	不变	转化
12	不变	不变	—	不变	不变	不变	转化	—	不变	转化
13	不变	不变	—	不变	不变	不变	转化	—	不变	转化
21	不变	转化	—	不变	转化	转化	转化	—	不变	转化
22	不变	转化	—	不变	转化	不变	转化	—	不变	转化
23	不变	转化	—	不变	不变	不变	转化	—	不变	转化
31	不变	转化	—	不变	不变	不变	转化	—	不变	转化
32	不变	转化	—	不变	不变	不变	转化	—	不变	转化
33	不变	不变	—	不变	不变	不变	不变	—	不变	转化

6.4.2 杜家石沟镇土地利用变化分析

依据 CLUE-S 模型配置参数的方法，设置杜家石沟镇的 main1.txt、cov_all.0、alloc.reg、region_park*.fil、demand.in*、sclgr*.fil 和 allow.txt 等文件参数。基于 CA-BDI+CLUE-S 耦合模型对 2018~2020 年杜家石沟镇土地利用变化进行模拟，结果见图 6.4。表 6.20~表 6.22 分别为杜家石沟镇 2018~2020 年模拟结果与 2017 年的土地利用转移矩阵。

第6章 农户土地利用行为变化对土地利用功能的影响

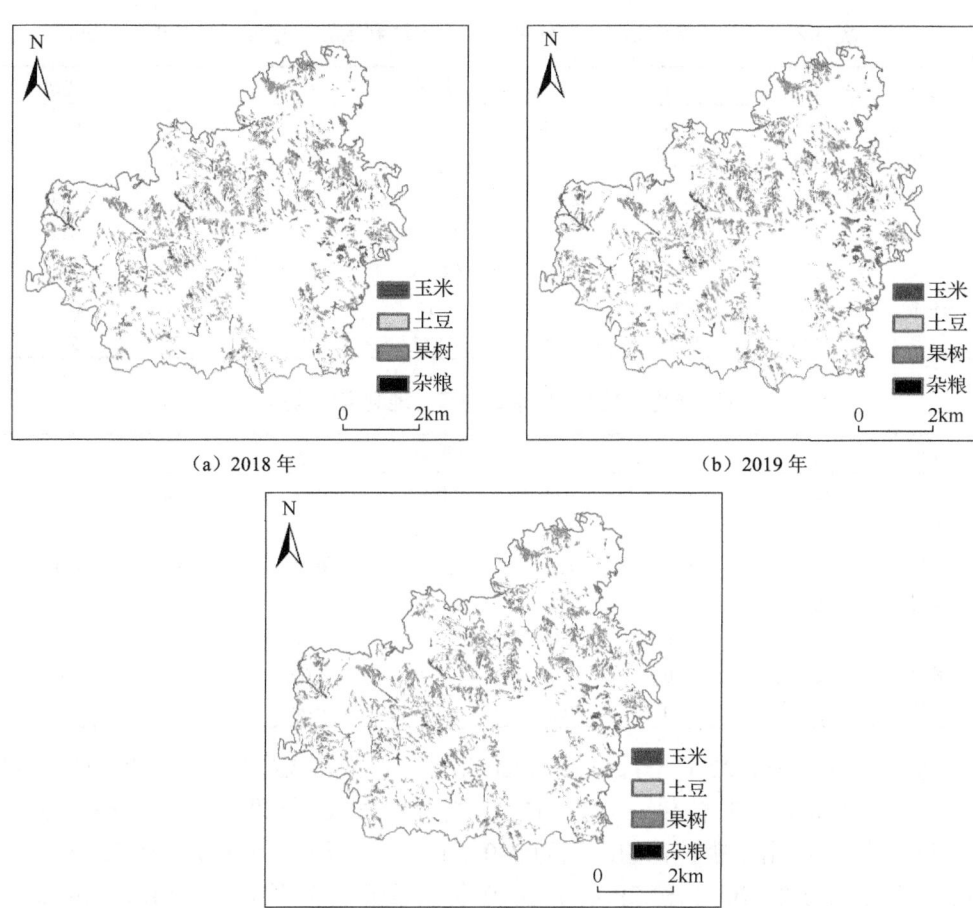

图 6.4 基于耦合模型 2018~2020 年杜家石沟镇模拟结果图

表 6.20 2017 年与 2018 年杜家石沟镇土地利用转移矩阵 （单位：hm²）

地类	玉米	土豆	小红葱	果树	杂粮	其他	荒地
玉米	356.81	0.21	0.00	0.39	0.07	0.00	0.00
土豆	0.24	72.82	0.27	160.75	22.18	0.08	0.03
小红葱	0.00	0.46	32.66	0.25	0.12	0.00	0.00
果树	0.00	0.09	0.00	390.76	0.03	0.00	0.00
杂粮	0.48	145.37	0.79	390.41	83.10	0.00	0.00
其他	0.00	0.03	0.00	0.14	0.03	27.70	0.00
荒地	0.00	0.02	0.00	0.01	0.00	0.00	37.18

表 6.21　2017 年与 2019 年杜家石沟镇土地利用转移矩阵　　（单位：hm²）

地类	玉米	土豆	小红葱	果树	杂粮	其他	荒地
玉米	356.95	0.06	0.01	0.41	0.05	0.00	0.00
土豆	0.25	26.12	0.19	222.49	7.26	0.05	0.01
小红葱	0.00	0.10	26.03	7.35	0.01	0.00	0.00
果树	0.01	0.02	0.01	390.76	0.08	0.00	0.00
杂粮	0.29	16.98	0.49	542.00	60.30	0.09	0.00
其他	0.00	0.00	0.00	0.11	0.02	27.77	0.00
荒地	0.01	0.00	0.00	31.43	0.00	0.00	5.77

表 6.22　2017 年与 2020 年杜家石沟镇土地利用转移矩阵　　（单位：hm²）

地类	玉米	土豆	小红葱	果树	杂粮	其他	荒地
玉米	245.76	0.00	0.00	111.71	0.01	0.00	0.00
土豆	0.16	18.24	0.02	237.89	0.05	0.01	0.00
小红葱	0.01	0.00	4.20	29.27	0.01	0.00	0.00
果树	0.02	0.00	0.00	390.76	0.10	0.00	0.00
杂粮	0.21	0.06	0.01	572.84	47.02	0.01	0.00
其他	0.00	0.00	0.00	22.94	0.00	4.96	0.00
荒地	0.01	0.00	0.00	37.20	0.00	0.00	0.00

从表 6.20～表 6.22 看出，2017～2020 年杜家石沟镇果树种植面积的增加主要来自于杂粮和土豆的转化；与 2017 年相比，2018 年果树种植面积增加了 551.83hm²，其中由杂粮转化的面积为 390.41hm²，土豆转化面积为 160.75hm²，分别占总增加面积的 70.7%和 29.1%；2019 年相较于 2017 年果树种植面积增加了 803.67hm²，其中杂粮转化面积为 542.00hm²，土豆转化面积为 222.49hm²，分别占 67.4%和 27.7%；2020 年比 2017 年果树种植面积增加了 1011.73hm²，其中杂粮转化的面积为 572.84hm²，土豆转化的面积为 237.89hm²，分别占总增加面积的 56.6%和 23.5%。到 2020 年各类作物种植面积占总面积的比例为：玉米 14.3%，土豆 1.1%，小红葱 0.2%，果树 81.4%，杂粮 2.7%，荒地 0.0%。由此看出，为实现政府山地苹果的规划，杜家石沟镇的玉米种植面积保持相对稳定，土豆和杂粮面积发生较大转化。

6.4.3　杜家石沟镇土地利用功能变化分析

基于 3.1.1 小节构建的指标体系及 3.2.1 小节中确定的土地利用功能评价指标的权重，再依据实际收集的相关资料，利用式（6.3）和式（6.4），分别计算 2017～2020 年杜家石沟镇、村庄类型Ⅰ和村庄类型Ⅱ土地利用功能，计算结果见表 6.23。

表 6.23 2017~2020 年杜家石沟镇土地利用功能表

研究单元	土地利用功能类型	2017 年	2018 年	2019 年	2020 年
乡镇整体 （杜家石沟镇）	生产功能	0.21	0.24	0.25	0.26
	生态功能	0.38	0.39	0.39	0.40
	社会功能	0.22	0.22	0.23	0.23
	综合功能	0.28	0.29	0.30	0.30
村庄类型 I	生产功能	0.17	0.22	0.22	0.22
	生态功能	0.37	0.39	0.39	0.39
	社会功能	0.20	0.20	0.20	0.20
	综合功能	0.26	0.28	0.28	0.28
村庄类型 II	生产功能	0.23	0.25	0.28	0.29
	生态功能	0.39	0.40	0.40	0.40
	社会功能	0.24	0.24	0.25	0.25
	综合功能	0.29	0.31	0.31	0.32

由表 6.23 看出，就乡镇整体而言，2017~2020 年杜家石沟镇的单项土地利用功能和综合土地利用功能均呈现增加趋势，其中综合土地利用功能的增长率为 7.14%，生产功能、生态功能和社会功能的增长率分别为 23.81%、5.26%和 4.55%，其对综合土地利用功能增长的贡献率分别为 51.06%、33.19%和 15.74%。由此可见，杜家石沟镇单项土地利用生产功能对综合土地利用功能的变化影响最大。

对不同村庄类型而言，村庄类型 I 中除社会功能外，其生产功能、生态功能和综合土地利用功能呈现增长趋势，其中综合土地利用功能的增长率为 7.69%，生产功能、生态功能和社会功能的增长率为 29.41%、5.41%和 0%；村庄类型 II 生产功能、生态功能、社会功能和综合土地利用功能均呈现增长趋势，其中综合土地利用功能的增长率为 10.34%，生产功能、生态功能和社会功能的增长率为 26.09%、2.56%和 4.17%。由此可见，杜家石沟镇村庄类型 I 和村庄类型 II 的土地生产功能对综合土地利用功能的变化影响最大。

6.4.4 重点关注村庄的确定

政策实施后，农户土地利用行为和乡镇土地利用功能均发生较大变化。通过对比土地利用功能冷、热点变化和土地利用功能重要性变化的分析结果，确定完成政策目标需要重点关注的村庄，为政策的进一步顺利实施提供理论依据。

1. 杜家石沟镇单项土地利用功能冷、热点变化分析

根据 3.1.4 小节中土地利用功能冷、热点区域的确定规则，得出杜家石沟镇 2017 年和 2020 年冷、热点村庄及冷、热点的空间分异情况，结果分别见表 6.24 和图 6.5。

表 6.24 2017 年和 2020 年杜家石沟镇冷、热点村庄

年份	热点村庄	冷点村庄	其他区域
2017	杜家石沟村、罗家圪村、高家圪村、刘家沟村、柳家圪村	西马家沟村、四郎沟村、西杜家沟村、张家畔村、东山梁村、盘草沟村、卧马坪村、西常家渠村、庞富村、庙塌村、西高渠村、羊路沟村、庙山村、黑彦青村、阳畔村、宋山村、任家坪村	老塌村、善家沟村、党家塌村、朱兴庄村、树山村、艾好湾村、杜兴庄村、西常兴庄村、李生塌村、高兴庄村、冯硷村、郝家兴庄村、西艾渠村、李家圪村、黑山则村、党坪村、官道山村、崔圪捞村、鸳鸯山村、阎家畔村
2020	杜家石沟村、罗家圪村、高家圪村、柳家圪村、善家沟村、杜兴庄村、李生塌村、党坪村、崔圪捞村	西马家沟村、四郎沟村、西杜家沟村、东山梁村、盘草沟村、庞富村、西高渠村、羊路沟村、庙山村、黑彦青村、阳畔村、宋山村、任家坪村、党家塌村、朱兴庄村、艾好湾村	张家畔村、卧马坪村、西常家渠村、庙塌村、刘家沟村、老塌村、树山村、西常兴庄村、高兴庄村、冯硷村、郝家兴庄村、西艾渠村、李家圪村、黑山则村、官道山村、鸳鸯山村、阎家畔村

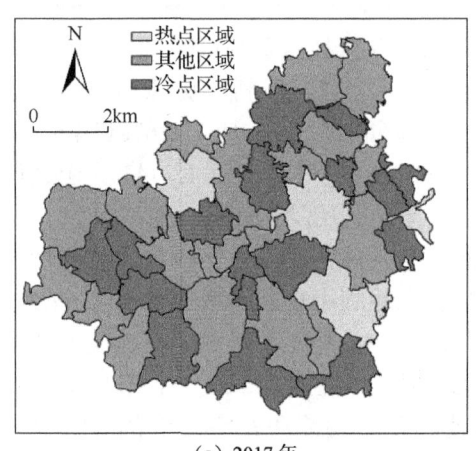

(a) 2017 年

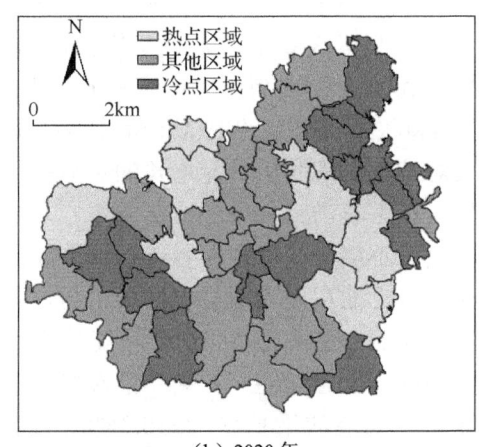

(b) 2020 年

图 6.5 2017 年和 2020 年杜家石沟镇冷、热点区域空间分异图

由表 6.24 中看出，2017 年杜家石沟镇热点村庄有 5 个，冷点村庄有 17 个，其他村庄有 20 个；结合图 6.5 可以看出，杜家石沟镇热点和冷点村庄呈现"插花"分布，其他村庄数量较多，空间呈现连续分布。2020 年杜家石沟镇热点村庄有 9 个，冷点村庄有 16 个，其他村庄有 17 个；结合图 6.5，热点村庄分布较为分散，冷点和其他村庄呈现连续分布，且冷点主要集中在杜家石沟镇的东北部和西南部，其他村庄主要集中在中部。

杜家石沟镇在扶贫政策影响下，各村庄土地利用功能冷、热点的类型及其空间分布发生了较大变化。通过对比分析可知，政策实施后，杜家石沟镇 29 个村庄土地利用功能冷、热点没有变化，包括 4 个村庄保持热点区域，12 个保持其他区

域，13 个村庄保持冷点区域；其他 13 个村庄土地利用功能类型发生改变，包括 5 个村庄由其他区域转化为热点区域类型，4 个村庄由冷点区域转化为其他区域类型，3 个村庄由其他区域转化为冷点区域类型，1 个村庄由热点区域转化为其他区域类型。

杜家石沟镇村庄冷、热点类型转化如图 6.6 所示，从图中可以看出，保持其他区域类型不变的村庄主要分布在研究区的中部和西部，且连接成片；保持冷点区域类型不变的村庄主要分布在西部，同时在中部和东部有零星分布；保持热点的村庄和转化为热点的村庄主要分布在研究区的东北部；其他转化类型则呈零散分布。

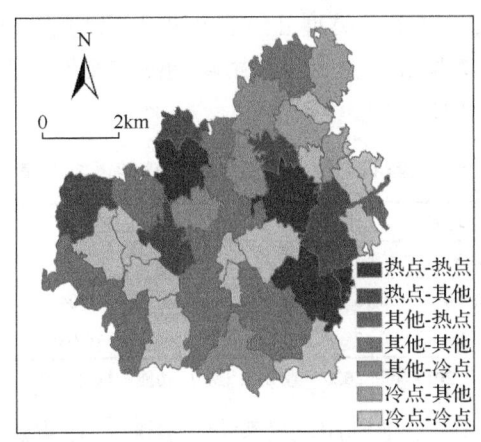

图 6.6　杜家石沟镇 2017～2020 年冷、热点变化

基于上述分析，首先需要关注保持热点区域类型的村庄和转化为热点区域的村庄，包括杜家石沟村、罗家圪村、高家圪村、柳家圪村、善家沟村、杜兴庄村、李生塌村、党坪村、崔圪捞村等，这些村庄对实现杜家石沟镇扶贫发展的要求，提高其土地利用功能意义重大；其次，需要关注由热点转化为其他区域类型的村庄和由其他区域转化为冷点区域类型的村庄，即刘家沟村、党家塌村、朱兴庄村和艾好湾村等，这些村庄在现有政策下土地利用功能会发生不利的转化，因此如何进一步调整具体政策措施，提升上述村庄土地利用功能就成为今后完善政策的重要工作之一；最后，还需关注保持其他区域类型和冷点区域类的村庄，共有 25 个，尤其是 13 个继续保持冷点区域类型的村庄，探讨和分析影响上述村庄土地利用功能的因素，对于有效完成政策要求至关重要。

综上所述，基于模拟结果和研究区单项及综合土地利用功能冷、热点分析，为达到政策目标提供了有效途径，也为找到需要重点关注的村庄提供了可借鉴的方法。

2. 杜家石沟镇土地利用功能重要性分析

本小节从村庄和村庄类型两个尺度分析杜家石沟镇单项和综合土地利用功能重要性的变化，探讨和分析实现政策要求需要重点关注的村庄；并通过与土地利用功能冷、热点及其变化结果的对比分析，进一步确定需要重点关注的村庄类型及其村庄。

利用式（3.8）计算研究区单项土地利用功能的重要性，见表6.25。从表可以看出，村庄类型Ⅰ和类型Ⅱ除生产功能重要性有所提高外，其他功能重要性均有所下降，且村庄类型Ⅱ生产功能重要性大于类型Ⅰ的生产功能重要性。基于式（3.9）计算出村庄类型Ⅰ和类型Ⅱ综合土地利用功能重要性分别为-0.39%和0.39%。由此看出村庄类型Ⅱ综合土地利用功能的重要性较大，对杜家石沟镇土地利用功能的提高影响较大。

表 6.25 杜家石沟镇单项土地利用功能重要性表　　（单位：%）

研究单元	生产功能			生态功能			社会功能		
	期初	期末	重要性	期初	期末	重要性	期初	期末	重要性
村庄类型Ⅰ	0.22	0.37	0.15	0.69	0.65	-0.04	0.39	0.33	-0.06
村庄类型Ⅱ	0.31	0.48	0.17	0.75	0.67	-0.08	0.45	0.42	-0.03

注：期初和期末分别代表在2017年和2020年特定土地利用功能占综合土地利用功能的比重。

为了探讨政策对村庄土地利用功能变化的影响，还需进一步分析村庄在不同村庄类型中土地利用功能重要性的变化。由于村庄数量较多，此处仅以对杜家石沟镇土地利用功能变化影响较大的村庄类型Ⅱ为例进行分析。

表6.26为村庄类型Ⅱ中村庄单项土地利用重要性表，表中有4个村庄生产功能的重要性下降，其余村庄均有所增加；有6个村庄生态功能的重要性有所增加，其余村庄均有所下降；仅有5个村庄社会功能的重要性有所增加，其余村庄均有所下降。

表 6.26 村庄类型Ⅱ中村庄单项土地利用功能重要性表　　（单位：%）

村庄名称	生产功能			生态功能			社会功能		
	期初	期末	重要性	期初	期末	重要性	期初	期末	重要性
崔圪捞村	1.89	3.63	1.74	3.58	3.64	0.06	2.65	1.87	-0.78
党家塌村	1.12	1.23	0.11	3.37	2.84	-0.53	1.87	0.67	-1.20
黑彦青村	0.54	0.75	0.21	1.33	1.57	0.24	0.90	0.59	-0.31
西艾渠村	1.05	1.04	-0.01	1.43	1.36	-0.07	1.11	0.71	-0.40
西高渠村	1.11	1.11	0.00	1.27	1.29	0.02	1.10	0.79	-0.31
东山梁村	0.58	0.89	0.31	3.63	3.23	-0.40	2.18	1.45	-0.73

续表

村庄名称	生产功能			生态功能			社会功能		
	期初	期末	重要性	期初	期末	重要性	期初	期末	重要性
杜家石沟村	2.07	4.61	2.54	4.65	4.31	-0.34	3.44	4.26	0.82
杜兴庄村	1.52	4.40	2.88	3.97	3.81	-0.16	2.70	3.47	0.77
高家圪村	2.55	1.97	-0.58	5.97	4.47	-1.50	3.91	2.26	-1.65
高兴庄村	0.45	1.15	0.70	3.96	3.61	-0.35	2.51	1.99	-0.52
老塌村	0.50	1.08	0.58	4.72	4.37	-0.35	2.39	0.99	-1.40
李生塌村	0.53	2.04	1.51	4.46	4.17	-0.29	3.16	3.02	-0.14
刘家沟村	4.60	0.12	-4.48	4.13	3.35	-0.78	4.08	3.18	-0.90
柳家圪村	1.32	5.31	3.99	5.88	5.03	-0.85	5.77	7.36	1.59
罗家圪村	1.20	1.93	0.73	5.73	5.11	-0.62	3.41	2.07	-1.34
庙塌村	2.16	3.40	1.24	2.44	2.52	0.08	2.00	1.23	-0.77
盘草沟村	1.16	2.10	0.94	2.05	1.58	-0.47	1.61	1.24	-0.37
庞富村	1.23	2.59	1.36	2.80	2.45	-0.35	1.92	1.24	-0.68
善家沟村	1.29	3.85	2.56	2.65	3.04	0.39	2.39	2.44	0.05
树山村	3.20	2.83	-0.37	4.02	3.02	-1.00	2.90	1.33	-1.57
四郎沟村	0.83	1.16	0.33	1.77	1.72	-0.05	1.67	1.82	0.15
宋山村	2.09	3.02	0.93	1.73	2.01	0.28	1.73	1.29	-0.44
西杜家沟村	0.60	1.91	1.31	2.51	2.36	-0.15	1.62	1.17	-0.45
西马家沟村	0.81	1.52	0.71	2.92	2.66	-0.26	1.83	1.16	-0.67
鸳鸯山村	1.96	2.20	0.24	3.81	3.15	-0.66	2.54	1.36	-1.18
朱兴庄村	1.14	1.53	0.39	3.66	3.31	-0.35	2.04	0.79	-1.25

注：期初和期末分别代表在2017年和2020年特定土地利用功能占综合土地利用功能的比重。

基于单项土地利用功能重要性变化确定需要重点关注的村庄。从表6.26看出，就生产功能重要性而言，排在前5位的村庄分别为柳家圪村、杜兴庄村、善家沟村、杜家石沟村、崔圪捞村，排在最后5位的村庄分别为刘家沟村、高家圪村、树山村、西艾渠村和西高渠村。同样也可以判断出需要重点关注生态功能和社会功能重要性大和小的村庄。对比分析三种单项功能重要性可知，两种及以上单项土地利用功能重要性大的有柳家圪村、杜兴庄村、善家沟村、杜家石沟村、崔圪捞村等村庄；两种及以上单项土地利用功能重要性小的有树山村、高家圪村和刘家沟村等村庄，这些村庄是政策实施后需要重点关注的村庄。

在上述分析的基础上，与研究区土地利用功能冷、热点及其重要性变化分析相对比，可进一步确定政策实施后需要关注的村庄。例如，柳家圪村、杜兴庄村、善家沟村、杜家石沟村、崔圪捞村等，既是重要性增长大的村庄，也是政策实施后热点区域。同时也需要关注重要性减少、土地利用功能向不利方向转化的刘家沟村、党家塌村、朱兴庄村和艾好湾村等村庄。

6.5 本章小结

本章根据政策实施与否设置了两个不同的情景,通过 CA-BDI+CLUE-S 模型模拟,结合构建的土地利用功能指标体系,分析农户土地利用行为变化对村庄和乡镇土地利用功能的影响;然后,基于土地利用功能冷、热点分析和重要性分析,探讨达到政策目标需要重点关注的村庄。

(1) 政策对农户土地利用行为有较大影响。通过对高渠乡和杜家石沟镇的分析发现,扶贫政策执行与否,对农户土地利用行为有较大影响。对于不执行山地苹果扶贫政策的高渠乡而言,农户土地利用行为变化主要表现在种植作物数量的调整上,基本保持其作物的种植结构不变。对于执行山地苹果扶贫政策的杜家石沟镇而言,农户土地利用行为发生较大变化,在农户种植作物的数量和种植结构方面变化较大。

(2) 乡镇土地利用变化是不同村庄类型作物数量、种植结构和重要性排序的综合结果。基于 CA-BDI+CLUE-S 耦合模型模拟高渠乡农户土地利用行为变化对土地利用功能的影响,结果显示,高渠乡土地利用变化既不是占面积大、村庄数量多的村庄类型Ⅱ土地利用变化的"翻版",也不是对村庄类型Ⅰ变化的"照搬",而是其村庄类型Ⅰ和村庄类型Ⅱ变化的综合结果,主要表现在两种村庄类型在各种作物数量、作物的种植结构和作物的重要性排序等方面。

(3) 土地利用功能情景模拟可为政策的有效实施提供了理论和方法支撑。综合 CA-BDI+CLUE-S 耦合模型及构建的土地利用功能评价指标体系,为探讨和分析宏观土地利用变化的微观驱动机制提供一条有效途径。结合村庄土地利用功能冷、热点和重要性变化的对比分析,可以发现这些村庄既是多种单项土地利用功能重要性大的村庄,又是政策实施后热点区域的村庄;还可以发现这些村庄既是多种单项土地利用功能重要性小,又是土地利用功能向不利方向转化的村庄。这些村庄的确定,为具体落实政策奠定坚实的理论基础。

情景Ⅱ下村庄冷、热点类型和重要性的变化较大。相比情景Ⅰ,情景Ⅱ下村庄冷、热点类型和重要性的变化较大。不仅表现在发生变化的村庄数量上,也表现在变化的程度上。情景Ⅱ引起超过31%的村庄发生冷、热点类型变化(情景Ⅰ为25%),村庄重要性平均变化了0.16%(情景Ⅰ平均变化了0.12%)。

参 考 文 献

陈海, 王涛, 梁小英, 等, 2009. 基于 MAS 的农户土地利用模型构建与模拟——以陕西省米脂县孟岔村为例[J]. 地理学报, 64 (12): 1448-1456.

何春阳, 史培军, 陈晋, 等, 2005. 基于系统动力学模型和元胞自动机模型的土地利用情景模拟研究[J]. 中国科学(D 辑), 35(5): 464-473.

黎夏, 李丹, 刘小平, 等, 2009. 地理模拟优化系统 GeoSOS 及前沿研究[J]. 地理科学进展, 24(8): 899-907.

刘超, 许月卿, 孙丕苓, 等, 2016. 土地利用多功能性研究进展与展望[J]. 地理科学进展, 35(9): 1087-1099.

余强毅, 2013. 基于农户决策的农业土地系统变化模型研究[D]. 北京: 中国农业科学院.

KOK K, VERBURG P H, VELDKAMP T, 2007. Multiple assessment of the land system: The future of land use[J]. Land Use Policy, 24 (3): 517-520.

NELSON E, MENDOZA G, REGETZ J, et al., 2009. Modeling multiple ecosystem services, biodiversity conservation, commodity production and tradeoffs at landscape scales[J]. Frontiers in Ecology and the Environment, 7: 4-11.

第 7 章 结论与展望

为防范土地利用功能调整对生态脆弱的区域产生不利影响,通过农户土地利用行为变化及其对土地利用功能影响研究,认识和理解该区域土地利用功能变化的微观驱动机制,模拟农户土地利用行为及其变化,分析政策实施对区域土地利用功能变化的影响,对引导和规范农户土地利用行为、有效调整区域土地利用功能,对实现生态脆弱区可持续发展具有重要的理论和现实意义。

7.1 结 论

本书以典型生态脆弱区——陕西省米脂县为例,探讨土地利用功能变化的微观驱动机制。首先,依据构建的土地利用功能评价指标体系,分析研究区土地利用功能的时空分异,确定研究区典型乡镇;其次,在 PRA 和传统农户调研的基础上,采用分类树法对农户个体进行类型划分,运用差异权重法定量分析农户群体土地利用决策,构建农户有限理性 CA-BDI 模型;再次,探讨村庄土地利用决策到乡镇土地利用决策转化,系统总结不同尺度土地利用转化规则,构建 CA-BDI+CLUE-S 耦合模型;最后,探讨不同政策情景下农户土地利用行为变化对不同空间尺度土地利用功能的影响。在上述分析的基础上,得出如下结论。

(1) 构建了可有效表征研究区土地利用功能状况,且易与农户土地利用行为关联的土地利用功能指标体系。土地利用功能评价指标体系由目标层、准则层和要素层三个层次构成,准则层采用生产功能、社会功能和生态功能三分类法;要素层中用粮食单产、蔬菜瓜果产量、牧业比重、农业观光园和民俗旅游接待收入四个指标表征研究区土地利用的生产功能,采用林草覆盖率、化肥使用量、农药使用量和"三田合一"占土地总面积的比重、有效灌溉面积比例五个指标表征研究区的生态功能,通过生态示范园和民俗旅游接待人次、第一产业劳动力就业比重、农村人口密度三个指标表征研究区的社会功能。基于熵权法对各个指标的权重进行计算,其中生产功能、生态功能和社会功能的权重分别为 0.24、0.39 和 0.37,这符合地处黄土丘陵沟壑区的米脂县实际情况。

(2) 探讨宏观土地利用功能时空分异,确定了研究区典型乡镇。通过对研究区土地利用功能冷、热点区域的分析,高渠乡和杜家石沟镇土地利用功能的冷、热点变化类型"一升一降"较为典型,即杜家石沟镇由 2011 年的热点区域转化为

2015 年的其他区域，高渠乡由 2011 年的其他区域转化为 2015 年的热点区域。通过单项土地利用功能和综合土地利用功能重要性的评价可以发现，高渠乡三种单项土地利用功能均有增加，其综合土地利用功能重要性也呈增加的态势；而杜家石沟镇综合土地利用功能减少最大，三种单项土地利用功能重要性下降明显，且生产功能和生态功能重要性下降幅度较大。因此，结合土地利用功能冷、热点类型变化和土地利用功能重要性评价的结果，确定研究土地利用功能变化的典型乡镇为高渠乡和杜家石沟镇。

（3）构建了可有效模拟农户土地利用行为及其变化的 CA-BDI 模型。通过增加潜在能力指数（Capabilities）和能力指数（Abilities），基于 ODD 框架构建了 CA-BDI 农户有限理性决策模型。除高渠乡的高西沟村 2017 年的预测准确率偏低外，研究区两个典型乡镇 4 个典型村庄的 2015~2017 年所有年份的模拟准确率均大于 79%。在此基础上，基于综合考虑农户数量及其拥有土地的面积的差异权重法，实现农户个体决策向村庄整体的转化。

（4）构建了可有效揭示宏观土地利用变化微观驱动机制的 CA-BDI+CLUE-S 耦合模型。在探讨土地利用决策从村庄尺度向乡镇尺度转化方法的基础上，耦合 CA-BDI 模型和 CLUE-S 模型。通过对比分析典型村庄法、村庄类型法和模型耦合法三种方法的模拟结果，其中 CA-BDI+CLUE-S 耦合模型的模拟精度最高，这主要得益于 CA-BDI 模型总结的土地利用转化规则，以及利用该模型自下而上得出的土地利用需求，均为 CLUE-S 模型提供较为准确的转化和需求信息。同时，CLUE-S 模型采用 Logistic 回归法从研究区整体确定的转化规则要优于村庄类型划分法确定的"刚性"转化规则。

（5）在不同政策情景下，农户土地利用行为均在不同程度上影响乡镇的作物数量、种植结构和重要性排序，但对村庄的冷、热点类型和重要性变化等方面的影响差异较大。情景 I 下，高渠乡土地利用变化是其村庄类型 I 和村庄类型 II 土地利用变化的综合结果，但村庄土地利用功能重要性变化的程度较小，仅有 5 个村庄冷、热点类型发生变化。情景 II 下，乡镇的作物数量、种植结构和重要性排序发生较大变化。杜家石沟镇山地苹果面积大幅提高，村庄类型的土地利用差异减少，逐渐形成以山地苹果为主的种植结构；同时，村庄土地利用功能重要性变化程度较大，且 13 个村庄冷、热点类型发生变化。

（6）土地利用功能情景模拟可为政策的实施提供理论和方法支撑。综合 CA-BDI+CLUE-S 模型与土地利用功能指标体系，为揭示宏观土地利用功能变化的微观驱动机制提供一条有效的途径。通过村庄土地利用功能冷、热点变化类型及其重要性变化的对比分析，确定实现政策目标需要重点关注的村庄。基于土地利用功能冷、热点变化类型和重要性变化的对比分析，发现柳家圪村、杜兴庄村、善家沟村、杜家石沟村、崔圪捞村等村庄，既是多种单项土地利用功能重要性大的村庄，又是政策实施后热点区域的村庄；刘家沟村、党家塌村、朱兴庄村和艾好湾村等村庄既是多种单项土地利用功能重要性小，又是土地利用功能向不利方向转化的村庄。上述分析为具体落实政策奠定坚实的理论基础。

7.2 创 新 点

1）农户及其群体有限理性决策模型的构建

基于 BDI 行为科学理论，在增加潜在能力指数、能力指数及农户间相互作用的基础上，构建农户个体有限理性决策的 CA-BDI 模型；采用综合考虑农户数量和土地面积大小的差异权重法，探讨从农户个体→农户群体→村庄整体的决策转化方法，构建农户群体土地利用决策模型，为揭示不同尺度土地利用变化的微观驱动机制奠定方法基础。

2）CA-BDI+CLUE-S 耦合模型的构建

基于 CA-BDI 的模拟结果，系统总结不同尺度土地利用的转化规则和土地需求信息，以此替代 CLUE-S 模型的转化规则和需求信息，探讨土地利用决策从村庄尺度向乡镇尺度的转化方法，整合 CA-BDI 模型和 CLUE-S 模型，构建 CA-BDI+CLUE-S 耦合模型；在检验和验证的基础上，模拟农户土地利用行为变化对乡镇土地利用变化的影响，揭示乡镇土地利用变化的微观驱动机制。

7.3 展　　望

本书利用综合构建的土地利用功能指标体系和 CA-BDI+CLUE-S 耦合模型，探讨农户土地利用行为变化对宏观土地利用功能的影响，揭示了土地利用功能变化的微观驱动机制，为政策的有效实施提供了理论和方法支撑。但本书研究工作在如下方面还有进一步提升的空间。

（1）农户个体决策模型的构成因素中，还缺少对农户规范的具体分析，没有对规范的类型和影响因素进行探讨，仅简单定义了规范对农户个体决策的影响，还缺少严谨的定量表达。目前已有学者探讨规范对农户行为的影响，这为后续开展相关研究奠定坚实的基础。

（2）在农户群体的分析中，没有考虑不同的农业合作经济组织（也称农业合作社）对农户个体行为的影响。目前，本书的研究区中部分区域的合作社已有所发展，不考虑农户是否参与各类合作组织，可能存在划分农户类型不准确的问题，进而影响模拟的精度。

（3）如何解决农户个体和群体土地利用决策转化规则过于"刚性"的问题。虽然地形起伏度和距乡村道路的距离两个要素的综合影响可较为有效地表征不同耕地自然条件的差异，但本书仅对两个因素进行了简单的三类划分，没有做更进一步的细致划分。这样做虽然减少了工作量（两个因素各划分为三类，最多有 9 种组合；如两个因素各划分为七类则增加为 49 种组合），但也带来了转化规则过于"刚性"的问题。

（4）土地利用功能指标体系的适应性的问题。本书在土地利用功能指标体系构建选取指标时主要依据准确性、可得性、研究区特殊性和连续性等原则，并利用熵权法确定各个指标的权重，使得本书所构建的指标体系仅适用于类似区域的研究。因此，增加其他区域的研究，拓展本研究指标体系的适应性将是未来研究的任务之一。

（5）深度学习和模拟平台的开发。大数据时代的到来，为更加高效的模拟提供了现实的基础。以 CLUE-S 模型和 GeoSOS 模型为代表的国内外机器学习方法可大幅度提高模拟的效果。深度学习作为机器学习的深化，通过组合低层特征形成更加抽象的高层表示属性类别或特征，以发现数据的分布式特征，为解决具有深层结构相关及空间相对关系的模拟问题提供了新的途径，这也将成为我们未来解决模拟问题的发展方向之一。

因此，如何将规范纳入个体决策框架？如何考虑不同组织对农户行为的影响以及合作社种植行为对土地利用功能变化的影响？如何如何平衡工作量和转化规则"刚性"间关系？以及如何结合深度学习的方式和手段构建深度学习的模拟平台？这些问题的解决对于进一步深化宏观土地利用功能变化的微观驱动机制研究具有重要的理论和实践意义，是未来研究的主要任务。

附 录

附录 I 调 查 表

本书涉及的实际调研主要包括农户个体和村庄整体两个层面,其中农户个体调研主要涉及米脂县的高渠乡和杜家石沟镇,村庄整体调研涉及米脂县的高渠乡、银州镇、杜家石沟镇、龙镇镇、杨家沟乡等13个乡镇。

调查内容基于两个层面进行设计,农户个体调查主要针对农户个体家庭情况、土地资源及其种植情况、以及土地生产的投入和产出情况进行调查,共设计有4个调查表:一是农户家庭成员基本情况调查表,见附表1;二是农户土地资源状况调查表,见附表2;三是农户投入情况调查表,见附表3;四是农户土地产出情况调查表,见附表4。

附表1 农户家庭成员基本情况调查表

农户ID	农户姓名	村庄编码	村名	年龄	文化程度	文化程度分类	是否退耕农户
1							
2							
3							
...							

附表2 农户土地资源状况调查表

农户ID	耕地面积/亩	租用土地/亩	退耕地面积/亩	坡耕地面积(>25°)/亩	地块数量	最大地块面积/亩	最小地块面积/亩	林地面积/亩
1								
2								
3								
...								

附表3 农户投入情况调查表 (单位:元)

户主	农业投入	其他收入	医疗支出	人情往来	粮食购买	退耕还林补贴	教育费用
高**							
李**							
...							

附表4 农户土地产出情况调查表

户主	指标	玉米	土豆	谷子	豆子	糜子	小红葱	其他
高**	面积/hm²							
	出售量/kg							
	自留量/kg							
	单价/(元/kg)							
李**	面积/hm²							
	出售量/kg							
	自留量/kg							
	单价/(元/kg)							
…	面积/hm²							
	出售量/kg							
	自留量/kg							
	单价/(元/kg)							

需要说明的是,对于作物单价的调查不仅有当年数据的调研,还包括前两年的作物单价,主要是了解农户对于作物价格变化趋势的认知。对于土地资源的调查也包括前两年的调查,主要是为了与土地利用权属调查相互配合。

村庄整体调查表主要是从村庄整体角度对村庄整体的数据进行搜集,参与调研的主要人员是对村庄整体状况比较熟悉的村干部,如村长、村会计、村支书等。数据主要包括农户整体情况、村庄化肥和农药施用情况、村庄作物整体的种植状况、人口状况等部分,见附表5~附表7。

附表5 村庄农户整体情况调查表

乡镇	村庄编码	村庄名称	农户整体情况(每户)				
			总户数	打工	兼业	种植	其他
1							
2							
3							
…							

附表6 村庄化肥和农药施用情况调查表

村庄名称	农户整体使用化肥调查		农户整体使用农药调查	
	施用量/(kg/hm²)	频次	施用量/(kg/hm²)	频次
高西沟村				
刘渠村				
官道山村				
…				

附表7　村庄居民人口总体情况

村庄名称	外出务工人口	流动人口	贫困家庭	低保人口	文盲人口	GDP/元	≥65岁老年人口
高西沟村							
刘渠村							
官道山村							
…							

附录Ⅱ　研究区土地利用功能指标体系相关性分析表

为避免选用指标关联性强所造成的信息重复问题，本书对米脂县13个乡镇各功能所涉及12个指标间的相关性进行分析，研究区生产功能、生态功能和生产功能各指标间的相关性分析结果，见附表8。

附表8　研究区土地利用功能各指标间相关性分析结果表

指标		生产功能				生态功能				社会功能		
	x_1	x_2	x_3	x_4	x_5	x_6	x_7	x_8	x_9	x_{10}	x_{11}	x_{12}
生产功能 x_1	1	0.27 (0.37)	0.14 (0.64)	−0.38 (0.90)	—	—	—	—	—	—	—	—
x_2	—	1	0.23 (0.45)	−0.35 (0.24)	—	—	—	—	—	—	—	—
x_3	—	—	1	−0.47 (0.11)	—	—	—	—	—	—	—	—
x_4	—	—	—	1	—	—	—	—	—	—	—	—
生态功能 x_5	—	—	—	—	1	−0.24 (0.94)	0.17 (0.58)	−0.33 (0.27)	0.24 (0.43)	—	—	—
x_6	—	—	—	—	—	1	0.32 (0.29)	0.22 (0.47)	0.34 (0.26)	—	—	—
x_7	—	—	—	—	—	—	1	0.18 (0.55)	0.37 (0.22)	—	—	—
x_8	—	—	—	—	—	—	—	1	0.42 (0.10)	—	—	—
x_9	—	—	—	—	—	—	—	—	1	—	—	—
社会功能 x_{10}	—	—	—	—	—	—	—	—	—	1	−0.24 (0.43)	0.66 (0.83)
x_{11}	—	—	—	—	—	—	—	—	—	—	1	0.47 (0.10)
x_{12}	—	—	—	—	—	—	—	—	—	—	—	1

注：括号中的数字为显著性检验值；"—"表示无数据。

附录Ⅲ 官道山村基于NetLogo平台模拟的部分实现

1. NetLogo平台的模拟界面

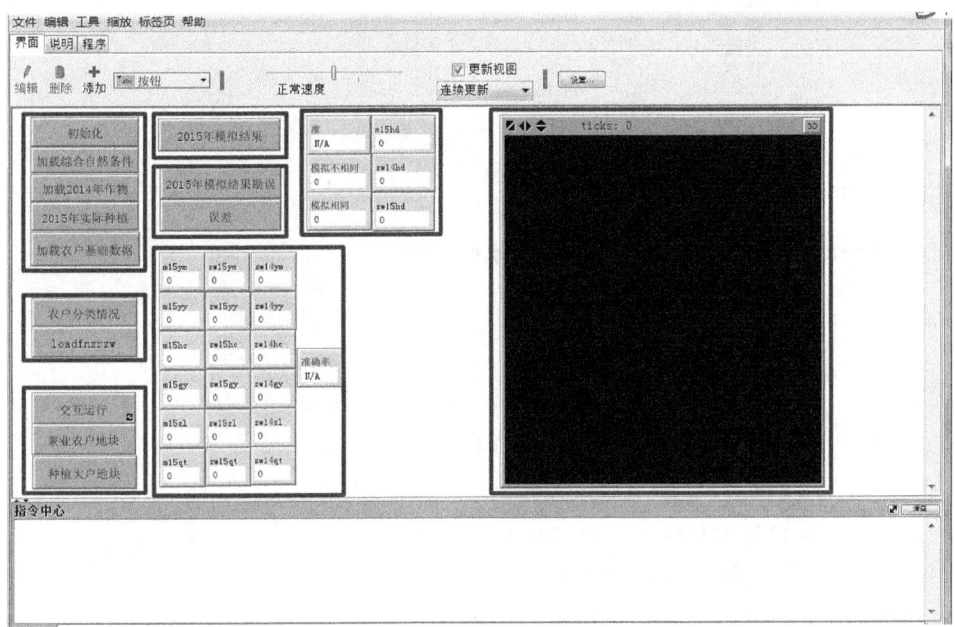

2. 界面功能和程序说明

在该界面中包括8个部分，结合程序代码对各个部分进行简单说明。

******农户分类数据加载分色显示******

```
to display-nhfl
  set mnhfl gis:load-dataset ("gdsfncfl.asc")
    gis:set-world-envelope gis:raster-world-envelope mnhfl 0 0
    gis:apply-raster mnhfl nhfl
    ask patches
    [if (nhfl <= 0) or (nhfl >= 0)
      [if else nhfl = 1
        [set pcolor green]
        [if else nhfl = 2
          [set pcolor blue]
```

```
            [if else nhfl = 3
                [set pcolor red]
                [set pcolor 88]
            ]
          ]
        ]
      ]
      reset-ticks
    end

******2014年作物数据加载并分色显示******

    to display-zw14
      set mzw14 gis:load-dataset ("gdszw14.asc")
        gis:set-world-envelope gis:raster-world-envelope mzw14 0 0
        gis:apply-raster mzw14 zw14
        ask patches
      [if (zw14 <= 0) or (zw14 >= 0)
          [if else zw14 = 1
            [set pcolor green]
            [if else zw14 = 2
              [set pcolor blue]
              [if else zw14 = 3
                [set pcolor red]
                [if else zw14 = 4
                  [set pcolor pink]
                  [if else zw14 = 5
                    [set pcolor orange]
                    [if else zw14 = 6
                      [set pcolor yellow]
                      [if else zw14 = 7
                        [set pcolor brown]
                        [set pcolor 88]
                      ]
                    ]
```

```
                    ]
                  ]
                ]
              ]
            ]
          ]
        reset-ticks
    end
```

******2015年作物数据加载并分色显示******

```
to display-zw15
  set mzw15 gis:load-dataset ("gdszw15.asc")
    gis:set-world-envelope gis:raster-world-envelope mzw15 0 0
    gis:apply-raster mzw15 zw15
    ask patches
    [if (zw15 <= 0) or (zw15 >= 0)
      [if else zw15 = 1
        [set pcolor green]
        [if else zw15 = 2
          [set pcolor blue]
          [if else zw15 = 3
            [set pcolor red]
            [if else zw15 = 4
              [set pcolor pink]
              [if else zw15 = 5
                [set pcolor orange]
                [if else zw15 = 6
                  [set pcolor yellow]
                  [if else zw15 = 7
                    [set pcolor brown]
                    [set pcolor 88]
                  ]
                ]
              ]
            ]
```

```
                    ]
                ]
            ]
        ]
    ]
    reset-ticks
end
```

******加载自然条件并分色显示******

```
to display-zrtj
    set mzrtj gis:load-dataset ("gdszrtj.asc")
     gis:set-world-envelope gis:raster-world-envelope mzrtj 0 0
     gis:apply-raster mzrtj zrtj
     ask patches
     [
        if ( zrtj = 11 ) or ( zrtj = 12 ) or ( zrtj = 13 )
          [set pcolor 105]
        if ( zrtj = 21 ) or ( zrtj = 22 ) or ( zrtj = 23 )
          [set pcolor 85]
        if ( zrtj = 31 ) or ( zrtj = 32 ) or ( zrtj = 33 )
          [set pcolor 65]
     ]
     reset-ticks
end
```

******创建海龟及属性赋值******

```
to setup-turtles
  crt 3
  file-open "famername.txt"
  while [not file-at-end?]
     [let id-turtle file-read
        let next-famernumber file-read
        let next-age file-read
        ask turtle id-turtle
```

```
            [set shape "person"
              set size 5
              set famernumber next-famernumber
              set age next-age
            ]
          ]
      file-close
    end
```

******T-P 主体交互******

```
    to go
      move-turtles
    end
    to move-turtles
      ask turtles
      [if ( int(fnzrzw / 1000 ) = 1) and ( zw15 = 1 )
          [set pcolor 55
            set m15 1]
        if ( int(fnzrzw / 1000 ) = 1) and ( zw15 = 2 )
          [set pcolor 105
            set m15 2]
        if ( int(fnzrzw / 1000 ) = 1) and ( zw15 = 3 )
          [set pcolor 15
            set m15 3]
        if ( int(fnzrzw / 1000 ) = 1) and ( zw15 = 4 )
          [set pcolor 135
            set m15 4]
        if ( int(fnzrzw / 1000 ) = 1) and ( zw15 = 5 )
          [set pcolor 25
            set m15 5]
        if ( int(fnzrzw / 1000 ) = 1) and ( zw15 = 6 )
          [set pcolor 45
            set m15 6]
        if ( int(fnzrzw / 1000 ) = 1) and ( zw15 = 7 )
```

```
         [set pcolor 35
            set m15 7]
       if else ( xcor < 255 )
         [set xcor xcor + 1]
         [set ycor ycor - 1
           set xcor 0]
       if (( ycor = -282 ) and ( xcor = 255 )
         [die]
     ]
   end
```

******兼业户地块模拟******

```
   to go1
     ask patches
     [if ( int(fnzrzw / 1000 ) = 2) and ( zw15 = 1 )
         [set pcolor 55
           set m15 1]
        if ( int(fnzrzw / 1000 ) = 2) and ( zw15 = 2 )
         [set pcolor 105
           set m15 2]
        if ( int(fnzrzw / 1000 ) = 2) and ( zw15 = 3 )
         [set pcolor 15
           set m15 3]
        if ( int(fnzrzw / 1000 ) = 2) and ( zw15 = 4 )
         [set pcolor 135
           set m15 4]
        if ( int(fnzrzw / 1000 ) = 2) and ( zw15 = 5 )
         [set pcolor 25
           set m15 5]
        if ( int(fnzrzw / 1000 ) = 2) and ( zw15 = 6 )
         [set pcolor 45
            set m15 6]
        if ( int(fnzrzw / 1000 ) = 2) and ( zw15 = 7 )
         [set pcolor 35
```

```
          set m15 7]
    ]
    tick
end
```

******种植大户地块模拟******

```
to go2
  ask patches
  [if ( int(fnzrzw / 1000 ) = 3) and ( zw14 = 1 )
     [set pcolor 55
      set m15 1]
    if ( int(fnzrzw / 1000 ) = 3) and ( zw14 = 2 )
       and (( int((fnzrzw / 10 ) - 300 ) = 11 )
       or ( int((fnzrzw / 10 ) - 300 ) = 12 ))
     [set pcolor 135
      set m15 4]
    if ( int(fnzrzw / 1000 ) = 3) and ( zw14 = 2 )
       and (( int((fnzrzw / 10 ) - 300 ) = 31 )
       or ( int((fnzrzw / 10 ) - 300 ) = 21 )
       or ( int((fnzrzw / 10 ) - 300 ) = 22 )
       or ( int((fnzrzw / 10 ) - 300 ) = 12 )
     [set pcolor 25
      set m15 5]
    if ( int(fnzrzw / 1000 ) = 3) and ( zw14 = 2 )
       and ( int((fnzrzw / 10 ) - 300 ) != 11 )
       and ( int((fnzrzw / 10 ) - 300 ) != 12 )
       and ( int((fnzrzw / 10 ) - 300 ) != 31 )
       and ( int((fnzrzw / 10 ) - 300 ) != 21 )
       and ( int((fnzrzw / 10 ) - 300 ) != 22 )
       and ( int((fnzrzw / 10 ) - 300 ) != 12 )
     [set pcolor 105
      set m15 2]
    if ( int(fnzrzw / 1000 ) = 3) and ( zw14 = 3 )
     [set pcolor 15
```

```
            set m15 3]
    if ( int(fnzrzw / 1000 ) = 3) and ( zw14 = 4 )
      [set pcolor 135
        set m15 4]
    if ( int(fnzrzw / 1000 ) = 3) and ( zw14 = 5 )
      and( ( int((fnzrzw / 10 ) - 300 ) = 11 )
      or ( int((fnzrzw / 10 ) - 300 ) = 32 )
      [set pcolor 105
        set m15 2]
    if ( int(fnzrzw /1000 ) = 3) and ( zw14 = 5 )
      and ( ( int((fnzrzw /10 ) - 300 ) != 11 )
      and ( int((fnzrzw /10 ) - 300 ) != 32 )
      [set pcolor 25
        set m15 5]
    if ( int(fnzrzw / 1000 ) = 3) and ( zw14 = 6 )
      [set pcolor 45
        set m15 6]
    if ( int(fnzrzw / 1000 ) = 3) and ( zw14 = 7 )
      [set pcolor 35
        set m15 4]
  ]
  tick
end
```